AF346536

LES MONUMENS

DE LA FRANCE.

TOME II.

A PARIS, CHEZ GIARD, ÉDITEUR,

5, RUE PAVÉE-SAINT-ANDRÉ-DES-ARCS.

LES MONUMENS
DE LA FRANCE
CLASSÉS CHRONOLOGIQUEMENT

ET CONSIDÉRÉS SOUS LE RAPPORT DES FAITS HISTORIQUES ET DE L'ÉTUDE DES ARTS

PAR LE COMTE ALEXANDRE DE LABORDE

MEMBRE DE L'INSTITUT, ETC.

Les dessins faits d'après nature par MM. BOURGEOIS, BANCE, CHAPUY, etc., etc.

TOME II.

PARIS

IMPRIMERIE ET FONDERIE DE JULES DIDOT L'AÎNÉ

BOULEVART D'ENFER, 4, FAUBOURG SAINT-GERMAIN

M DCCC XXXVI.

AVANT-PROPOS.

Dans le premier volume, nous avons décrit la plus grande partie des monuments celtiques et romains, répandus sur le sol de notre patrie. Ce second volume ' doit contenir la description d'édifices civils et religieux élevés sous le règne de nos rois.

L'architecture, presque ensevelie dans la chute de l'empire romain d'Occident, semblera se relever avec lui, par la puissance du vaste génie de Charlemagne. Plus tard, d'heureux essais lui donneront tout-à-coup un caractère particulier, dont l'élégante hardiesse fera pardonner les irrégularités; et, lorsqu'elle reviendra à la noble simplicité que le goût des innovations lui avait fait dédaigner, ce sera avec tous les avantages de l'expérience et d'un jugement éclairé.

Tel est le résumé de nos considérations sur l'état de l'art aux diverses époques qui forment les divisions de notre Introduction. Nous y avons signalé trois genres d'architecture ou de style : le style *roman* ou à *plein-cintre*, appelé indistinctement saxon ou lombard; le style *ogivique*, dit improprement gothique ou arabesque; et le style de la *renaissance*.

Ces différents styles ont subi, avec le temps, de notables altérations; mais ces changements n'ont pas de dates précises, comme la réunion d'un comté ou d'une province. Ainsi l'on ne sera pas étonné que, dans la classification des monuments, nous ne nous astreignions pas aux divisions que nous avons dû admettre en écrivant l'histoire géographique de la France.

D'ailleurs, les invasions des Visigoths, des Sarrasins, et sur-tout des Normands, ont détruit la plupart des édifices antérieurs au 10ᵉ siècle; la foudre aussi les a frappés, et l'atteinte a été terrible : car, comme nous l'avons déja remarqué, presque tous étaient en bois. Un petit nombre a survécu. La tradition nous a aidé à découvrir l'âge de quelques uns, et nous avons groupé à l'entour tous ceux dans lesquels des rapports frappants dénotaient la même époque. Souvent aussi nous ne ferons que poser la question de l'âge sans la résoudre, car avouer franchement que l'on ignore nous a toujours paru plus sage que de propager une erreur.

' L'ouvrage devait être divisé en trois volumes; mais il aurait fallu reporter au troisième une partie des monuments romains, qu'il est plus convenable de placer tous ensemble.

AVANT-PROPOS.

Les monuments deviendront plus multipliés, et les renseignements plus précis, à partir du 11ᵉ siècle. Les rois, les évêques et les barons furent à peine délivrés de l'appréhension de la grande catastrophe que des prophéties mal interprétées, mais généralement crues, avaient fait craindre pour l'an 1000, que tous construisirent à l'envi châteaux et cathédrales; ils auraient cru perdu le jour où ils n'auraient pas ajouté quelques pierres à leurs nouvelles constructions, et « le génie des arts couvrit alors le sol de la France d'un riche manteau d'abbayes, de châteaux et d'églises. »

Si nous nous sommes plaint d'abord de la rareté des édifices, nous aurons bientôt à regretter qu'à partir du 11ᵉ siècle la multiplicité nous ait forcé à faire un choix sévère et à omettre un grand nombre de monuments qui auraient mérité de trouver place dans cette collection :

Non omnia possumus omnes.

Nous avons détaillé ailleurs le caractère et les ornements propres à chaque style; nous éviterons ici des redites inutiles : d'ailleurs la description des monuments nous donnera occasion d'entrer dans de nouveaux détails que l'on lira avec plus de fruit, ayant la gravure sous les yeux. Nous nous bornerons à indiquer les trois époques de nos divisions principales.

PREMIÈRE ÉPOQUE. Style roman, jusqu'au 12ᵉ siècle.

DEUXIÈME ÉPOQUE. Style ogivique, du 12ᵉ siècle au 16ᵉ.

TROISIÈME ÉPOQUE. Style de la renaissance, du 16ᵉ siècle jusqu'à nos jours.

MONUMENTS

DU STYLE BYZANTIN OU ROMAN.

PLANCHE CXVII.

VUE D'UN MONUMENT ANTIQUE DU MOYEN-AGE,

A MORNAS.

Mornas, bâti à une lieue de Mondragon et à deux lieues d'Orange, est malheureusement trop célèbre dans l'histoire des guerres du calvinisme. Ce bourg fut principalement le théâtre des fureurs du baron Des Adrets, gentilhomme dauphinois; c'était du sommet des rochers élevés, ici représentés, que ce barbare faisait précipiter les prisonniers catholiques qui avaient le malheur de tomber entre ses mains. Ses soldats, rangés au pied du roc, recevaient sur leurs piques ces malheureuses victimes de la cruauté de leur chef. Des Adrets, en horreur à son propre parti, fut révoqué de son commandement, et termina sa vie dans la honte et l'obscurité.

Quelques historiens pensent que ce fragment d'un édifice du bas-empire faisait partie d'un temple consacré à Diane; on n'y remarque cependant aucun attribut relatif à cette déesse. Au reste, situé sur un mur très élevé et adossé à une chapelle moderne, il présente une ruine très pittoresque; et, malgré la proportion courte des pilastres, il offre quelques ornements et quelques dispositions qui rappellent encore le goût de l'antique; mais la sculpture des figures est très barbare.

Nous serions porté à croire que, dans des temps qu'il serait difficile de préciser, un architecte aura réuni, pour orner une de ses constructions, divers débris d'un monument ancien; il les aura disposés avec peu de goût; et le ciseau d'un sculpteur inhabile aura entièrement altéré les figures. Nous chercherions à appuyer cette conjecture de raisonnements plus détaillés; mais ici, comme ailleurs, nous sommes contraint de laisser seulement apercevoir notre opinion, sans pouvoir la justifier. Rien de plus ordinaire, du reste, que cet emploi de parties antiques dans les édifices du 5ᵉ et du 6ᵉ siècle.

Environné de rochers arides et escarpés, ce monument bizarre semble avoir quelque rapport avec son site sauvage.

PLANCHE CXVIII.

VUES DE RUINES ET DE VOUTES SOUTERRAINES

APPELÉES LE CIRQUE, A DOUÉ.

Ce monument, taillé dans une carrière de pierre rongeâtre, se trouve à *Doué* ou *Doé*, ville située à trois lieues sud-ouest de Saumur. Des maisons de paysans, au milieu d'un terrain mal cultivé, en masquent quelques parties. Suivant les anciennes traditions, *Doué* ou *Doé* portait autrefois le nom de *Castellum Theodati* ou *Thodu-Adum*, et était le lieu où existait le palais des rois d'Aquitaine, de la race des Carlovingiens; aussi nous ne serions pas éloigné de voir là les ruines de ce palais; d'autres auteurs, fondés sur la forme des gradins taillés en amphithéâtre, prétendent que c'est un ouvrage des Romains, et que ces gradins sont ceux d'un cirque. Ils ont même mesuré toutes les dimensions de l'arène, et ont trouvé qu'elle avait trente-cinq mètres de longueur, vingt-huit

de largeur, et sept à huit de profondeur. Quoi qu'il en soit, on raconte qu'en 1620 les habitants de Doué représentèrent dans cet amphithéâtre la prise de Jérusalem, par Godefroy de Bouillon, ainsi que plusieurs autres pièces et tragédies; ceci semble appuyer, mais non prouver, l'opinion de ceux qui pensent que sa première destination fut, dans des temps plus reculés, pour les spectacles et les jeux publics.

Les deux vues qui sont au-dessous de celle-ci représentent des voûtes très irrégulières taillées dans le roc; elles peuvent avoir servi de souterrains au palais des anciens rois, ou de logement aux animaux qui combattaient dans les arènes, ainsi que pour les autres usages de l'amphithéâtre; elles servent aujourd'hui d'écuries et de magasins. Le temps a exercé de tels ravages, qu'il nous paraît impossible d'adopter sur ces ruines une opinion positive. Le doute a sans doute quelque chose de pénible; mais ne doit-on pas le préférer à l'erreur?

PLANCHE CXIX.

PORTIQUE A LA CATHÉDRALE D'AIX.

Quoique la cathédrale d'Aix ne soit pas la plus ancienne église de cette ville, elle présente cependant deux constructions fort anciennes, à l'imitation du moins des premières basiliques : l'une est une rotonde composée de huit colonnes antiques, de granit poli, monolythes à l'exception d'une, formant maintenant les fonts baptismaux; l'autre une porte, ouvrage du 8ᵉ ou 9ᵉ siècle, qui est le sujet de cette planche. A cette époque de la décadence, les architectes ne confondaient point encore les ordres, et l'on peut remarquer ici quatre chapiteaux composites qui rappellent ceux des anciens, et qui leur appartiennent peut-être; mais les cannelures transversales de l'une des petites colonnes tiennent entièrement à la décadence.

On rencontre encore dans la Provence quelques modèles de cette architecture antique dégénérée, tels qu'à la cathédrale d'Avignon et à une petite église appelée Saint-Gabriel, dans la plaine de la Prau. Les monuments de cette époque sont extrêmement rares dans les autres provinces de la France.

PLANCHE CXX.

PORTIQUE LATÉRAL

DE LA CATHÉDRALE D'AVIGNON.

Suivant la tradition du pays, la foi fut portée à Avignon par sainte Marthe, sœur de Lazare et de Marie-Madeleine; et saint Ruf, fils de Simon le Cyrénéen, fut le premier évêque de cette ville. Parmi ses successeurs, on compte plusieurs saints, et entre autres saint Maxime, saint Veridenne, saint Magnus et saint Agricol. Ces deux derniers étaient citoyens d'Avignon, et saint Agricol est le principal patron de la ville. Le siége épiscopal, d'abord sous la métropole de Vienne, passa dans la suite sous celle d'Arles. Enfin le cardinal Julien de la Rouère, quatre-vingt-unième évêque d'Avignon, neveu de Sixte IV, fit ériger ce siége en métropole, par son oncle, en 1474.

Cette planche représente le porche de l'église de Notre-Dame des Domns, *de Domnis*. Heureuse imitation du style antique, la porte extérieure se compose d'une arcade en plein-cintre, ornée de rez-de-cœur, et portée sur deux pilastres d'appareil antique. Un fronton triangulaire, soutenu par deux colonnes corinthiennes cannelées, le surmonte. La base du triangle du fronton est formée par une espèce d'architrave, ornée dans toute sa longueur de méandres, de perles, de palmettes, d'oves et de modillons.

La seconde porte qui s'ouvre dans l'église est à-peu-près la répétition de la première; mais elle acquiert un nouveau prix par les belles peintures à fresque dont Giotto l'a décorée, et que reproduit la planche CLXVII.

On ne peut deviner que par des conjectures à quelle époque fut élevé ce portique. Nous avons cru devoir le classer dans le temps où fut construit celui d'Aix, qui reproduit à-peu-près les mêmes imitations; mais nous convenons que ce n'est qu'une conjecture bien faiblement appuyée.

PLANCHE CXXI.

VUE DU CLOITRE DE SAINT-SEVÉRIN,

A BORDEAUX.

L'origine de Bordeaux se perd, comme celle de presque toutes les villes, dans la nuit des temps. Simple bourgade, composée de maisons de bois et de terre du temps de César, elle ne s'embellit qu'en devenant, sous la domination romaine, la capitale de la seconde Aquitaine; elle dut être alors fort belle, si, comme tout porte à le croire, la description qu'en fait Ausone est fidèle. Mais bientôt les incursions des Visigoths, les ravages des Sarrasins et des Normands, anéantirent les nombreux édifices qui en faisaient l'ornement. Depuis, soumise alternativement aux rois d'Aquitaine et aux comtes de Gascogne, devenue, par le mariage d'Éléonore de Guyenne avec Henri II, la propriété des rois d'Angleterre, elle ne fut définitivement réunie à la France qu'en 1453, où Talbot essaya en vain de la défendre. Cependant la splendeur des monuments qui y attire les étrangers ne remonte guère qu'au siècle dernier : alors M. de Tourny, intendant de la Guyenne, en élargissant son enceinte, traça les plans des embellissements qui ont été exécutés plus tard. Il ne reste plus que quelques pans de murs de l'amphithéâtre qu'y avaient construit les Romains. Plusieurs églises attestent le soin avec lequel les monarques anglais ont voulu embellir la cité dont la possession était pour eux si précieuse. Un monument sur-tout, parmi les antiquités dues à nos pères, nous a paru digne d'être gravé; c'est le cloître de Saint-Severin, construit à une époque difficile à préciser. Il offre beaucoup d'intérêt par les tombes chrétiennes qui le décorent; elles sont en marbre, d'une grande dimension et chargées de sculptures, où l'on remarque le monogramme du Christ, tel que les chrétiens du bas-temps l'avaient imité des Grecs leurs prédécesseurs. Ce monogramme est varié de forme sur les différents couvercles, et entouré de fouillages, de ceps de vigne et d'oiseaux. En 1812, un de ces tombeaux fut ouvert, et l'on y trouva une couche de branches de laurier qui recouvraient les ossements d'une femme, puis encore une couche de branches de laurier et les ossements d'un homme, et enfin du laurier dans le fond de la tombe. Rien du reste qui indiquât les noms de ces deux personnages; ils étaient peut-être des victimes de la foi chrétienne. Ce cloître, d'un aspect mélancolique, est ombragé par de beaux platanes, et des sœurs qui y tenaient à l'époque ci-dessus une école de jeunes demoiselles avaient fait diviser le sol par des compartiments remplis de fleurs. Ce cloître est situé dans une petite rue, et adossé au chevet de l'église de Saint-Severin, qui elle-même est un beau monument de la même époque, auquel on a ajouté une tour et un portique de la renaissance au 16ᵉ siècle.

PLANCHE CXXII.

VUE DE L'ABBAYE DE CHARLIEU.

(LOIRE.)

Ce monument, maintenant très dégradé, offre ce qui reste de l'ancienne abbaye de Charlieu, dédiée à saint Étienne, et située à trois lieues et demie de Roanne. Ce monastère, de l'ordre de Saint-Benoît, est un édifice du 9ᵉ siècle; il fut fondé par Bozon, roi de Bourgogne, et par Ratbert son frère, évêque de Valence : l'abbé Gausmar et ses religieux construisirent les bâtiments. Saint Guillaume et saint Odillon en furent successivement abbés, et l'on y tint deux conciles. Bozon y annexa l'abbaye de Saint-Martin l'an 879. Sous le règne de Hugues, ils se soumirent à la réforme introduite par Odon à Cluny; et, à l'époque de la révolution, ce n'était plus qu'un prieuré conventuel. Le bourg est anciennement connu sous le nom de *Carus locus eò quòd minùs gratus*, disent les auteurs de *la Gaule chrétienne*. Le portail est très riche en ornements et en figures, et toutes les voûtes à plein-cintre caractérisent l'époque que nous avons cru devoir assigner à ce monument.

PLANCHE CXXIII.

VUE INTÉRIEURE

DU CLOITRE DE LA CATHÉDRALE D'ARLES.

Cette planche représente une galerie romane du cloître, et le commencement de la deuxième; on aperçoit dans le fond deux galeries ogiviques évidemment postérieures.

Même dans cette galerie on reconnaît à la première vue deux époques, et il paraît évident que la partie qui est du côté de l'enclos intérieur, c'est-à-dire à droite de la gravure, est plus ancienne. On est surpris de voir que l'on n'ait pas élevé les impostes des arcades, du côté des promenoirs, à la hauteur de la corniche opposée; et l'on ne sait comment expliquer la courbe moindre qu'un demi-cercle de la voûte en berceau avec des arcs doubleaux portant des piliers et retombant sur de forts modillons.

La partie de droite offre une alternative de colonnes et de pilastres dont les chapiteaux assez grossièrement sculptés imitent le galbe corinthien; à gauche, au contraire, on retrouve un pilier après trois colonnes doublées, dont les chapiteaux sont historiés ou représentent divers végétaux. Dans le bloc des piliers ont été taillées des statues d'une assez grande proportion, moins intéressantes par leur exécution que par le secours qu'on en peut tirer pour l'histoire des costumes.

Le bas-relief sculpté sur le massif de l'angle à gauche représente probablement un homme se disposant à lapider la femme adultère, à moins qu'on n'aime mieux y voir la lapidation de saint Étienne. La première explication nous paraît préférable, et est plus en rapport avec les bas-reliefs des autres angles qui représentent des sujets tirés de l'Évangile.

PLANCHE CXXIV.

PORTAIL

DE LA CATHÉDRALE DE SAINT-TROPHYME,

A ARLES.

Le fronton de cette église est d'une proportion élégante, et son triangle d'un rapport parfait avec l'ensemble de l'édifice. Les cintres des archivoltes ont la rondeur exacte des monuments antiques. Les sculptures sont exécutées avec pureté, mais avec la raideur et la sécheresse de l'école grecque, dans ce siècle de décadence.

L'Éternel, une couronne sur la tête et un livre à la main, semble bénir le monde; il est environné des quatre évangélistes, désignés par leurs symboles. Immédiatement au-dessous, dans la frise, sont représentés les prophètes ou Pères de l'Église; à gauche, un chœur de vierges et de bienheureux; à droite, une troupe de réprouvés dans les flammes et liés au milieu du corps par une espèce de chaîne. La soffite de la porte, où l'architrave est supprimée, est soutenue, ainsi que cela se pratiquait dans ce temps, par une colonne de granit qui coupe l'ouverture de la porte en deux. L'entablement, servant d'imposte, repose sur quatre colonnes rondes, dont deux à chaque extrémité, deux pilastres octogones et deux carrés. Dans les entre-colonnements il y a des niches où sont, à gauche, deux saints et un évêque; et à droite, deux Pères de l'Église et un bas-relief. Entre les pilastres est représentée une ame bienheureuse sortant du corps d'un saint, et portée au Père Éternel par deux anges. Les socles des bases qui sont attiques sont décorés de têtes de lion et d'animaux chimériques. Les pilastres du renfoncement sont supportés par des lions, dont ceux de droite dévorent des damnés. Tous les chapiteaux sont d'ordre composite et variés de goût.

L'opinion populaire est que saint Trophyme avait été disciple de Jésus-Christ, et qu'il a le premier porté le christianisme en Provence; mais les écrivains les plus authentiques, entre autres Grégoire de Tours, ne font mention de son arrivée à Arles qu'au 3ᵉ siècle, temps où il en fut le premier évêque. Son corps, qui resta long-temps déposé aux Alescamps, antique cimetière, en fut enlevé en 1152 et inhumé dans la basilique, dont cette planche représente le portail, ouvrage du 11ᵉ ou du 12ᵉ siècle.

PLANCHES CXXV ET CXXVI.

FAÇADE DE L'ÉGLISE DE SAINT-GILLES,

DÉPARTEMENT DU GARD,

ET FRAGMENTS DU PORTAIL.

La petite ville de Saint-Gilles, chef-lieu de canton du département du Gard, fut célèbre autrefois; et, avant de prendre le nom du patron de son église, elle porta celui de Rhode. Quelques auteurs la croient l'*Anatalia* de Pline, ou l'*Heraclea* de l'itinéraire d'Antonin. Ce qui est constant, c'est que les rois goths y firent autrefois leur résidence, ce qui la fit nommer aussi *Palatium Gothorum*. En 1562, le duc de Sommariva, commandant les troupes catholiques, fut battu aux environs de cette ville par les protestants.

Son église, du style byzantin, est un monument très curieux du 12ᵉ siècle. Comme tous ceux de cette époque, il a la base très large, et il est probable qu'il était autrefois plus élevé et chargé d'ornements jusqu'au haut.

Dans une restauration dont il est impossible, faute de titres, d'assigner l'époque, on aura conservé ce qui existait, et remplacé par de simples pierres de taille ce qui avait été détruit peut-être dans le temps des guerres de religion. Une ancienne inscription porte que cette église fut commencée au mois d'avril 1116. Le portail, qui n'aura probablement été fini que vers le milieu du 12ᵉ siècle, est orné, on pourrait même dire chargé, d'une foule de décorations qui avaient évidemment pour but d'en atténuer la lourdeur. Les trois archivoltes sont en cintre alongé, et ornées d'oves et de différents filets rentrants ou en saillie. Sur l'imposte sont sculptés des chiens ou d'autres animaux.

Les colonnes dont les chapiteaux, comme on le voit sur la planche CXXVI, sont ornés de végétaux, d'aigles ou de monstres bizarres, sont presque toutes cannelées et portent sur des espèces de lions, qui ne sont pas toujours groupés d'une manière heureuse.

Quant aux différents sujets sculptés sur toute la façade, quoique la plupart soient presque frustes, nous avons cru pouvoir en expliquer le plus grand nombre. Sous l'arcade du milieu est représenté le Père Éternel dans sa gloire, entouré des attributs des quatre évangélistes; sous celle de gauche, l'adoration des Mages; et sous celle de droite, Jésus crucifié.

On reconnaît facilement sur la frise du portail de gauche l'entrée à Jérusalem; Jésus est monté sur l'ânesse; l'ânon suit; sur la frise de l'autre portail latéral, Madeleine vient laver les pieds de Jésus à table chez Zaïre. Les morceaux sculptés sur la frise principale sont plus frustes et plus

confus. À gauche était peut-être Jésus trahi par Judas et livré aux grands-prêtres. Au milieu sa condamnation. À droite, on reconnaît facilement Jésus portant sa croix. Les statues qui sont dans les entre-colonnements paraissent représenter des prophètes et des saints; au bas, les parties qui ne sont pas cannelées sont ornées de médaillons dans lesquels le sculpteur, on ne sait par quel travers d'esprit, a représenté des centaures armés d'un arc, et poursuivant de leurs traits des cerfs et des lions. On remarque encore çà et là des scènes de tentation, ou des anges foulant aux pieds des réprouvés. Plusieurs colonnes ont pour base un groupe d'espèces d'ours qui paraissent couverts d'écailles.

Toutes ces bizarreries sont bien dans le génie du temps; les artistes qui avaient perdu les règles de la proportion cherchaient dans la profusion des détails et dans la variété de l'ornementation la beauté qu'ils ne savaient point trouver dans la pureté des lignes et des profils.

PLANCHES CXXVII ET CXXVIII.

ÉGLISE DE NOTRE-DAME-LA-GRANDE

A POITIERS,

ET DÉTAILS DU PORTAIL DE CETTE ÉGLISE.

Poitiers est une des plus anciennes villes de France; elle existait certainement avant l'invasion des Romains; et lorsqu'ils l'eurent soumise, ils trouvèrent dans ses habitants des alliés fidèles. Ravagée successivement par les Vandales, les Huns et les Visigoths, elle fut unie par Clovis à l'empire qu'il fondait. Les Sarrasins, les Normands et les Anglais l'en arrachèrent quelque temps; mais, vers le milieu du 15ᵉ siècle, elle y fut réunie pour toujours par Charles VII, qui y avait transféré son parlement. Maintenant elle est le chef-lieu de préfecture du département de la Vienne.

Son territoire fut le théâtre de trois batailles mémorables : Clovis, dans le 6ᵉ siècle, y vainquit Alaric, roi des Visigoths; dans le 8ᵉ, Karl Martel, vainqueur d'Abdérame, chef des Sarrasins, sauva la France de la domination étrangère, et refoula le mahométisme prêt à étouffer la religion du Christ avec ses heureux fruits de civilisation. Plus tard, le 19 septembre 1356, la fleur de la noblesse française y expira sous les coups de huit mille Anglais auxquels le roi Jean n'avait pas laissé d'autre salut que le désespoir. Les Français étaient au nombre de plus de soixante mille; une terreur panique fit fuir les troupes du Dauphin et celles du duc d'Orléans. Le roi seul se battit comme un lion; mais ses soldats étaient découragés et accablés par la grêle de traits que lançaient les Anglais avantageusement postés, et le roi de France prisonnier alla mourir en Angleterre.

Notre-Dame-la-Grande, une des plus anciennes églises de Poitiers, fut dans l'origine dédiée à saint Nicolas, et prit ensuite le titre de Notre-Dame, à cause, dit la chronique, d'un « miracle opéré l'an 1200, le 15 avril. Un secrétaire perfide voulait livrer la ville aux Anglais; déjà *aussi nombreux que les chenilles innombrables*, ils étaient réunis aux portes de Poitiers, et attendaient que le traître vînt les leur ouvrir; mais il eut beau chercher, les clefs ne se trouvèrent pas chez le maire: l'alarme se répandit bien vite; une terreur panique saisit les Anglais, qui se ruèrent les uns sur les autres, et, assaillis en même temps par les habitants de Poitiers, ils furent presque tous tués; les clefs de la ville, que quelque chanoine, peut-être instruit de la perfidie, avait prises chez le maire, furent trouvées aux mains de la statue de la sainte Vierge. Les habitants, qui ignoraient la pieuse fraude, voulurent que désormais l'église portât le nom de Notre-Dame. »

Si l'on en croit la tradition, cette église remonterait au temps de Constantin, et ce serait sa statue équestre que l'on voit sur l'ancienne porte qui est du côté de la place. Mais comme toutes les églises de la chrétienté, sur-tout en France et en Italie, celle de Notre-Dame, que n'auront pas épargnée les dévastations des barbares, a dû être rebâtie dans le 11ᵉ siècle.

Les arcades ogiviques des deux côtés ne doivent pas faire rapprocher la construction de cet édifice; plusieurs fois nous aurons occasion de remarquer des arcs ogiviques dans des parties secondaires, notamment à Guebwiller et à Coutances, avant le 13ᵉ siècle, quoique ce ne soit qu'alors, à proprement parler, que l'architecture à *tiers-point* l'emporta sur celle à *plein-cintre*. De nombreux essais durent précéder l'emploi général.

Quelques souvenirs, peut-être aussi quelques fragments restés debout de ce temple ou d'autres édifices romains, auront inspiré les architectes; ils ont voulu imiter les ordres romains, mais ils n'en ont pu observer les proportions, et ils ont cherché, dans une surcharge d'ornementation, la beauté qu'ils ne savaient point trouver dans une disposition harmonieuse et dans la beauté des profils. Il y a quelque chose qui frappe dans ces ornements multipliés, dans ces arcades toutes richement sculptées et ornées d'élégants bandeaux : si l'œil est désagréablement affecté par la petitesse des colonnes, il admire le travail de ces chapiteaux historiés avec une variété inépuisable. Les tours qui flanquent l'édifice sont en encorbellement, imitation des châteaux et des maisons de la même époque. Il n'y a pas jusqu'à la partie supérieure de ces tours et au fronton qui couronne l'édifice qui n'aient aussi un genre d'ornementation : ce sont des pierres taillées en écailles. Au milieu du fronton est dans un cadre ovale formé de trois bandeaux diversement sculptés, le Père Éternel entouré des attributs des quatre évangélistes.

Au-dessus des deux portiques latéraux sont sculptés quelques traits de l'histoire sainte; un abrégé, peut-être, de l'histoire de la religion, commençant à la chute d'Adam. Quelques patriarches figurent les temps bibliques; la Salutation Angélique annonce la naissance du Messie; les attributs des quatre évangélistes représentés sur le frontispice, et les statues des Pères de l'Église placées dans des niches que soutiennent deux galeries de colonnes, signifient l'accomplissement de la promesse faite aux patriarches; au-dessus du portique du côté droit, on peut voir à-peu-près ce que l'on veut, car il est presque fruste. Le sculpteur y a représenté peut-être ou un épisode de la Passion, ou les apôtres se dispersant pour aller prêcher la loi nouvelle. L'ensemble de cette façade a quelque chose d'imposant; et, malgré soi, on éprouve une certaine émotion à la vue de cet édifice que huit siècles ont respecté, et qui donne une idée exacte de l'architecture du moyen-âge.

Le titre d'abbé qu'avait le chef du chapitre de Notre-Dame ne prouve pas qu'il y ait eu des moines dans cette église; ce titre fut pris par les ecclésiastiques réguliers sur la fin du 8e siècle, où l'on commença à former des collèges de chanoines, à la tête desquels on mit des abbés. On nommait cependant ces chapitres des monastères. Celui de Notre-Dame conserva ce nom pendant long-temps. Il avait la prérogative de garder les clefs de la ville pendant les trois jours des Rogations. Ce privilège, qui fut quelquefois constaté, lui fut confirmé par plusieurs rois.

La planche de détails retrace une partie des Pères de l'Église sculptés sur ce monument et une porte latérale du portique.

PLANCHES CXXIX ET CXXX.

VUE DE LA CATHÉDRALE D'ANGOULÊME,

ET DÉTAILS DE LA FAÇADE.

On essaierait en vain de remonter à l'origine de cette ville; bâtie peut-être après la conquête des Gaules par les Romains, elle n'était qu'un lieu solitaire et écarté sous Ausone, *devius ac solus locus* (épît. 18e). Elle s'appelait alors *Iculisma;* plus tard elle est nommée Incolisma, Engolisma, de là Angoulême. En 508, elle était entourée de murailles, car les chroniqueurs nous apprennent que, comme celles de Jéricho, elles tombèrent d'elles-mêmes à l'approche de Clovis, quoiqu'il ne portât point l'arche sainte; mais il était accompagné de guerriers nombreux et vaillants. Sous les successeurs de ce prince, Angoulême fit partie du royaume d'Austrasie. Dans le 8e siècle, Pépin et Charlemagne réprimèrent ses efforts pour se soustraire à la domination des Francs, et elle fut comprise dans le royaume d'Aquitaine. Le 9e siècle vit commencer, sous le règne de Charles-le-Chauve, cette série de comtes ou petits tyrans dont Turpion fut le premier. Quarante ans plus tard, Aldon rendit héréditaire une propriété que ses prédécesseurs n'avaient due qu'à la munificence des rois. Des jours glorieux et de graves désastres signalèrent à Angoulême, comme par-tout ailleurs, le règne de ses comtes, presque tous des illustres maisons de Taillefer et de Lusignan. Une de leurs comtesses même, la célèbre Isabelle, par son mariage avec Jean-

sans-Terre, devint reine d'Angleterre. Elle avait été fiancée à Hugues de Lusignan; mais le jour même de la célébration du mariage, Jean, qui s'était tenu en embuscade à Bordeaux, arriva subitement avec ses hommes d'armes, et, s'adressant à l'évêque, lui dit d'un ton de voix qui ne permettait pas l'hésitation : Marie-moi avec cette femme. Isabelle, veuve du roi d'Angleterre, épousa Hugues de Lusignan, à qui Jean l'avait enlevée, et elle se fit appeler la comtesse-reine. Son orgueil et ses projets ambitieux causèrent presque la perte de son mari et de son fils Henri III, roi d'Angleterre. Elle fut obligée de s'humilier devant Louis IX, vainqueur à Taillebourg.

En 1307, le comté d'Angoulême, séparé de la couronne de France depuis 441, y fut réuni par Philippe-le-Bel; mais les Anglais le reprirent de nouveau, et sa réunion définitive ne date que de l'an 1548. En 1619, le duc d'Épernon, après avoir délivré Marie de Médicis du château de Blois, la mena à Angoulême dont il était gouverneur. On appela long-temps les *pleurs d'Épernon* les coups de cloche réitérés qui précédaient et suivaient une messe votive qui se célébra pour ce duc jusqu'en 1790. Angoulême est maintenant le chef-lieu de préfecture du département de la Charente. La cathédrale de cette ville, si l'on en croit des traditions évidemment altérées, était originairement un temple de Jupiter, que saint Martial consacra à saint Pierre. Quoiqu'il soit certain, par le témoignage de Grégoire de Tours et d'autres historiens, que saint Martial ne vint dans les Gaules qu'à la fin du 3e siècle, cependant quelques légendes le font contemporain de saint Pierre. Ausone dédia plus tard cette église à saint Saturnin; les ariens la profanèrent; et Clovis, dont la haute politique ne négligeait rien de ce qui pouvait plaire aux évêques, la fit reconstruire. Détruite dans le 9e siècle et dans le 10e, elle fut relevée dans le 11e; et c'est de cette époque que date la façade ici représentée. En 1120, Gérard II, évêque d'Angoulême, fit presque rebâtir entièrement l'église, mais sans toucher à la façade. Les guerres de religion la détruisirent de nouveau, et le sage Coligny dut gémir de la fureur de ses soldats, qu'il essaya sans doute, mais en vain, de réprimer. L'église fut rebâtie dans le 17e siècle : les stalles, la voûte et la lanterne sont de 1579; l'autel et les balustrades en pierre qui entourent la nef, de 1758; la chaire de 1781, et les orgues de 1786. La façade représentée par la gravure offre beaucoup de ressemblance avec celle de Notre-Dame-la-Grande de Poitiers; mais elle est plus chargée d'ornements. Les archivoltes de la porte d'entrée et des arcades inférieures (planche CXXX, nos 2, 3, 4) sont chargées d'animaux et d'oiseaux enveloppés de rinceaux ou enlacés avec des monstres; d'autres sont ornées de palmes qui imitent l'acanthe ou d'anges en adoration (même planche, n° 1). Là, comme à Notre-Dame-la-Grande, le Père Éternel est entouré des attributs évangéliques, mais ils sont tous ailés. L'état de dégradation des nombreuses statues placées dans les niches ou sous les archivoltes ne permet pas de préciser ce qu'elles représentaient; on pourrait y voir des saints et des saintes, peut-être quelques comtes et quelques comtesses; mais il faudrait plus que de la bonne volonté. La grande croisée, qui plus tard fut remplacée si heureusement par ces belles rosaces que nous admirons dans les édifices du 13e siècle, est surmontée d'anges dont les différentes postures n'indiquent pas toujours beaucoup de goût. Quoi qu'il en soit, cet édifice mérite de fixer l'attention des archéologues et des amis des arts : car les monuments de cette époque sont rares en France, et le deviennent de plus en plus.

PLANCHE CXXXI.

VUE DE LA CATHÉDRALE DE TRÈVES.

La première construction de ce monument du moyen-âge est communément attribuée à l'empereur Constantin-le-Grand; mais ce qui existe est de beaucoup postérieur. Constantin, après avoir vaincu les Francs, et remporté des victoires éclatantes sur les autres nations de la Germanie, l'an 310 de notre ère, époque de la mort de Maximien Hercule, s'établit à Trèves pour mieux mettre les Gaules à l'abri de l'irruption des barbares qui passaient sans cesse le Rhin et désolaient ces belles contrées. Trèves, qui, jadis, avait été la plus puissante ville de la Gaule, et qui faisait remonter son origine à plus de trois cents ans avant celle de Rome, était à cette époque considérablement déchue de son lustre et de sa grandeur. Constantin voulut en faire un séjour digne de lui; il releva ses murailles abattues, construisit des palais, un cirque immense, des thermes et des basiliques. La plupart de ces monuments subsistent encore, et nous avons donné la vue des ruines considérables qui en restent. (*Voir* les planches, de XCI à XCV.)

On peut supposer avec raison que la basilique, qui est le sujet de cette planche, était du nombre de celles qui furent construites par Constantin, et rebâties après vers le 11ᵉ siècle, probablement par Eudes de Nellembourg, soixante-dix-huitième évêque de Tréves, qui y fit beaucoup travailler, suivant les archives; l'architecture en est extrêmement pittoresque et les divisions, très heureuses. On y remarque le mélange de pierres de différentes couleurs dans les claveaux des grands arcs. Il est à présumer que cet édifice a servi de type à ceux du même genre, qui furent depuis élevés à Spire, à Worms et à Mayence. Les voyageurs ont généralement remarqué que tous les monuments en Italie et dans les Gaules, à cette époque, étaient devenus d'une construction plus pesante, et avaient pris un caractère de fortification nécessité par les désordres des guerres civiles.

Quant à la plus haute tour, que surmontent une flèche et une croix élégante, il est probable qu'elle date du 14ᵉ siècle, et que l'on doit l'attribuer à Baudoin de Luxembourg, qui, suivant les archives de la cathédrale, *aidé de tout son clergé, orna et embellit sa métropole plus que tous ses prédécesseurs.* D'ailleurs les arcades en ogive dont elle est percée se rapportent à cette époque.

PLANCHE CXXXII.

VUE

DE L'ÉGLISE DE SAINT-ÉTIENNE,

A CAEN.

Il est facile de reconnaître dans ce monument deux époques différentes. Les arcades à plein-cintre du corps de l'édifice et des deux tours appartiennent évidemment à la première construction, commencée en 1061, et terminée vers 1077; les flèches et les tourelles à arcades en ogive datent du 14ᵉ siècle. Simon de Trévières les aura fait élever quand il fit agrandir le chœur et construire le rond-point. L'architecte qui fit ces derniers travaux se nommait Guillaume, et c'est probablement son épitaphe qu'on lit sur l'extérieur du mur de l'abside:

Guillelmus jacet hic, petrarum summus in arte.
Iste novum perfecit opus, det præmia Christus.

Cette abbaye fut fondée par Guillaume-le-Bâtard, que ses exploits ont fait surnommer *le Conquérant.* Le pape Nicolas II lui en imposa l'obligation pour légitimer son union avec Mathilde de Brabant, qui était sa parente. Saint Lanfranc, depuis archevêque de Cantorbéry, en fut le premier abbé. Elle fut, à Caen, le berceau des sciences, et de son école sortirent une foule de prélats et de moines distingués. Fortifiée dans le 14ᵉ siècle, elle arrêta quelque temps les Anglais; mais le duc de Clarence s'en rendit maître en 1417, et Henri V, roi d'Angleterre, ayant placé son artillerie dans la tour du milieu de l'église, se rendit facilement maître de la ville de Caen. L'abbaye n'éprouva alors que de légers dommages: les guerres de religion lui furent bien plus funestes; et, en 1562, les protestants la pillèrent et la détruisirent presque en entier. Tout fut ruiné et emporté *sans qu'il en demeurât aucune chose, excepté les murs,* dit Guillaume Lepetit dans son procès-verbal dressé en 1563. La tour avait été sapée dans ses fondements; on croyait que sa chute écraserait l'édifice entier. Mais les ravages ne furent pas tout-à-fait aussi grands que les religionnaires l'avaient espéré. Les soins de dom Jean de Baillehache, grand-prieur de l'abbaye au commencement du 16ᵉ siècle, relevèrent en partie les ruines de l'église et de l'abbaye. Ce fut aussi à ce prieur, auteur d'une histoire manuscrite de l'abbaye de Saint-Étienne, que l'on dut la restauration du tombeau de Guillaume, son fondateur. Il y avait été enterré en 1087, et sa cendre avait été respectée par les Anglais et les Français en guerre; mais les protestants détruisirent la tombe et dispersèrent les ossements. Dom Jean de Baillehache et dom

Mathieu de la Dangie relevèrent ce tombeau en 1642. Cent ans plus tard, par l'ordre de Louis XV, il fut transféré dans le sanctuaire. Violé de nouveau en 1793, il fut rétabli par le général de Gua, préfet du département du Calvados.

Cette abbaye, extrêmement riche, fut occupée par des bénédictins non réformés jusqu'en 1663; alors Anne-Geneviève de Bourbon, duchesse de Longueville, y introduisit les religieux de la congrégation de Saint-Maur.

Quant au patronage de Saint-Étienne sous lequel elle fut mise, nous en trouvons l'origine dans l'histoire de l'abbaye de Saint-Étienne, dont nous avons déja parlé, et dans dom Blanchard, aussi auteur d'une histoire de cette abbaye. Ces auteurs nous apprennent que l'église abbatiale fut dédiée à saint Étienne en considération d'une « *ancienne et notable chapelle fondée au même lieu, et portant le même titre, et où il y avait un manoir où trépassa Clotaire IV, roi de France, environ l'an 719 ou 720, et qui fut enterré à Choisy.* »

En vain M. l'abbé de la Rue a attaqué cette opinion, en prétendant qu'il n'y avait point eu de roi de France du nom de Clotaire IV; il est constant qu'en 717, lorsque Charles Martel, vainqueur de Chilpéric II, se fit proclamer de nouveau duc des Austrasiens, jugeant que les seigneurs lui disputeraient plutôt le titre de roi que l'exercice de la royauté, il proclama un roi du nom de Clotaire IV. Les chroniqueurs n'ont pas jugé à propos d'établir la filiation de ce monarque titulaire; nous devons en savoir plus de gré aux religieux qui nous ont transmis ce document, extrait, comme ils le disent, des archives de leur abbaye.

PLANCHE CXXXIII.

ÉGLISE DE SAINT-CERNIN A TOULOUSE.

Toulouse était déja une ville considérable du temps de Brennus, deux cent cinquante ans avant notre ère. Les habitants de ces contrées étaient appelés *Volces Tectosages.* Après la prise de Rome, une partie de ces Gaulois inondèrent la Grèce, et ayant pillé le temple de Delphes, ils en rapportèrent à Toulouse des richesses immenses. Ils les déposèrent dans leur temple d'Apollon, qui était voisin d'un lac, et depuis, pour les dérober à l'avidité des Romains, ils les jetèrent dans le lac, après avoir réduit l'or en lingots. Cépion, consul romain du temps de Marius, en ayant eu connaissance, s'en empara sous un faux prétexte de rébellion; mais, bientôt après, attaqué par les Cimbres et les Tectosages, il fut contraint de prendre la fuite, et les Tectosages lui reprirent leur trésor. Le pays fut ensuite ravagé par une peste horrible, ce qui fit penser que cet or leur avait attiré ce malheur, et qu'Apollon Delphien se vengeait ainsi de leur impiété.

L'église de Saint-Cernin, anciennement appelée Saint-Saturnin, *Sanctus Saturnus,* fut commencée en 380 par saint Silve, évêque de Toulouse, et achevée par saint Exupère, son successeur, en 405. Si l'on en croit la tradition, elle fut construite sur les ruines même d'un ancien temple d'Apollon, et sur une partie du lac qui fut desséché à cet effet. Elle fut détruite une première fois au commencement du 8ᵉ siècle, une seconde fois à la fin du 10ᵉ siècle, et enfin rebâtie telle qu'elle est aujourd'hui vers l'an 1060, par les libéralités de saint Raymond, chanoine de cette église. Elle fut achevée vers l'an 1096, et consacrée solennellement par le pape Urbain II; elle a été régie par des prévôts jusqu'en 1118, que Guillaume Raymond en fut institué premier abbé. L'église de Saint-Cernin a toujours été gouvernée par un abbé, qui fut sécularisé en 1526, ainsi que son chapitre; elle s'est maintenue dans l'ancienne discipline de ne laisser enterrer personne dans son enceinte. Le clocher où les architectes se sont efforcés de reproduire l'architecture du corps de l'édifice est du 14ᵉ siècle.

Simon de Montfort ayant été reconnu comte de Toulouse fit, en 1215, non seulement abattre les murailles de la ville, combler les fossés et démolir les maisons fortes dans lesquelles les habitants pouvaient se retrancher, mais encore les parois de terre qui environnaient la ville: *Fecit diruere muros civitatis et parietes burgi (Chronicon).* L'église de Saint-Cernin, qui était contiguë au monastère de ce nom, devait être, à cette époque, hors des murs de Toulouse, puisque Charles-le-Chauve, en 844, assiégeant pour la première fois cette ville, logeait au monastère de Saint-Cernin. On lit dans plusieurs chartes données par ce prince en faveur des Goths qui se retiraient à Barcelonne : *Regnante Carolo.... actum in Cœnobio Sancti Saturni juxta Tolosam....et....dum obsideremus Tolosam.* Ces chartes sont de la quatrième année de son règne.

François 1er, étant malade et prisonnier à Madrid, fit un vœu aux saints qu'on révérait dans l'église de Saint-Cernin; l'inscription sur marbre, placée dans son enceinte, est de 1525. Ce fut enfin dans cette église que furent déposés, pendant quelque temps, les restes mutilés de Henri II de Montmorency. Une carrière pleine d'honneur ne put lui faire trouver grace pour sa première faute; il périt victime du ressentiment du tout-puissant cardinal.

PLANCHE CXXXIV.

PORTE LATÉRALE DE SAINT-SATURNIN,

A TOULOUSE.

On remarque, à cette porte latérale, comme à Notre-Dame des Doms d'Avignon et à la cathédrale d'Auxerre, une imitation assez fidèle du style capricieux du bas-empire. Les modillons de la corniche sont décorés de figures chimériques, et divisés entre-deux par des rosaces. On retrouve également le même caractère dans les bas-reliefs, ornés d'anges, d'enfants, de satyres, d'aigles et de griffons. Les chapiteaux sont aussi couverts de figures bizarres, qui en supportent les volutes; et le tout offre un ensemble capricieux et pittoresque.

PLANCHE CXXXV.

STATUES DANS L'ÉGLISE DE SAINT-SATURNIN,

A TOULOUSE.

Nous avons cru ne pas devoir séparer ces statues de la description de l'église, quoiqu'elles soient d'une époque bien postérieure; nous agirons souvent ainsi. Ces figures, placées sur des consoles, dans le rond-point de la basilique, présentent une suite de costumes très remarquables. On croit que ce sont les statues d'anciens comtes de Toulouse et de leurs épouses. Il est fâcheux que l'on n'ait rien de plus positif à ce sujet, attendu qu'en les considérant avec attention, nous avons remarqué que toutes les têtes paraissent avoir été moulées sur nature.

Pour compléter la planche, nous y avons joint la statue de Clémence Isaure, que l'on voit au Capitole de Toulouse.

Cette dame illustre, de la famille des anciens comtes de Toulouse, fut la bienfaitrice de la ville; elle fit présent de plusieurs terrains où on éleva des monuments publics. On ajoute qu'elle contribua aussi à la construction de l'hôtel-de-ville. Isaure passe pour être la première institutrice des Jeux Floraux, et avoir fondé cinq prix dans cette célèbre académie : le premier est une amaranthe d'or pour une ode; le second, une églantine aussi en or pour un discours en prose sur un sujet proposé; les trois derniers sont des fleurs en argent pour une églogue, une élégie et un sonnet. Ces prix excitèrent une vive émulation dans cette ville, renommée par l'esprit de ses habitants.

PLANCHE CXXXVI.

VUE DE LA CATHÉDRALE DE SAINT-JEAN,

A LYON.

Cette cathédrale se compose de trois églises, qui maintenant n'en font plus qu'une, celle de Saint-Étienne, celle de Sainte-Croix et celle de Saint-Jean. L'église de Saint-Étienne fut construite vers le 4e siècle, et celle de Sainte-Croix le 7e. La construction de Saint-Jean est primitivement attribuée à Charlemagne, et la partie ici représentée, où l'on remarque des arcades à plein-cintre et de petites colonnes accouplées, quoique d'une époque postérieure, est entièrement conforme au style de cette époque. Toutes les parties ogiviques que l'on y voit ensuite datent du 13e siècle, temps où elle fut érigée en cathédrale, et considérablement augmentée; mais le portail ne fut entièrement terminé que sous le règne de Louis XI.

Pierre de Bourbon, qui épousa la fille de ce roi, décora la cathédrale de Lyon d'une chapelle où les sculptures, pleines de délicatesse, pouvaient lutter avec celles du chœur de l'église royale de Brou (Ain). Par les chardons prodigués çà et là, il voulut rappeler le *cher don* que lui avait fait Louis XI, en lui donnant sa fille Anne pour épouse. (Chardon s'écrivait autrefois Cherdon.)

Cette métropole est une des trois plus anciennes des Gaules, et dès le 2e siècle elle se glorifiait d'avoir au nombre de ses évêques saint Pothin, disciple de saint Jean l'Évangéliste, martyrisé en 177, et saint Irénée, Grec de nation, qui lui succéda, et qui souffrit également le martyre sous l'empire de Septime Sévère en 202.

PLANCHE CXXXVII.

VUE GÉNÉRALE DU PUY EN VÉLAY.

Le Vélay, pays de la Celtique, dépendait anciennement de l'Aquitaine, et fut uni ensuite à cette province. Les peuples du Vélay ou les *Velaunes*, qui, du temps de César, étaient soumis aux Auvergnats, se gouvernaient eux-mêmes du vivant de Strabon. C'est alors que sur le penchant de la montagne d'*Anis*, près de la Borne et de la Loire, quelques maisons s'élèvent; leur nombre augmente, elles forment une ville, qui prend le nom de la colline où elle est bâtie. Bientôt elle rivalise avec *Reussium*, capitale des *Velaunes*, située où est aujourd'hui Saint-Paulien, bourg d'Auvergne : les distances de la table de Théodose et les antiquités qu'on y découvre ne laissent aucun doute à cet égard. La ville d'*Anis* ou *Anicium*, favorisée par un concours d'événements heureux, s'accroît des ruines de *Reussium*, et devient la capitale du Vélay en recevant dans son sein le siége épiscopal. Son évêque, dont le diocèse était renfermé dans la petite contrée habitée par les *Velaunes*, possède la seigneurie de cette ville. On prétend qu'elle lui fut donnée par Raoul, roi de France, en 923; ou au moins par Louis-le-Gros, en 1123. Le pape Léon IX, en 1050, exempte Étienne de Mercœur et ses successeurs, évêques du Puy, de la juridiction de l'archevêque de Bourges, et les soumet immédiatement au saint-siége pour la police extérieure.

Le siége épiscopal du Vélay fut d'abord établi à *Reussium*, d'où il fut, ainsi que nous venons de le dire, transporté à *Anicium* ou ville d'*Anis*; Grégoire de Tours est le premier historien qui parle de ce fait, et dit qu'*Anis* n'était qu'une montagne sur laquelle on a bâti la ville qu'on nomme aujourd'hui *le Puy*. Cette ville est donc la même que celle d'*Anis*. Son ancienneté, comme capitale du Vélay, ne remonte pas au-delà du 10e siècle; car le testament d'Hervéus, évêque d'Autun, de 919, souscrit par Adalart, évêque d'Anis, est le seul monument ancien qui en fasse mention. Quant à la ville du Puy, son nom n'est pas connu avant le 12e siècle.

Le Puy est aujourd'hui une ville considérable, chef-lieu de préfecture du département de la Haute-Loire; elle est bâtie en amphithéâtre. Sa cathédrale, qui est un vaste et fort beau monument du 11e siècle, est sous l'invocation de la Vierge. On y conservait des reliques et des ornements précieux; elle a vu, dans les siècles de superstition, des princes et même des souverains s'y rendre en pèlerinage. Cette ville avait des communautés des deux sexes; les jésuites y possédaient un collége très beau. On y voit, entre autres curiosités, les restes d'un temple consacré à Diane, et le rocher de Saint-Michel, qui a la forme d'un pain de sucre, et au sommet duquel on a bâti une église sous l'invocation de ce saint. La prairie du Breuil est la plus belle promenade de la ville.

Le pape Clément IV, qui avait successivement pris le parti des armes, celui de l'étude de la jurisprudence, et qui même s'était marié, avait été évêque du Puy.

Tardif (Guillaume), professeur de belles-lettres et d'éloquence au collége de Navarre à Paris, et *liseur* du roi Charles VIII, était né au Puy dans le 15e siècle. C'est aussi la patrie du cardinal Melchior de Polignac.

PLANCHE CXXXVIII.

VUE

DE LA CATHÉDRALE DU PUY EN VÉLAY.

Cette église, monument remarquable du 11e siècle, est dédiée à Notre-Dame. Toutes les voûtes y sont à plein-cintre, et l'ensemble de la basilique présente une forme pyramidale très pittoresque; ses murs sont ornés de compartiments en pierres de couleur foncée qui paraissent être de lave. La façade de Notre-Dame rappelle aux voyageurs qui ont vu l'Italie celle de la cathédrale de Sienne, qui est également décorée de bandes de pierres noirâtres. La dévotion à cette basilique n'a cessé d'y attirer une foule d'illustres pèlerins, tels que les papes Urbain II, Gélase II, Calixte II, Innocent II, et Alexandre III. On y vit arriver, en 1062, Bernard, comte de Bigorre. Depuis elle fut visitée par les rois de France Louis-le-Jeune, Philippe-Auguste et saint Louis. En 1282, Philippe-le-Hardi y vint lui-même, et y fit présent au trésor d'une grande croix, dans laquelle étaient enchâssés un morceau de la vraie croix et un fragment de la sainte éponge. La dévotion y conduisit aussi Philippe-le-Bel en 1285, et Charles VI en 1389, pour y obtenir de Dieu sa guérison. Charles VII, en 1439, et Louis XI, en 1476, y allèrent en pèlerinage, ainsi que Charles VIII, en 1495, et François Ier, en 1533. Ce furent les derniers rois de France qui vinrent à Notre-Dame.

FRAGMENTS D'UN MONUMENT DE DU GUESCLIN,

AU PUY.

Ce tombeau, de la fin du 14e siècle, fut érigé dans l'église des dominicains du Puy en Vélay, à la mémoire de Du Guesclin, par le maréchal de Sancerre, son ami et son admirateur; il renfermait les entrailles de cet illustre guerrier. Le connétable Du Guesclin, qui honora si vaillamment l'avénement de Charles V au trône par la célèbre victoire de Cocherel, mourut devant Châteauneuf de Randon, dont il faisait le siége avec le maréchal de Sancerre. Ce héros expira le 13 juillet 1380; à l'âge de soixante-six ans, et le gouverneur de la place qui venait de capituler peu de temps auparavant voulut, disent la plupart des historiens contredits par un récit du temps, lui tenir parole, même après sa mort. Il vint déposer, en pleurant, les clefs de la ville sur le cercueil de Du Guesclin.

Le corps du connétable devait être remis à sa famille; mais le roi de France, Charles V, voulant récompenser les mémorables services qu'il avait rendus à la couronne, ordonna qu'il fût déposé à Saint-Denis auprès du tombeau qu'il s'était fait préparer pour lui-même, persuadé que cet honneur insigne était le seul digne des vertus d'un si grand guerrier.

On lit sur un rouleau qui surmonte ici la statue de Du Guesclin ces mots en caractères gothiques :

> Ci-gist très noble, très vaillant messire Bertrand Du Guesclin, comte de Longueville, jadis connétable de France, qui trépassa l'an 1380, le 13e jour de juillet.

PLANCHE CXXXIX.

PREMIÈRE

VUE DE L'ÉGLISE DE NOTRE-DAME DU PORT,

A CLERMONT EN AUVERGNE.

La partie du monument ici représentée est celle que l'on appelle communément le *Rond-Point*.

Notre-Dame du Port fut ainsi nommée, parcequ'elle fut construite auprès d'un marché (port ou apport dans le langage du pays).

Ce fut saint Avit, dix-huitième évêque de Clermont, qui en fut le fondateur, et même, à ce que l'on croit, l'architecte. Elle fut bâtie vers

l'an 580, et saint Avit y fut enterré en 594. Détruite par les Normands en 853, elle fut rebâtie en 866 par saint Sigon. Mais dans le siècle suivant, elle fut de nouveau renversée en 916. L'église que nous voyons maintenant serait donc du 11e siècle; car l'appréhension de la grande catastrophe qui devait terminer le 10e siècle aura empêché d'y travailler alors. Si elle offre beaucoup d'analogie avec des constructions d'époques antérieures, c'est qu'elle fut construite à-peu-près sur les mêmes plans. Or, dans les premiers siècles, les évêques édifiaient à l'envi des églises plus magnifiques les unes que les autres; plusieurs même, dans cette intention, s'appliquaient à l'étude de l'architecture. Saint Avit fut de ce nombre, et il paraît qu'il y devint très intelligent pour le temps. A cette époque, les architectes avaient négligé l'étude des différents ordres grecs et romains; ils ne connaissaient plus ni modèles ni proportions: leur ordre, qui était une espèce de composite, ne s'élevait plus en proportion du diamètre de ses colonnes; elles étaient tantôt d'une hauteur démesurée, tantôt trop courtes. Ces colonnes, d'une grosseur égale à leur base et à leur chapiteau, ne diminuaient plus en s'élevant; les chapiteaux, sans aucune mesure ni aucun rapport, étaient ornés de feuillages et de figures également chimériques. On ne distinguait plus ni la feuille d'acanthe, ni celle de l'olivier ou du laurier. Les maçons, taillant également les moulures, les ornements et les figures, exécutaient d'une manière barbare les conceptions capricieuses et bizarres des architectes. On ne peut nier cependant que de cette licence on ne vît sortir souvent des plans très ingénieux et des élévations très pittoresques, témoin le monument ici représenté. La variété des formes carrées, circulaires et semi-circulaires présente à l'œil des effets de lumière et d'ombre aussi heureux que piquants. La construction, tout en arcades de cintre parfait, y présente d'ailleurs un aspect de solidité et de majesté imposantes; les murs, très richement décorés, sont ici ornés de grandes rosaces et de compartiments en mosaïques et en marbres rapportés, et cette diversité de formes et de couleurs est très agréable à la vue. Tel est en général le goût d'architecture du 8e siècle, dont ce monument, quoique postérieur à cette époque, offre un des plus ingénieux modèles.

PLANCHE CXL.

VUE LATÉRALE

DE L'ÉGLISE DE NOTRE-DAME DU PORT,

A CLERMONT.

Cette planche donne le développement général de ce monument, dont la planche précédente représente le rond-point.

On distingue ces monuments du moyen-âge, qui sont tous en voûtes à plein-cintre, par la solidité que leur a donnée ce système de construction conservé des Grecs et des Romains. Celui-ci est de plus orné d'un grand nombre de rosaces et de compartiments en mosaïque de diverses couleurs, genre de décoration dont nous n'avons trouvé d'exemples que dans les monuments de l'Auvergne, tels qu'aux églises d'Issoire, de Brioude et du Puy en Vélay. On lit, dans les auteurs les plus anciens qui ont parlé des monuments antiques de l'Auvergne, qu'il existait près de Clermont un superbe temple dédié à Mercure, et nommé *Vasso-Galate*, dont les murs construits en grandes pierres étaient décorés, par compartiments alternatifs, de marbres de différentes couleurs, en manière de mosaïque. Il ne serait point surprenant que ce fût par imitation de ce temple que les monuments chrétiens qui furent ensuite élevés offrissent le même genre d'ornements.

PLANCHE CXLI.

PORTAIL DE L'ÉGLISE DE CIVRAI.

(VIENNE.) ·

La petite ville de Civrai passa successivement sous la domination de la maison de Lusignan d'Issoudun et des comtes de Poitou. En 1350, elle appartenait à l'infortuné connétable Raoul, que le roi Jean fit assassiner sur le simple soupçon d'intelligence avec les Anglais, sans suivre aucune forme de procédure. Cette exécution, dont rien n'a prouvé la justice, indisposa les esprits, et fut cause en partie, dit le président Hénaut, des malheurs de ce monarque. Près de Civrai, était la célèbre abbaye de Charroux, dont le nom, dit-on, *Caro rubra*, viendrait d'un morceau de chair sanglante du corps de Jésus-Christ.

Un antiquaire et un officier du génie ayant été dernièrement envoyés à Civrai par une société de savants de Toulouse, tombèrent d'accord sur ce point, que l'architecture de l'église de Civrai est très ancienne, et que son frontispice a été bâti des ruines d'un ancien temple dédié au soleil ou au dieu Mithra. Malgré le vaste champ que cette opinion ouvre aux conjectures à faire sur un monument dont l'histoire ne parle pas, nous ne saurions l'admettre. Nous croyons reconnaître dans cette église presque tous les caractères de l'architecture du 11e siècle. Les arcs, en général, sont à plein-cintre; mais quelques uns déja, dans les bas côtés, s'alongent et se terminent presque en pointe. Sur les bandeaux des archivoltes règnent une suite d'anges ou de saints personnages; sur d'autres, ce sont des tiges variées ou entrelacées. L'archivolte du portail du milieu est sur-tout remarquable par son triple rang de personnages, et par le double zodiaque qui décore le bandeau supérieur. Les colonnes sont, comme toutes celles de cette époque, d'une petite proportion; les chapiteaux, variés à l'infini, sont chargés de divers végétaux ou de monstres imaginés par l'artiste.

Le peu d'habileté que l'on remarque dans la draperie vient encore confirmer notre opinion sur l'époque où cette église fut construite. Mais ce qu'il est plus difficile d'expliquer, c'est la destination de l'espèce de cheval sculpté sous l'arcade de droite du premier étage, et les diverses statues de l'arcade de gauche. Quel est le guerrier qu'on a voulu représenter ainsi? Les statues bien mutilées, parmi lesquelles on reconnaît un Janus, n'étaient peut-être dans l'intention de l'artiste qu'une personnification des vertus nécessaires au chrétien. La prudence aura été représentée sous les traits du dieu qui voyait le passé et l'avenir. Les autres figures seraient plus difficiles à expliquer.

PLANCHE CXLII.

ABBAYE DE VÉZELAY.

Ce monastère, appelé anciennement *Viceliacum* ou *Vizeliacum*, a donné son nom à la ville de Vézelay, située sur une montagne assez escarpée, au bas de laquelle coule la rivière de Cure. On pense que cette abbaye fut construite dans le 9e siècle, par Gérard de Roussillon, et par sa femme Berthe, fille de Pépin, roi d'Aquitaine, d'abord peut-être dans la vallée de la Cure au village de Saint-Père, puis sur la hauteur. Il est constant que la façade ici représentée est l'ouvrage de plusieurs siècles. La partie inférieure et tout le portail, ainsi qu'une partie de la grande tour, sont d'architecture romane, et probablement du 11e siècle; mais le haut de la façade richement décorée par des figures placées dans des niches ogivales, ainsi que le couronnement qui les encadre, annoncent, par leur style, que ce portail ne fut terminé que long-temps après la construction du bas de l'édifice, peut-être vers le 13e siècle. On peut remarquer le même système dans l'étage le plus élevé de la tour. Cette église au reste passe pour une des plus vastes de la France. La longueur totale, dans l'intérieur, est de trois cent soixante-quinze pieds. Ce qui se trouve dans bien peu d'églises, elle offre le *narthex* ou église des catéchumènes, espèce de grand vestibule où se tenaient ceux qui, non baptisés encore, ou soumis à une pénitence publique, n'étaient pas admis à assister à la célébration des mystères. En 1569, les calvinistes se forti-

fièrent dans Vézelay, et repoussèrent vigoureusement Sansac qui l'assiégeait par les ordres de Charles IX. Ce général fut forcé de se retirer après y avoir perdu quinze cents hommes.

On y montrait encore avant la révolution la chaire d'où, en 1145, saint Bernard, « fortifié de l'autorité apostolique et de sa propre sainteté, faisait sortir de son corps frêle, épuisé par les jeûnes et les privations du désert, une voix forte et des paroles pleines de véhémence, qui semblaient une loi de feu. » Aussi personne ne pouvait résister à sa puissance; et, transportés en l'écoutant, de nombreux seigneurs et la foule du peuple s'écriaient: *Dieu le veut! des croix!* Louis VII, sans cesse tourmenté par le massacre de Vitry où, par ses ordres, plus de treize cents Champenois avaient été, dans l'église, la proie des flammes, joignit ses exhortations à la prédication de saint Bernard; et, décoré lui-même de la croix que lui avait envoyée le souverain pontife, il aida l'abbé de Clairvaux à déchirer sa robe en lambeaux pour en tailler des croix. Mais la jalousie des Grecs récompensa bien mal un si noble zèle; et l'issue funeste de la croisade justifia la haute sagesse de Suger, qui s'y était opposé de tout son pouvoir.

PLANCHE CXLIII.

PORTAIL DE L'ÉGLISE DE SAINT-GERMAIN,

A AUXERRE.

Auxerre était déjà une ville considérable du temps des Celtes, et elle faisait partie du territoire des *Senones;* elle fut beaucoup augmentée par les Romains, qui la nommèrent *Altisiodorum*. Ce fut à Fontenay, près d'Auxerre, que Lothaire livra à ses frères, Charles et Louis, cette fameuse bataille où le premier fut vaincu, et où périrent cent mille Français, le 25 juin 841. Le portique d'entrée ainsi que les campaniles paraissent être du 11e ou du 12e siècle; mais on y remarque des augmentations gothiques, et d'autres entièrement modernes. Les souterrains de cette église sont des cryptes très curieuses et anciennement très révérées; car elles renfermaient les tombeaux d'un grand nombre de saints et d'évêques. Un sur-tout était l'objet de la plus grande vénération : celui de saint Germain, auquel est dédié ce monument. Né à Auxerre en 380, il fut général des troupes en ce pays; mais il renonça aux dignités pour embrasser le sacerdoce, et fut bientôt nommé malgré lui, par acclamation du peuple, évêque d'Auxerre; après avoir fait deux voyages en Angleterre pour y combattre l'hérésie, il mourut à Ravenne en 448. Une seconde église souterraine, construite sous la première, renferme les tombes en grès de trois comtes d'Auxerre.

Les Normands dans le 9e siècle; dans le 11e et le 13e, plusieurs incendies; puis les Anglais en 1359, et enfin les calvinistes dans les guerres de religion, pillèrent, brûlèrent et saccagèrent cette malheureuse ville.

PORTE LATÉRALE

DE LA CATHÉDRALE D'AUTUN.

L'église d'Autun était autrefois la chapelle des ducs de Bourgogne. Cet édifice, dans son état actuel, présente simultanément des parties antiques et modernes. Les colonnes qui soutiennent les archivoltes de la porte d'entrée sont d'un goût remarquable, ainsi que leurs chapiteaux, qui sont ornés de sujets tirés de l'Écriture sainte. Les fûts des colonnes sont, différemment les uns des autres, ornés de pommes de pin, de feuilles de vigne avec leurs grappes, et d'entrelacs variés. Mais ce qu'il y a de plus remarquable c'est la frise de l'archivolte, qui est décorée d'une grande quantité de médaillons représentant alternativement les signes du zodiaque, les saisons et les travaux de la campagne qui y sont relatifs.

PLANCHE CXLIV.

VUE

D'UNE PARTIE DE LA CATHÉDRALE D'AUXERRE.

Cet édifice est construit dans le lieu même où fut élevée la chapelle qui fut bâtie lorsque, dans les premiers siècles du christianisme, saint Pèlerin prêcha l'Évangile dans l'Auxerrois. Il fut successivement agrandi et embelli. Consacré par le pape Calixte II en 1119, il ne fut entièrement terminé que dans le 13ᵉ siècle.

Cette vue pittoresque offre des constructions de diverses époques. La partie décorée d'arcades à plein-cintre, portée par de petites colonnes composites surmontées d'une corniche architravée qui sert d'imposte, paraît dater du 12ᵉ siècle.

Comme nous l'avons remarqué dans beaucoup d'autres édifices, les architectes se livraient alors à leurs caprices; on ne doit donc pas être étonné de remarquer que les arcs sont alternativement soutenus par une grosse colonne lisse, seule, et par deux plus petites, dont l'extérieur est uni, et l'intérieur cannelé en spirale. C'était dans cette partie qu'étaient les capitulaires; les autres constructions en ogive paraissent être de la dernière époque.

PLANCHE CXLV.

VUE GÉNÉRALE

DE L'ANCIENNE ÉGLISE DE GUEBWILLER.

(HAUT-RHIN.)

Guebwiller ne prit le nom de ville, et ne fut entourée de murailles qu'en 1271, pendant les troubles qui précédèrent l'élection de Rodolphe de Hapsbourg; mais depuis long-temps l'heureuse situation de la *vallée des Fleurs* avait attiré de nombreux habitants, et il paraît constant que l'église de Saint-Léger fut consacrée en 1134, en présence d'Albert de Hapsbourg et de Rodolphe de Lentzbourg. Cette date cependant ne peut convenir à la totalité de l'édifice; si quelques parties appartiennent à cette époque, d'autres sont évidemment postérieures, et la chronique d'un moine dominicain, qui rapporte la construction de ce monument à l'an 1182, nous paraît digne de foi. Le portail, que représente la gravure, porte tous les caractères des constructions de la fin du 12ᵉ siècle. Les travaux auront été continués dans le 13ᵉ, ou des restaurations postérieures auront joint, au plein-cintre qui domine, l'ogive que l'on remarque dans plusieurs parties. Plusieurs inscriptions reportent même au 15ᵉ siècle la reconstruction de la flèche et les arcs-boutants de la croisée. La porte principale, en plein-cintre, est ornée de plusieurs arceaux qui portent sur trois colonnes, dont l'une est simple, la seconde en torsade, et la troisième cannelée. Entre ces colonnes sont divers ornements de feuillages ou à têtes de clous. Les deux tours, dont l'ornementation est à-peu-près semblable, diffèrent par le haut, celle du nord étant surmontée aux quatre angles de petites cages d'escalier, tandis que sur celle du midi le bas de la flèche est orné de frontons triangulaires. La grosse tour du milieu de l'église fut gravement endommagée par la foudre en 1336. Le feu fondit les cloches et brûla toutes les boiseries. Elle ne fut restaurée qu'en 1428.

Ce fut peu de temps après cette restauration que Louis, dauphin de France, vint assiéger Guebwiller, et, pendant la nuit, appliqua ses échelles aux remparts. Mais l'intrépidité d'une femme, nommée Brigitte Schikin, fit échouer ses projets. Éveillée par le bruit de quelques pierres qui tombaient des remparts, elle courut çà et là, jetant sur les assaillants de la paille enflammée, et imitant, par les diverses inflexions de sa voix, les cris de guerriers nombreux. La terreur saisit les assaillants, et ils prirent honteusement la fuite. Une échelle de cordes et de bâtons que l'on conserve dans l'église atteste le courage de cette femme, et la frayeur panique des soldats du dauphin.

Malheureusement Guebwiller n'eut pas de Brigitte Schikin pour la défendre, lorsqu'en 1633 les Suédois vinrent l'assiéger et la prirent.

Près de cette petite ville est le village de Lutenbach, non pas celui où Voltaire écrivit quelques fragments de la *Vie de Charles XII* et des *Siècles de Louis XIV* et de *Louis XV* : ce Lutenbach se trouve plus au nord du département; mais Delille, forcé pendant les orages de la révolution de chercher loin de Paris la tranquillité et le calme, se retira à ce Lutenbach, près de Guebwiller, et ce fut là peut-être que son imagination créa quelques uns de ces épisodes intéressants qui donnent tant de charmes à son *Homme des Champs*.

PLANCHES CXLVI ET CXLVII.

FAÇADE PRINCIPALE

ET DÉTAILS DE L'ABBAYE DE MOISSAC.

(TARN-ET-GARONNE.)

Moissac est une ville très ancienne sur le Tarn. Les Goths l'avaient enlevée aux Romains, et Clovis l'unit à ses États. Plus tard les Normands la ravagèrent; et, dans la guerre des Albigeois, possédée alternativement par l'infortuné comte de Toulouse et par Simon de Montfort, elle eut à souffrir de cruels ravages. Les Anglais, qui en furent maîtres ensuite, ne l'en consolèrent pas, et elle perdit, pendant les guerres de religion, tout ce que pouvait lui donner de splendeur son antique abbaye.

L'abbaye de Moissac fut fondée vers la fin du 7ᵉ siècle, par un sénateur romain nommé Calminius, et par sa femme Namadia; Théodoric et son fils Clovis III ratifièrent les donations qui lui furent faites, et elle devint dès-lors peut-être un lieu d'asile. Salutaire institution de nos ancêtres! Plus d'une fois peut-être le criminel, rêvant de nouveaux forfaits, y trouva l'impunité qui ajouta à son audace; mais bien plus souvent encore l'être faible et opprimé, poursuivi par l'homme fort et inhumain, put dans cet asile se soustraire à la cruauté; bien plus souvent le serf, attaché à la glèbe et déchiré par le fouet, y trouva une protection efficace, un esclavage plus doux. Dans des temps où la barbarie régnait sans frein, pouvait-on trop prodiguer ces lieux d'asile.

L'église de Moissac, telle que la représente la planche, date du 12ᵉ siècle. Elle fut peut-être élevée par les abbés laïques, ou plutôt par Raymond V, comte de Toulouse, à qui un seigneur de *Monte incensi* engagea l'abbaye militaire de Moissac, et que l'on sait avoir été très jaloux du titre d'abbé-chevalier de ce lieu.

Du moins, l'architecture paraît être entièrement de cette époque. L'arcade principale est ogivale; mais nous venons de voir l'ogive dans un monument de cette époque, et d'ailleurs l'écartement des piliers semblerait indiquer que ce n'était qu'un essai. On n'avait pas encore senti toute la grace que pouvait produire cette forme alors nouvelle en France; on commençait seulement à l'orner de ces filets ou moulures saillantes, qui plus tard y ajoutèrent tant de délicatesse. L'imagination des artistes employait alternativement ou mêlait ensemble les ornements végétaux, sur-tout la feuille de mauve, et les figures grotesques ou les monstres bizarres. (Planche CXLVII, nᵒˢ 2 et 3.)

Alors aussi les sculpteurs commençaient à mieux draper leurs statues; mais les têtes étaient encore hors de proportion, et l'on ne sut que plus tard leur donner l'expression convenable. Le morceau de sculpture, représenté sous le nᵒ 1 de la planche CXLVII, peut donner une idée exacte de l'état de la sculpture à cette époque dans le midi de la France, et c'était là ce qu'elle était le plus remarquable. Le bas-relief du premier groupe, en bas à gauche, représentait l'Annonciation; à droite, on reconnaît la visite de Marie à Élisabeth; au-dessus, est l'Adoration des Mages, et sur la frise la Fuite en Égypte. On est frappé de voir que le sculpteur, qui probablement avait d'abord pris mal ses mesures, a été obligé de raccourcir tous ses personnages, dont les têtes, relativement au corps, sont énormes. Les figures ajoutées au groupe principal ont pour but sans doute d'exprimer la terreur que répandait dans la Judée l'édit par lequel Hérode ordonna le massacre de tous les enfants qui n'avaient pas atteint leur troisième année.

La célèbre abbaye de Moissac, qui compta dans un temps près de cinq cents moines, quelques auteurs même disent mille, fut sécularisée en 1618. En 1790, ce n'était plus qu'un chapitre de onze chanoines.

PLANCHE CXLVIII.

VUE DE LA TOUR DE SAINT-SALVI,

A ALBY.

Les habitants de l'Albigeois sont désignés, dans les *Commentaires de César*, sous le nom d'*Eleutheri*. Ils restèrent province romaine jusqu'au règne d'Honorius, au commencement du 5ᵉ siècle, époque à laquelle la contrée fut envahie par les Visigoths. Cent ans après, les rois des Francs s'en emparèrent; ensuite elle appartint aux comtes de Toulouse. Le fameux comte Simon de Montfort et son fils Amaury en eurent depuis la possession. Saint Louis à cette époque en devint souverain; mais en laissa la seigneurie et les revenus à l'évêque d'Alby. On croit que le premier de ces évêques se nommait saint Clair, et fut martyrisé en 117, sous le règne de Trajan : du moins en conserve-t-on les reliques dans la cathédrale.

La tour ici représentée était celle d'une ancienne abbaye qui fut fondée dans le 6ᵉ siècle, et appelée Saint-Salvi. Ce monument est très pittoresque, et sa partie inférieure porte le caractère de sa première construction; mais la galerie ogivique qui la couronne est d'une époque bien postérieure. On croit que la tour ronde dont elle est surmontée était un fanal qui servait dans les temps malheureux de ces guerres sanglantes qui dévastèrent l'Albigeois, sous l'infortuné Raymond, comte de Toulouse.

PLANCHE CXLIX.

CHATEAU DE CHALUS.

Chalus est un bourg du département de la Haute-Vienne, à six lieues sud de Limoges, sur la route de Périgueux; il est dans une situation charmante, sur des collines baignées par la Tardoise. Il est une place où d'énormes pierres coupent ce ruisseau; on est sûr d'y rencontrer plusieurs habitants du pays qui, en montrant ces pierres, vous disent :

C'est là que tomba Richard-Cœur-de-Lion. Là ou ailleurs, il est toujours constant qu'il fut blessé au pied du château de Chalus, par le *carreau* que lui lança Bertrand de Gourdou. Quelques pans de murs ruinés, des restes de tours que couvrent le lierre et d'autres plantes pariétales, attestent la vengeance du puissant monarque anglais; et l'on a peine à reconnaître, dans ces tristes débris, le fort châtel où Guiomar, vicomte de Limoges, se plaisait à résider. Pour son malheur, il y découvrit un trésor; c'étaient *les images d'un empereur, de sa femme et de ses enfants, assis à une table, le tout d'or fin*. En fidèle vassal, il envoya une bonne part de sa trouvaille à son suzerain Richard; celui-ci ne trouva pas le partage raisonnable : il voulait bien la moitié pour lui; mais en même temps il aurait défendu de toucher à l'autre moitié. Il vint mettre le siège devant le château, *sans se soucier du saint temps de carême*; et, dès le premier jour, accompagné de Mercadès, chef des Brabançons, il fit le tour de la forteresse pour en reconnaître les endroits faibles. Ce fut alors que Bertrand, adroit arbalétrier, le frappa au bras d'un *carreau* lancé du haut des murs.

Le fer pénétra très avant, et il fallut taillader la chair vive pour l'extraire; l'intempérance de Richard acheva de rendre le mal incurable. Cependant Mercadès avait pressé vigoureusement le siège, et Richard put satisfaire pleinement sa vengeance. Tous les assiégés furent pendus. Bertrand de Gourdou fut seul réservé sans doute à une mort infamante, et rendue plus cruelle par des raffinements de tortures; mais Richard comprit que son heure dernière approchait, et il voulut, par la clémence, mériter le pardon dont bientôt il aurait besoin lui-même. Il fit venir Bertrand : Quel mal t'avais-je fait? lui dit-il. Pourquoi m'as-tu tué? — Le courageux chevalier lui répondit : Ta main a tué mon père et mes deux frères, et tu voulais me tuer moi-même. Tu peux te venger; je mourrai content maintenant que je sais que tu ne me survivras pas, toi qui as causé au monde tant de maux. — Eh bien ! je te pardonne ma mort, dit Richard; et il lui fit donner cent sous de monnaie anglaise. Mais Mercadès retint Bertrand, et, après la mort de Richard, le fit tenailler et pendre. Ce fut le 6 avril 1199 qu'expira Richard, adoré de ses hommes d'armes qu'il avait si souvent conduits à la victoire, mais détesté de ses égaux et du peuple.

Son corps fut enseveli dans l'abbaye de Fontevrault, son cerveau et ses entrailles à Chartres, et son cœur à Rouen, où se voit encore l'inscription gravée sur le marbre qui le couvre.

MONUMENTS DU STYLE OGIVIQUE.

PLANCHE CL.

MONUMENT A MONT-MORILLON.

L'octogone de Mont-Morillon, dans lequel on a voulu long-temps voir un temple des Druides, n'est qu'une chapelle dédiée à Notre-Dame de la Pitié. Elle se trouvait au milieu ou à l'extrémité du cimetière des religieux de l'ordre de Malte, qui furent remplacés par les Augustins; ceux-ci y firent bâtir une église : leur couvent a été construit avec une partie des pierres des tombeaux qui étaient dans cet endroit.

L'église collégiale des Augustins est bâtie sur les ruines de l'ancien château de Mont-Morillon, qui fut, en 1281, vendu par Guy de Mauléon à Philippe-Auguste. L'octogone, situé dans l'enclos et à trente pas de la collégiale, ne peut et ne doit être qu'un reste de l'antique résidence des seigneurs de ce fief, la chapelle de leur château. Son architecture ogivale, la structure de son clocher, les figures qui ornent les modillons, ressemblent tellement à celles de l'église du couvent que, s'il n'apparaissait pas par l'histoire que l'octogone est plus ancien que le monastère, on serait tenté de croire que ces deux édifices ont été érigés en même temps. Les figures dont il est décoré sont de la même date, du commencement du 12ᵉ siècle. L'inscription qui se lit sur le cartouche de l'une d'elles ne laisse aucun doute sur ce point.

La chapelle de Mont-Morillon est octogone; elle est bâtie en petites pierres carrées, ainsi que le toit qui est conique, et sur lequel on voit des traces de deux réparations successives indiquées par des lignes qui interrompent la bâtisse. Elle est érigée au-dessus du dôme d'un souterrain dont la circonférence est de cent onze pieds, et la hauteur de la voûte de vingt pieds environ. Ce dôme est composé de plusieurs marches faites de différentes assises de pierres de taille. Au fond de l'édifice est une salle carrée qui fait saillie à l'extérieur. Cette salle a toujours été destinée à la célébration des saints mystères, pendant que le peuple, placé sur les degrés de la coupole du souterrain, remplissait la salle de l'octogone. Au milieu de chaque face intérieure de l'édifice est une fausse arcade en ogive, dans laquelle est une fenêtre longue et cintrée par le haut; la corniche est supportée par des modillons ornés de figures grotesques.

L'ouverture, dont le diamètre est à-peu-près de onze pieds, et qui se trouve à la voûte de l'église supérieure, est à l'imitation de celle que l'on a pratiquée au Saint-Sépulcre de Jérusalem.

PLANCHES CLI, CLII ET CLIII.

VUE DE L'ABBAYE DE SAINT-DENIS.

PLAN DE SAINT-DENIS ET DE SENS. — TOMBEAU DE DAGOBERT ET DE NANTILDE.

Long-temps notre histoire fut toute dans les châteaux et dans les abbayes; ici était la tête qui pensait; là le bras qui agissait; ici de plus la main qui traçait pour la postérité le récit des actions glorieuses ou des faits criminels, qui dispensait l'éloge ou déversait la honte et le mépris. Aussi les abbayes furent-elles long-temps l'objet des plus grands égards pour les chefs qui en attendaient leur renommée, l'objet d'un culte respectueux pour la classe la plus nombreuse qui en recevait des secours, des consolations, et qui leur dut le plus grand des bienfaits, la liberté. Mais, par-dessus toutes les abbayes, s'élevait celle de Saint-

Denis, qui dès son origine brilla d'un vif éclat. Elle le dut à la piété de nos premiers rois, et aussi à leurs croyances superstitieuses. Sans doute les abbés et les religieux abusèrent souvent de l'autorité que l'on accordait à leur savoir et à leur expérience; mais plus souvent ils en firent un noble usage en adoucissant le caractère féroce de chefs qui ne reconnaissaient d'autre droit que la force, en allégeant le poids de la misère qui pesait sur le peuple, en rendant à la dignité d'hommes une classe nombreuse, ravalée au rang de bétail, propriété de son maître, réputée indigne de connaître les douceurs de la possession ni les doux liens de famille. C'est à eux aussi que nous devons la conservation des trésors littéraires et artistiques de l'antiquité; et, sans eux, toutes les actions de nos pères, leur vie, assemblage bizarre de vices et de vertus, de cruauté et de clémence, de superstition et de piété; leurs lois et leurs coutumes, tout aurait été dévoré par l'oubli; nous serions presque nés d'hier. Lorsque si souvent on rappelle les abus, ne soyons pas oublieux des bienfaits; sans cela l'injustice dominera dans nos jugements; et aux morts on doit la justice. Or ils ne sont plus ces moines qui, pendant douze cents ans, ont joué sur la scène du monde un rôle plus ou moins brillant. L'église seule, où leurs voix confondues dans de douces symphonies ont chanté la gloire de l'homme vertueux, ont prié pour les amis des lettres, cette église est encore debout; et après dix siècles, elle rappelle par ses fondations le nom de Dagobert, par son crypte ceux de Pepin et de Charlemagne, par sa façade celui de l'immortel Suger, le conseiller de deux rois, l'ami du peuple; et par sa nef le nom de Louis IX et de Blanche de Castille.

Cette église se distingue sur-tout par une simplicité imposante. Relevée par l'abbé Suger, en 1140, alors que l'ogive ne faisait presque qu'apparaître, et n'avait pas encore acquis cette hardiesse qui lui valut plus tard la préférence pour l'ornementation, elle offre à sa façade trois portiques, dont l'un à plein-cintre, et deux d'une ogive surbaissée. Au-dessus de la plate-forme entourée de créneaux s'élèvent deux tours massives; celle du midi, élevée d'environ cent quatre-vingts pieds, a, au premier étage, deux arcades simulées, soutenues par de légères colonnes, et est percée, au deuxième étage, de trois arcades; une balustre la couronne, et elle est couverte par une toiture carrée en forme de pyramide tronquée. La tour du nord, haute de deux cent soixante-dix-sept pieds, est surmontée d'une flèche pyramidale octogone, ornée de huit petites pyramides portées par des colonnes et des arcs percés à jour.

Les trois tympans des frontons de chaque porte sont décorés de bas-reliefs, dont l'un représente les anges en adoration devant le Père Éternel, et les autres quelques traits du martyre de saint Denis et de ses compagnons. Un double zodiaque est sculpté sur les montants des deux portes latérales; à gauche les signes célestes, à droite les travaux qui répondent aux différents mois.

Le plan de cette église (planche CLII) indique les divisions intérieures. Le vaisseau, depuis le portail jusqu'au fond du chevet, a trois cent quatre-vingt-dix pieds de longueur sur cent de largeur, et quatre-vingts de hauteur; les deux tours sont soutenues par quatre énormes piliers; et soixante piliers, remarquables par leur légèreté, soutiennent les voûtes et les couvertures, et forment deux allées latérales. De chaque côté de ces allées sont des chapelles construites sous Charles V, et où sont placés divers tombeaux. 1. Celui des Valois. 2. Celui de Louis XII. 3. Celui de François Iᵉʳ. 4. Celui de Nantilde. 5. Celui du roi Dagobert. Ces deux tombeaux n'en formaient qu'un dans l'origine. Placés au Musée des Monuments français lorsque la Convention, par un ordre hideux, ordonna la violation des tombes royales, ils ont été replacés sous la Restauration. La planche CLIII en donne la gravure. Commandé par Suger, ce tombeau ne fut exécuté que par les ordres de la reine Blanche. On y a sculpté une vision du moine Jean, rapportée dans le dernier livre de l'histoire d'Aimoin. Le premier groupe, séparé des autres par un

DESCRIPTION DES PLANCHES.

arbre, représente saint Denis racontant à Jean endormi la manière miraculeuse dont il vient d'arracher aux diables l'ame de Dagobert. Les trois autres groupes représentent d'abord l'ame de Dagobert, indiquée par une figure sans barbe et par l'absence de sexe; elle est tourmentée par des démons revêtus de masques de monstres, et naviguant dans une barque. Au second groupe, on voit saint Denis et saint Maurice qui, accompagnés de deux anges, viennent arracher l'ame du roi aux diables, qui font de vains efforts pour la retenir, et qui, de désespoir, se précipitent dans la mer, la tête la première. Au troisième groupe, saint Denis et saint Maurice, entourés d'anges, élèvent sur un linceul l'ame de Dagobert, que la main de Dieu, encensé par deux anges, se prépare à recevoir. Le tympan représente saint Denis et saint Maurice à genoux devant le Père Éternel, et implorant sa miséricorde en faveur de Dagobert. Toutes ces sculptures étaient originairement peintes; quelques traces le prouvent assez; on y reconnaît un dessin assez correct et un ciseau exercé. La deuxième façade, placée maintenant à droite en entrant, est plus simple d'ornements; elle est tapissée de fleurs de lis et représente Dieu dans sa gloire: plus bas, deux anges soutiennent la couronne d'immortalité qu'a méritée la reine, et qu'ont réclamée pour elle sainte Geneviève et sainte Clotilde peut-être, que le tympan offre à genoux aux pieds de l'Éternel. Nantilde est couchée sur le sarcophage, comme Dagobert sur l'autre; Nantilde se retrouve encore avec son fils Clovis II sous les dômes élégants qui, au tombeau de Dagobert, soutiennent les bandeaux de l'arc, enrichis d'anges. Les pyramides qui s'élèvent aux deux coins sont ornées d'écailles de poisson et de feuilles recourbées par l'extrémité, et couronnées par un groupe de feuilles de chardon.

La chapelle souterraine, qui date probablement du 8ᵉ siècle, renferme les tombeaux ou cénotaphes d'un grand nombre de rois de France; sous le chœur est le caveau des Bourbons, et à côté celui des princes de Condé, désormais fermé, puisqu'il a reçu le dernier cercueil qui devait y entrer.

Des travaux, dirigés par un habile architecte, terminent ce qui restait à faire. Bientôt les yeux émerveillés retrouveront dans l'intérieur rajeuni de cette abbaye sa physionomie première, sa grace et sa légèreté. Tout est réparé avec le plus grand respect pour les anciens ornements, avec lesquels on fait accorder toutes les restaurations.

La sacristie, bâtiment séparé et élevé à droite de l'église, est un morceau curieux du règne de Napoléon. On y admire de beaux tableaux et de précieuses sculptures.

PLANCHES CLIV ET CLV.

CATHÉDRALE DE CHARTRES.

PLAN DE CETTE CATHÉDRALE.

La ville de Chartres, chef-lieu du département d'Eure-et-Loir, ne remonte pas moins haut que l'époque du déluge, si l'on en croit quelques auteurs; ce fut, suivant eux, la première ville peut-être que fonda le fils de Japhet, Gomer ou les Gomérites ses descendants. Que conclure de pareilles exagérations? que Chartres est une ville ancienne, voilà tout; que son origine, comme celle de tant d'autres, est très obscure. Peut-être vit-elle régner dans son enceinte le père de Bellovèse et de Sigovèse; mais ce ne serait qu'une conjecture. César vante le courage des Carnutes; long-temps ils luttèrent contre le joug que Rome voulait leur imposer; mais ils le subirent enfin. Plus tard nous les voyons soumis aux rois d'Orléans, puis à des comtes; enfin réunis à la couronne et à la grande nation française.

L'édifice de Chartres le plus remarquable est la cathédrale dédiée à la sainte Vierge. La fondation de cette église n'a pas été entourée de moins de fables que l'origine de la ville. Cependant on croirait qu'au moins on n'en a pas reculé l'origine jusqu'à des temps antérieurs à l'établissement du christianisme. Eh bien! on l'a fait. Il s'est trouvé des chroniqueurs qui ont prétendu qu'un gouverneur romain avait élevé un temple à *la Vierge qui devait enfanter*, *Virgini parituræ*. Ce fut dans ce temple que saint Savinien, premier évêque de Chartres, ayant reçu de saint Pierre lui-même la mission d'aller prêcher l'Évangile dans les Gaules,

enseigna la Vierge qui avait enfanté, comme saint Paul le Dieu inconnu, à Athènes; d'autres auteurs plus modérés ont prétendu que l'église de Chartres remonte au moins au règne de l'empereur Constantin. Quoi qu'il en soit de cette antiquité, que l'on regardera sans peine avec nous comme fabuleuse, il est au moins constant qu'il existait à Chartres une chapelle dès le 6ᵉ ou le 7ᵉ siècle; qu'elle fut incendiée vers le milieu du 9ᵉ par les Normands. Réparée par l'évêque Gislebert, elle fut encore détruite pendant une guerre entre Richard, duc de Normandie, et Thibaud-le-Tricheur, comte de Chartres, vers la fin du 10ᵉ siècle; enfin, en l'an 1020, le feu du ciel la réduisit de nouveau en cendres, ainsi qu'une grande partie de la ville.

La cathédrale actuelle paraît avoir été commencée sous l'épiscopat de Fulbert, au commencement du 11ᵉ siècle. Continuée par ses successeurs, grace aux libéralités des plus grands personnages du temps, et au zèle des fidèles qui y venaient en pèlerinage, et se livraient euxmêmes aux travaux les plus pénibles, elle fut terminée vers le milieu du 12ᵉ siècle (sauf la partie supérieure du clocher du nord, qui ne l'a été, telle qu'elle existe aujourd'hui, qu'en 1514). Elle fut consacrée à la Vierge, en 1260, par Pierre de Maincy, soixante-seizième évêque de Chartres.

L'église Notre-Dame de Chartres a été pendant plusieurs siècles un objet de vénération particulière: on y vit constamment accourir une foule de pèlerins de tous âges et de tous pays, parmi lesquels on compte plusieurs rois de France. Cette vénération s'accrut sur-tout lorsque Charles-le-Chauve, si l'on en croit de pieux récits, eut fait don à l'église de Chartres d'une chemise, d'un voile et d'une ceinture de la Vierge Marie, recueillis après l'Assomption par les apôtres, tombés ensuite entre les mains d'une Juive, enlevés par Nicephore, empereur d'Orient, et donnés par lui à Charlemagne. Ce prince les avait déposés à Aix-la-Chapelle. Ce fut de là que Charles-le-Gros les tira[1]. En 1304, Philippe-le-Bel, en reconnaissance de la victoire qu'il avait remportée sur les Flamands, fit hommage à la Vierge de l'armure qu'il portait le jour de la bataille; elle a été conservée à la bibliothèque de Chartres. Philippe de Valois y vint aussi après la victoire qu'il venait de remporter à Cassel, en août 1328. C'est dans cette basilique que Henri IV fut sacré par l'évêque Nicolas de Thou, en 1594.

La vue extérieure que nous représentons donne un aspect général de ce monument, et mettra le lecteur à même de juger de son ensemble. Le clocher méridional, ou *vieux clocher*, date de l'origine même de l'édifice, et a conservé intacte sa forme primitive (12ᵉ siècle). Son élévation totale est de trois cent quarante-deux pieds, à partir du sol. On reconstruisit environ vingt pieds de la pointe de ce clocher, pour cause de vétusté, en 1395. Celui qui est appelé *clocher neuf* était originairement surmonté d'une flèche en bois recouverte de plomb, qui fut réduite en cendres en 1506. Jean Texier, dit le *Beauce*, architecte de Chartres, entreprit, en 1507, et termina en 1514, la construction en pierre de la partie supérieure de cet élégant clocher, dont la pointe subit encore une restauration en 1692, par suite d'une tempête qui l'avait ébranlée; sa hauteur totale est de trois cent soixante-dix-huit pieds. Les trois portes qui s'élèvent entre les deux tours sont ornées de sculptures représentant des traits de l'Ancien et du Nouveau-Testament.

L'intérieur de ce monument renferme un grand nombre de vitraux peints, d'une parfaite conservation, et beaucoup de sculptures d'un grand intérêt; mais ce qui doit également fixer l'attention des amis des arts, c'est la clôture extérieure du chœur, commencée en 1514 sur les dessins de J. Texier, continuée après sa mort par divers autres sculpteurs, et terminée seulement vers 1706. Cet ouvrage en pierre se compose principalement de quarante-un groupes, représentant les principaux traits de la vie de Jésus-Christ et de celle de la sainte Vierge. Chaque trait d'histoire est partagé par des pilastres qui, ainsi que les murs qui servent de base à ces reliefs, sont décorés d'une immense quantité d'ara-

---

[1] Guillaume le Breton, dans l'éloge qu'il fait de la ville de Chartres, ne manque pas de mentionner cette précieuse relique, *cujus*, dit-il en parlant de la Vierge:

Cujus et interdum ennati venerantur ibidem,
Quâ vestita fuit, nam partum protulit Agnum.

Ainsi cette chemise serait celle que portait Marie lorsqu'elle offrit l'*Agneau nouveau-né* à l'adoration des bergers.

besques, d'ornements ogiviques, petites statues, médaillons, etc., ainsi que de plusieurs petites portes conduisant dans des chambres pratiquées dans l'épaisseur de cette clôture, entre les gros piliers, dans lesquelles on avait érigé des autels, et où l'on renfermait autrefois les reliquaires les plus précieux. Tel est encore dans le sanctuaire, derrière le grand autel, le beau groupe en marbre de Carrare, représentant l'Assomption de la Vierge, dû au ciseau de M. Bridan, qui le termina en 1773. On ne peut se lasser de considérer ce morceau admirable, l'un des meilleurs peut-être de la sculpture française : la Vierge s'élève sur des nuages de marbre avec une légèreté aérienne et une majesté toute céleste.

Les proportions intérieures de l'église sont de trois cent quatre-vingt-seize pieds de longueur sur cent trois pieds de largeur, et cent six pieds de hauteur sous voûte. La charpente qui ressemblait à une épaisse forêt de châtaigniers, et qui avait quarante-quatre pieds de hauteur perpendiculaire, a été entièrement détruite dans l'incendie occasioné, la nuit du 4 au 5 juin de cette année, par l'imprudence de deux ouvriers plombiers. Le plomb qui couvrait toute la toiture, tombant en pluie de feu, opposa des obstacles insurmontables au zèle et à l'activité que déployèrent toutes les classes des citoyens pour arrêter l'incendie dont on redoutait les ravages. Long-temps les autorités civiles et militaires furent forcées de rester oisifs spectateurs d'un mal auquel ils ne pouvaient porter remède. L'exemple du premier magistrat, M. Gabriel Delessert, contribua cependant à en arrêter les progrès. Vers le milieu de la nuit, on fut maître du feu ; et, dès le surlendemain, toute la France apprit avec joie que ce qui avait été détruit pouvait se réparer, et que l'on n'avait à regretter aucun des chefs-d'œuvre dont la perte eût été à jamais irréparable. La couverture en plomb, la charpente en châtaigniers qui la supportait, celle des deux clochers et les cloches furent détruites : là, à-peu-près, se sont bornés les ravages de l'incendie du 4 juin.

PLANCHE CLVI.

PORTAIL LATÉRAL

DE LA CATHÉDRALE DE CHARTRES,

COTÉ DU NORD.

Aux deux parties latérales de cet édifice existent deux porches qui fixent l'attention des amateurs éclairés. Celui que nous représentons ici est le même que l'on voit dans la vue générale que nous donnons de la cathédrale. Le porche ou péristyle, qui en est la partie principale, est élevé sur un perron de plusieurs marches, et présente trois grandes arcades surmontées de pignons correspondant aux trois entrées du fond, et soutenus sur des massifs, des pieds-droits et des colonnes, qui, ainsi que les voussures, sont décorés d'un grand nombre de statues, de groupes, de bas-reliefs et d'ornements aussi curieux par la manière dont ils sont travaillés que par l'étonnante variété de leur composition, et le goût qui a présidé à leur emploi et à leur disposition. Les grandes statues adossées aux colonnes représentent des patriarches et des prophètes de l'ancienne loi, dont on a eu soin d'écrire les noms en caractères gothiques sur les consoles qui les supportent, ainsi que des princes et des seigneurs, sans doute bienfaiteurs de cette église, et assez connus alors pour qu'il ne fût pas besoin d'en indiquer les noms comme des précédents, mais qui, par cette négligence, ne sont aujourd'hui pour nous que l'objet de conjectures plus ou moins vraisemblables. Les voûtes de ce péristyle sont également surchargées de plusieurs rangs de groupes et d'ornements qui se rattachent aux voussures des trois portes, dont les sculptures sont une ingénieuse allégorie de l'Ancien et du Nouveau-Testament. Ce portail nous paraît être de la fin du 12e siècle.

Le portail méridional a, par son aspect général, la plus grande analogie avec celui que nous représentons, et n'en diffère pour ainsi dire que par les détails. On remarque à celui-ci une suite de statues de rois et de reines distribuées dans de petits tabernacles, surmontés de clochetons ou pyramides ajustées entre les pignons ; les quatre fins dernières de l'homme ; les douze apôtres ; Jésus-Christ donnant l'Évangile aux hommes ; divers traits de la vie de saint Martin, évêque de Tours, et le martyre de saint Étienne. On y distingue aussi les statues d'un comte de Chartres, de l'évêque Fulbert, de Pierre de Mauclère, duc de Bretagne, et d'Alix sa femme. Ce péristyle est exhaussé sur dix-sept marches ou degrés.

II.

PLANCHES CLVII ET CLVIII.

CATHÉDRALE DE BAYEUX.

PLANS DE BAYEUX ET DE SÉEZ.

Il est impossible de remonter à l'origine de l'ancienne *Baiocassis* ; elle était déjà inconnue du temps d'Ausone :

Tuque Baiocassis, stirpe Druidarum satus,
Si fama non fallit fidem.

On n'a point obtenu depuis de nouveaux renseignements ; mais cette ville a joué un grand rôle dans l'histoire normande ; et si elle a souffert dans le 9e et le 10e siècle des incursions des barbares du Nord, elle s'est bientôt relevée de ses ruines pour devenir une cité importante. C'est à Bayeux, en effet, que se noua le drame qui jeta les Normands sur les côtes d'Angleterre ; c'est à Bayeux que le téméraire Harold apprit à connaître d'abord ce fameux Guillaume, qui, plus tard, dans les plaines d'Hastings, fit de son cadavre et de celui de ses guerriers les marches qui l'élevèrent au trône. Bayeux souffrit long-temps des dissensions cruelles qui s'élevèrent entre les successeurs de Guillaume ; les calvinistes aussi la ravagèrent dans le 16e siècle.

Si l'on en croit la tradition, saint Exupère ou Spire, premier évêque de Bayeux, fit bâtir au 3e siècle un oratoire qu'il consacra à la Vierge, sur le fonds qui lui fut donné par Regnobert, qu'il avait converti. Ce premier édifice ne pouvant plus contenir le nombre des fidèles qui s'augmentait tous les jours, saint Regnobert, successeur immédiat de saint Exupère, fit élever à sa place une église plus spacieuse, où il fonda le siége épiscopal. Cette première église prit de nouveaux agrandissements sous les successeurs de ces deux évêques ; mais elle fut détruite en 891 par les Normands. On ne put guère la rétablir qu'après la conversion de Rollon, premier duc de Normandie, en 912. Alors la paix rendue à l'état et à la religion en facilita les moyens, et Rollon lui-même en donna l'exemple. Elle fut détruite encore une fois vers 1046, dans l'incendie qui réduisit la ville en cendres.

Hugues de Bayeux occupait alors le siège épiscopal. Ce prélat, riche et puissant, entreprit un plus grand édifice que le précédent. Aidé de son frère Guillaume, duc de Normandie, Odon de Couteville, successeur de Hugues, continua l'ouvrage, et y fit des augmentations considérables. Il en fit faire la dédicace par Jean, archevêque de Rouen, en 1077, suivant Ordric Vital, ou 1078, selon une charte de cette église. Guillaume-le-Conquérant, la reine Mathilde, Robert et Guillaume leurs enfants, l'honorèrent de leur présence, ainsi que Lanfranc et Thomas, archevêques de Cantorbéry et d'York, les évêques, les abbés, et quantité de barons de Normandie. Quatre ans avant sa consécration, Guillaume-le-Conquérant, en considération de l'évêque son frère, signala sa munificence envers l'église de Bayeux par le don de la baronnie Duplessis. La charte, datée de l'an 1074, détaille tous les domaines de cette terre, qui sont très considérables. Odon de Couteville combla aussi sa nouvelle église de présents.

A peine trente ans s'écoulèrent depuis cette époque, que cette église fut brûlée par les troupes de Henri Ier, roi d'Angleterre, et d'Hélyes, comte du Mans. On ne sait pas si le dommage fut considérable ou non. Rétablie en 1159 par Philippe de Harcourt, évêque, et par Henri II, son successeur, elle reçut des embellissements et des augmentations qui lui firent oublier ce dernier malheur. Cette église est celle qui existe aujourd'hui, et que sa hardiesse et sa beauté feront toujours passer pour une des belles du royaume.

L'église métropolitaine de Bayeux est un vaste édifice bâti en forme de croix, dont les arches sont en ogive. Sur le transept, au centre de la croix de l'église, entre le chœur et la nef, s'élève une belle coupole de construction moderne (1714 et 1715), surmontée d'une lanterne à jour d'une forme élégante. Cette lanterne n'est pas vue de l'intérieur de l'église comme à Coutances ; elle est fermée par une voûte ronde. On devrait faire disparaître cette voûte et garnir la lanterne de vitraux. Le portail à l'ouest est orné de deux grandes tours carrées, terminées chacune par une flèche très élevée. La tour du septentrion a été bâtie avec l'église, et celle du midi l'a été, en 1424, par l'évêque Nicolas Habard ;

7

cette dernière a été foudroyée différentes fois, notamment en 1746 : on en refit à cette époque quarante toises. La partie inférieure de la façade forme cinq porches : le sommet de l'arc au grand portail du milieu est pointu ; cet arc est formé par cinq ogives, et les moulures qui le décorent sont enrichies de sculptures qui représentent les figures des principaux personnages de l'Ancien et du Nouveau-Testament. Les moulures des deux portes près du portail sont unies ; celles des deux extrémités de la façade sont décorées de sculpture comme celle du portail. Dans le trumeau du centre de celui-ci il y a une statue de la Vierge, et de chaque côté six figures des apôtres, grandes comme nature. L'ensemble de ce portail et les deux portes à l'extrémité paraissent être en rapport avec la cathédrale, et du même temps que l'édifice.

L'intérieur de l'église est fort remarquable par la grande quantité des colonnes qui l'ornent, et la variété des moulures qui le décorent. Il y a également variété dans le dessin des arcs, les uns étant à plein-cintre, et les autres en ogive. Suivant un registre de la cathédrale, il existait en 1499, à l'entrée de chaque côté du portail, deux statues colossales, l'une de Guillaume-le-Conquérant vis-à-vis la chapelle de Saint-Gilles, et l'autre de saint Christophe, faisant face à la chapelle du Saint-Sépulcre ; mais l'une et l'autre disparurent pendant les ravages faits par les calvinistes au 16ᵉ siècle.

On ne voit dans cette église aucun tombeau ni aucune épitaphe ; cependant l'histoire rapporte qu'Agathe, la plus jeune fille de Guillaume-le-Conquérant, mourut en allant en Espagne pour épouser Alphonse, roi de Galice, et que son corps fut rapporté dans le pays où elle était née, et déposé dans la cathédrale.

Cette basilique qui, avant 1562, époque à laquelle elle fut dépouillée par les protestants, était une des plus riches de France, possède la fameuse tapisserie, ou plutôt la broderie historique, qui, bien qu'exécutée très grossièrement, représente cependant avec la plus grande exactitude les histoires d'Harold, roi d'Angleterre, et de Guillaume, duc de Normandie, depuis l'ambassade du premier au duc Guillaume, d'après l'ordre d'Édouard-le-Confesseur, jusqu'à la mort de ce prince tué à la bataille d'Hastings. Cette tapisserie, dont on ignora pendant long-temps le prix et l'existence, était exposée à certains jours de l'année dans la nef de la cathédrale, comme l'indique un passage d'un inventaire dressé en 1476. — *Item, une tente très longue et estroite de telle* (toile), *à broderies d'ymages et escripteaulx, faisant représentation de la conquête d'Angleterre, laquelle est tendue environ la nef de l'église, le jour et par les octaves des reliques. On l'appelait alors la toilette du duc Guillaume.* Montfaucon, dans ses *Monuments de la monarchie française*, a représenté les dessins de cette tapisserie, témoignage imposant de l'art du dessin et des ouvrages de tapisserie au 11ᵉ siècle ; car ce fut alors qu'elle fut faite par la reine Mathilde de Flandre, femme de Guillaume.

La cathédrale de Séez, dont la planche CLVIII offre le plan, a été reconstruite par Ives de Bellème, vers 1053, sur les ruines de l'ancienne cathédrale, incendiée pendant les guerres féodales. Cet évêque, qui avait un vif désir de finir le monument qu'il devait seulement commencer, eut recours, comme Geoffroy de Montbray, évêque de Coutances, aux libéralités des princes normands établis dans la Pouille. Malgré son zèle, l'église était peu avancée quand il mourut en 1070 ; il y fut cependant enterré ; mais cette cathédrale, qui fut consacrée en 1126, ne fut achevée que vers le milieu du 12ᵉ siècle. L'ogive assez élégante de ce monument porte à croire que, peu avancé au commencement du 12ᵉ siècle, il aura été continué selon le goût qui commençait alors à obtenir quelque vogue, et qui semble, du reste, avoir été employé en Normandie plus tôt que dans les autres parties de la France.

PLANCHE CLIX.

ABBAYE DE LONG-PONT.

L'abbaye de Long-Pont, *Longus Pons*, dans le Valois, était de l'ordre de Cîteaux, et fut fondée le 3 ou le 5 des nones de mars (le 3 ou le 5 mars) de l'an 1131, par Gosselin ou Joslin, évêque de Soissons ; son épitaphe apprend qu'il demanda à saint Bernard, alors abbé de Clairvaux, des moines pour sa nouvelle abbaye. Raoul, comte de Vermandois, seconda puissamment le pieux évêque, et il fit commencer, en

1138, l'église dont on célébra la dédicace en 1227, en présence de la reine Blanche et de Louis IX, alors âgé de quatorze ans. Plusieurs religieux célèbres ne contribuèrent pas peu à illustrer l'abbaye de Long-Pont ; mais, plus que tous les autres, le bienheureux Jean de Montmiral, ou Montmirail, *de Monte Mirabili.* Issu d'une illustre origine, et aimé de Philippe-Auguste, il abandonna ses riches possessions, et renonça à la gloire des combats pour terminer sa vie dans l'abbaye de Long-Pont. Le fameux Pierre-le-Vénérable, chantre de la cathédrale de Paris, fut aussi moine de cette abbaye.

En 1360, « cette sainte maison, dit J. B. de Machaud, riche de toutes façons, paraissait comme un paradis de délices, habitée d'une grande multitude de bons religieux, qui vivaient comme des anges terrestres, ou plutôt des hommes célestes. » Ils étaient alors au nombre de *sept-vingts* (140). Mais en 1531, l'abbaye « fut contrainte, par les misères des guerres, de se décharger de ses enfants, et fut privée d'abbés et de prélats réguliers. »

Gabriel de Gusman, Espagnol célèbre, docteur de l'ordre de Saint-Dominique, la possédait en 1554, et il avait succédé au cardinal du Belley, évêque de Paris, qui en avait été le premier abbé commendataire. L'abbé Frishamn, aumônier ordinaire de *Madame*, et qui avait été chargé des affaires du roi auprès de la cour d'Espagne, l'avait en commende en 1757. En 1724, elle souffrit beaucoup d'un incendie, qui ruina la plupart des bâtiments ; mais elle fut rétablie depuis. Il ne reste aujourd'hui de cette maison, qui était une des plus belles de l'ordre de Cîteaux, que ce que nous représentons. Ces ruines, restes de la main dévastatrice de l'homme, tout en nous rappelant la coupe primitive de cette abbaye, nous retracent les formes gracieuses et élégantes de l'architecture au 13ᵉ siècle.

ABBAYE DE LA TRAPPE.

La Trappe, célèbre abbaye de l'ordre de Cîteaux, était située à trois lieues de Mortagne et à huit de Séez ; elle fut fondée le 10 septembre 1140, sous l'invocation de la Vierge, par Rotrou II, comte du Perche, qui s'empressa d'acquitter le vœu que la crainte d'un naufrage lui avait fait former. La discipline se relâcha par la suite dans cette maison, comme dans presque tous les ordres religieux, et elle serait tombée par ses propres excès si, en 1662, Jean-Armand de Rancé n'y avait établi et soutenu la réforme par l'exemple d'une vie des plus austères. La réputation de l'abbé de Rancé ne tarda pas à franchir les murs du cloître ; elle se répandit, elle attira à la Trappe tout ce qu'il y avait de grand dans l'État et dans l'Église. Le roi d'Angleterre Jacques II vint la visiter en 1690. Cette abbaye recevait dans son enceinte jusqu'à six mille personnes par an, et même pendant plusieurs jours elle en défrayait un grand nombre.

Différente des autres institutions monastiques, la Trappe, destinée à recevoir des hommes qui avaient fait dans le monde de tristes naufrages, n'offrait à ceux qui venaient chercher la paix dans son sein qu'une vie pleine d'austérités ; les aliments étaient extrêmement simples ; le travail, que la prière seule interrompait, presque continuel. On n'y trouvait point les douceurs de la société ; un silence à-peu-près absolu tenait constamment les religieux dans l'isolement et la solitude. Mais s'ils ne goûtaient pas le positif de ce qu'on appelle le bonheur, ils n'avaient plus du moins à gémir de la mauvaise foi d'un ami prétendu, de l'inflexible rigueur d'un cœur fermé à la compassion, de l'iniquité d'un magistrat corrompu par un heureux adversaire : l'absence du mal, c'était là leur bonheur ; leur jouissance, c'était de se rappeler les maux qu'ils avaient soufferts et qu'ils ne devaient plus redouter.

. . . . . Et hæc olim meminisse juvabit.

Ce triste bonheur même fut envié aux quatre-vingt-dix religieux renfermés à la Trappe en 1790. Ils furent jetés de nouveau dans cette société à laquelle ils avaient cru renoncer pour toujours ; et, certes, la liberté dont *on les gratifiait* dut leur paraître plus insupportable que le plus dur esclavage, lorsqu'on les rendit témoins des scènes affreuses de 1792.

Les édifices de la Trappe furent vendus en 1795, et le nouveau propriétaire les fit presque entièrement abattre ; il ne reste guère aujourd'hui de ce vaste monastère que les ruines ici représentées, et que l'on remarque au village de Soligni.

PLANCHE CLX.

VUE

DE L'ABBAYE ET D'UNE PARTIE DE LA VILLE DE FÉCAMP.

L'origine de la ville de Fécamp est de la plus haute antiquité. D'après les anciennes traditions, il paraît qu'elle existait du temps de Jules César sous un autre nom. César ayant ordonné qu'on y apportât les tributs des provinces et les revenus du fisc, elle fut alors appelée *Campus fisci* (Camp du fisc) : c'est là probablement l'origine de Fécamp. Cette ville est située dans le pays de Caux, et son port, qui était très fréquenté dans le 7ᵉ siècle, vit ses pêcheurs rapporter, en 1789, pour huit cent soixante-six mille sept cents francs de harengs.

Une magnifique abbaye s'aperçoit au milieu de la composition ; elle fut fondée, en 662, par Garing ou Ganing, seigneur de cette ville, et destinée d'abord à un monastère de femmes ; mais, en 931, Guillaume-Longue-Épée les envoya à Montivilliers, et leur substitua des chanoines réguliers, qui, à leur tour, furent remplacés par des religieux de l'ordre de Saint-Benoît. Cette église, remarquable par sa grandeur et sa beauté, fut élevée par Richard Iᵉʳ, vers 973. Guillaume de Jumiège dit positivement : *Dux Richardus apud Fiscannum miræ magnitudinis et pulchritudinis in honore deificæ Trinitatis templum construxit, mirificisque ornatibus multimodè adornavit.*

Mais au commencement du 12ᵉ siècle, Guillaume de Bos fit détruire cette église, que le temps et les guerres avaient probablement dégradée, et la reconstruisit sur un plan plus vaste. La grande quantité d'arcs en ogive qui la décorent et l'élégance de la campanille indiquent assez que les anciennes constructions ont été remplacées à différentes époques. On descend dans cette basilique par douze marches. Le vaisseau, très vaste, reçoit une lumière habilement distribuée ; mais le chœur surtout, par-tout revêtu de marbre, est extrêmement riche.

L'abbaye, qui a subsisté jusqu'à la fin du 18ᵉ siècle, a été gouvernée pendant presque tout le 16ᵉ siècle par les cardinaux Jean, Charles et Henri de Lorraine.

A la fin du 17ᵉ siècle, Casimir, roi de Pologne, vint y couler en paix une partie des deux années qu'il survécut à son abdication.

PLANCHE CLXI.

BAS-RELIEF

REPRÉSENTANT LA MORT DE DALMACIUS, A L'ÉGLISE DE SEMUR.

Robert, dit *le Vieux*, troisième fils du roi Robert, après s'être révolté plusieurs fois contre son père, fut établi duc de Bourgogne par son frère Henri Iᵉʳ, roi de France. C'est le chef de la première branche royale des ducs de Bourgogne. Ce prince, né avec un caractère très violent, était capable, dans les accès de sa colère, de se porter aux extrémités les plus effrayantes. Il avait épousé Hélie, fille de Dalmacius, seigneur de Semur-en-Auxois. Un jour, au milieu d'un festin, il se prend de querelle avec son beau-père, se jette sur lui, et l'étend mort à ses pieds percé de plusieurs coups de couteau. La pitié succède bientôt à la rage. Robert, afin d'apaiser les furies vengeresses qui lui déchirent le cœur, a recours à un moyen expiatoire qui était en usage dans ces siècles demi-barbares. Il fait des présents considérables à l'église, fonde le prieuré de Semur, qui fut érigé dans la suite en *chapitre collégial*, et entreprend un voyage à Rome. On croit que la construction de l'église de Notre-Dame de Semur fit partie de la pénitence qui lui fut imposée par le Saint-Père, et qu'il y fit graver, sur une des portes latérales, son parricide, afin d'en expier, s'il était possible, l'horreur, et pour transmettre aux siècles à venir, par cet aveu public, le témoignage d'un sincère repentir.

Ce monument singulier et curieux sous tous les rapports existe encore ; la couronne du duc, dans les différents groupes où elle se retrouve, est la seule partie qui ait été mutilée.

Le manque absolu de détails sur ce fait principal et ses suites, que

D. Planchet s'est bien gardé de rappeler, parcequ'il aurait déparé l'éloge pompeux qu'il voulait faire de Robert, fondateur de beaucoup d'églises, jette la plus grande incertitude sur le sens que l'on doit donner aux différents groupes du bas-relief. Nous donnerons cependant nos conjectures.

Et d'abord ce bas-relief est entouré d'un bandeau ogival, divisé en treize compartiments, dont un au point le plus élevé et six de chaque côté. Il est évident que chaque cadre représente les travaux d'un des mois de l'année. Le mois de février est figuré par un vieillard qui se chauffe ; un arbre sans feuilles est tout ce que nous avons pu distinguer de l'emblème du mois de mars. On greffe les arbres au mois d'avril ; au mois de mai, espèce d'*ambarvalles* ou visite des champs : le maître des champs en fait le tour pour connaître dans quel état ils se trouvent ; le mois suivant est consacré aux semailles de l'orge, du lin, etc. Un ange, les ailes déployées et les deux bras étendus, semble bénir tous les travaux, et la récolte commence ; d'abord celle des fourrages, puis celle des seigles et des blés ; la vendange et la fabrication du vin occupent les mois de septembre et d'octobre ; en novembre on tue le porc engraissé ; et le mois de décembre, qui termine l'année, est figuré par un simulacre de Janus, dont la double tête embrasse à-la-fois et l'année qui finit et celle qui commence.

Quant au bas-relief de Dalmacius même, nous avons cru y voir, en commençant par le bas, et suivant de droite à gauche : 1° Dalmacius, empoisonné par Robert, tombe à la renverse. Le poison a été versé par un homme caché sous la table, et que le chien de Dalmacius, qui lui a saisi le poignet, essaie de tirer de sa retraite. L'attitude des personnages favorise cette explication. Le personnage du milieu, montrant du doigt la victime et regardant Robert, semble lui dire : Tu l'as empoisonné ! et Robert, dont le front a le calme de la perfidie, répond par le geste de sa main gauche : Je ne sais pas ce qui a pu causer sa mort ; et de la main droite il montre la cruche, et semble dire : Cependant ce vin n'est pas empoisonné. Deux serviteurs, qui veulent justifier Robert, goûtent aussitôt le vin pour prouver qu'il est sain.

2° Un jeune clerc, qui a pour protecteur un religieux, vient implorer la générosité de Robert, qui paraît rejeter sa prière avec ironie. Ainsi jusque-là Robert s'est montré cruel et inhumain ; mais la grace de Dieu va le frapper, et un miracle peut-être le fera rentrer en lui-même.

3° N'est-ce pas ce que représente le troisième groupe ? n'y doit-on pas voir un clerc distribuant des pains, et l'un de ces pains changé en une grosse pierre au moment où il va appartenir à un homme indigne de le recevoir ? Les regards du clerc élevés vers le ciel, et la figure du pèlerin estropié, semblent confirmer cette conjecture.

4° Une muraille, surmontée d'une tour crénelée, indique le changement de la scène. Robert repentant est peut-être à Rome où un prêtre lui adresse une sévère remontrance, tandis qu'un autre prie Dieu pour lui ; la tête de Robert a été enlevée.

5° Robert a fondé diverses églises, entre autres celle de Semur ; et les flammes indiquent que son repentir l'a purifié.

6° Mais il veut aussi expier sa dureté envers le clerc, et il lui fait un don, que celui-ci reçoit avec joie et reconnaissance.

7° Robert approche enfin de l'éternité ; le clerc, qui a éprouvé sa bienfaisance, paraît pleurer sur lui et prier, tandis que le religieux que l'on a vu dans le deuxième groupe, armé cette fois-ci du glaive de la justice, écoute avec sévérité la confession de Robert.

8° Bientôt sa figure devient plus douce, et il conduit Robert au séjour de l'immortalité. Ce passage est figuré par la barque, allégorie des païens, que les chrétiens n'oublièrent qu'un instant, et qu'ils reprirent bientôt.

9° Dieu, tenant dans sa main gauche le globe terrestre, et de la main droite bénissant l'univers, est encensé par deux anges, emblèmes du ciel et de l'éternité.

Quoique la tradition attribue la confection de ce bas-relief à Robert lui-même, nous sommes porté à croire qu'il a été fait beaucoup plus tard par les moines de Semur. N'étant plus sous l'influence du bienfait, ils purent être justes envers le bienfaiteur, et représenter ses crimes avec sa pénitence.

II.

PLANCHE CLXII.

VUE GÉNÉRALE

DE LA SAINTE-CHAPELLE A PARIS.

Le vendredi-saint de l'année 1241, disent les écrivains de la vie de saint Louis, le pieux roi, nu-pieds, vêtu de laine, sans ceinture, le chef découvert, et purifié par un jeûne de trois jours, porta, depuis un échafaud construit près de l'église Saint-Antoine jusqu'à la cathédrale, un morceau de la vraie croix qu'il avait, non pas acheté à des Vénitiens, mais reçu d'eux gratuitement, en leur donnant gratuitement aussi une somme équivalente à deux cent mille francs environ. Plusieurs nobles hommes lui aidaient à porter ce précieux fardeau, et d'autres portaient à ses côtés le fer de la lance qui perça le côté de Jésus-Christ, et l'éponge avec laquelle on lui offrit à boire du vinaigre. De la cathédrale, le roi et cette procession si solennelle, *que onc n'en vit-on de pareille,* s'en allèrent à l'église Saint-Nicolas, construite près du palais de la Cité par Louis-le-Gros. Saint Louis y déposa ces trésors dont un miracle évident ne tarda pas à attester la puissante efficacité : car une sécheresse extrême, qui inspirait alors les plus vives alarmes, cessa bientôt. Ce fut pour contenir plus dignement ces reliques que le roi fit commencer, en 1242, sur les ruines de l'église Saint-Nicolas qu'il fit abattre, la Sainte-Chapelle, dont la merveilleuse beauté fait un monument remarquable de l'époque la plus florissante de l'architecture ogivale. Construite par Pierre ou Eudes de Montreuil, elle fut ornée de toutes sortes de richesses : l'or, l'argent, le marbre, les plus riches sculptures, des pièces d'émail imitant toutes les pierres précieuses, y étaient multipliés. Un monde de religion et de poésie, tout un orient chrétien était dans ses vitraux, dit un auteur moderne qui l'a vue avant que, dépouillée de ces précieuses richesses pendant la révolution, elle servît à renfermer des archives.

La hauteur totale de l'édifice, depuis le sol jusqu'au sommet de l'angle du fronton, est de cent dix pieds ; sa longueur est de cent dix pieds, et sa largeur de vingt-sept pieds dans œuvre.

L'intérieur de cette chapelle a deux étages ; l'étage inférieur était destiné aux habitants de la cour du Palais et dédié à la Vierge. La chapelle ou étage supérieur destiné au roi et à ses officiers portait le titre de *Sainte-Couronne* ou *Sainte-Croix.*

Il est à regretter qu'on ait été obligé de démolir, pour cause de vétusté, vers la fin du 18ᵉ siècle, l'élégant clocher qui surmontait cet édifice.

Ce fut dans l'église basse que fut enterré, en 1711, Boileau, au-dessous de la place même occupée par le fameux lutrin qu'il avait chanté, et qui, quarante-quatre ans plus tôt, avait été l'objet d'une grave contestation entre Claude Auvry, trésorier ou archi-chapelain de la Sainte-Chapelle, et le chantre Jacques Barrin.

PLANCHE CLXIII.

VUE GÉNÉRALE

ET PLAN DE LA CATHÉDRALE DE REIMS.

L'église cathédrale de Reims, reconstruite à différentes époques, notamment vers 830, sous l'épiscopat d'Ébon, de triste mémoire, fut entièrement incendiée en 1210, ainsi qu'une partie de la ville. Mais les libéralités des princes, des seigneurs et des habitants permirent bientôt d'élever une nouvelle basilique. L'archevêque Albéric de Humbert en posa la première pierre. Elle fut terminée vers le milieu du 13ᵉ siècle, sous la direction de Robert de Coucy, architecte né à Reims, qui illustra son nom par ce magnifique édifice. C'est celui qui subsiste aujourd'hui sous l'invocation de la Vierge. La cathédrale de Reims est une des plus célèbres de la France, tant par le fameux concile de 1148, présidé par le pape Eugène III, que par le privilége qu'ont ses archevêques de sacrer les rois de France. L'architecture en est d'une grande élégance à l'intérieur et à l'extérieur. Son portail principal, représenté sur cette planche, est d'un travail achevé, et fait l'admiration des amis des arts. Sa largeur totale, d'un angle à l'autre, est de cent quarante pieds, et sa hauteur de deux cent cinquante-deux jusqu'au sommet des tours.

La vue seule de ce magnifique portail, dont le rez-de-chaussée offre trois belles ouvertures, riches d'une infinité de sculptures, et dont les deux étages supérieurs, d'une ornementation variée, sont couronnés par deux belles tours, justifie pleinement l'adage populaire, qui fait entrer le portail de Reims dans la composition d'une basilique parfaite. On trouve ailleurs des détails plus fins, des masses moins pesantes, quelques ornements d'un meilleur goût, car dans le 14ᵉ et le 15ᵉ siècle l'architecture fit des progrès étonnants ; mais il n'est pas de monument, peut-être, qui réunisse au même point la régularité des lignes et l'unité de ce beau style qui produisit des chefs-d'œuvre presque dès sa naissance.

Ce serait s'imposer une tâche effrayante que d'entreprendre de décrire les mille et mille ornements qui décorent cette noble façade ; nous essaierons d'en donner une idée en nous attachant particulièrement aux parties les plus saillantes.

Sur le perron de cinq marches s'élèvent trois vastes portiques qui se détachent avantageusement du fond ; dans la partie inférieure, au-dessus d'un stylobate moderne, règne une ligne de trente-cinq statues colossales, représentant des patriarches, des prophètes, des rois, des comtes et des évêques ; sur le trumeau de la porte du milieu est la statue de la Vierge, patronne de la cathédrale.

Au-dessus de la frise qui couronne ces statues en forme de dais, sous les voussures des arcs et dans les frontons à angle aigu et d'une forme pyramidale, enrichis de chardons recourbés, ainsi que sur les contre-forts avancés sur lesquels s'appuient les deux portiques latéraux, on peut suivre, avec quelque attention, l'histoire entière de la religion ; le Christ révélé aux patriarches, prédit par les prophètes, naissant dans une crèche, instruisant les hommes et établissant par des bienfaits le règne de la vérité, consommant sur la croix son sacrifice ; et appelant à la lumière de l'Évangile tous les peuples de la terre : c'est une curieuse épopée sculptée sur toute la façade du temple par un ciseau plein de persévérance, s'il n'a pas toujours été dirigé par le bon goût. Il n'y a pas jusqu'aux figures qui surmontent les gouttières, espèces de monstres chimériques, qui ne soient en rapport avec cette vaste épopée, et l'on peut y reconnaître le Tigre, l'Euphrate, le Phison et le Géhon, les quatre fleuves qui arrosaient l'Éden ; mais nous conviendrons qu'il y faut apporter un peu de bonne volonté.

Sur les pieds-droits et les linteaux des portes, sont sculptés divers groupes relatifs aux saisons et aux travaux de l'année ; sur celui de la porte du milieu on substitua, en 1793, à plusieurs épisodes de la vie de Marie, l'inscription alors si répandue qui annonçait que le peuple français *reconnaissait l'Être suprême et l'immortalité de l'ame.* Depuis elle a été remplacée par une inscription qui rappelle la construction de cette basilique au 13ᵉ siècle, et sa consécration sous le vocable de Notre-Dame. Par une particularité remarquable, le tympan qui surmonte les linteaux, au lieu d'être, comme presque par-tout ailleurs, chargé de bas-reliefs, est percé de trois rosaces diversement découpées.

Les trois parties du premier étage sont séparées par quatre contre-forts, dont la partie inférieure, en forme de niche, renferme une statue de saint, placée entre quatre colonnettes isolées, et que couronnent des clochetons octogones dont les angles sont ornés de feuilles de chardons. Une double arcade en ogive est le seul ornement des deux côtés, et donne à cette partie une grande légèreté. La partie du milieu a pour ornement un seul arc très large, surmonté d'un assez beau bas-relief ; une rose magnifique décore admirablement le milieu de cet arc. Ses magnifiques découpures, variées à l'infini, et la brillante couleur de ses vitraux ne craindraient point la rivalité des plus beaux ouvrages de ce genre. Une balustrade, dite du *Gloria,* parce que c'était de là que, le dimanche des Rameaux, on chantait l'hymne *Gloria, laus,* etc., sépare ce premier étage du deuxième. On y remarque les statues de nos quarante-deux premiers rois de France, tous la couronne sur la tête ; elles sont placées sous de légères arcades, dont les bandeaux découpés avec grace partent d'une longue suite de colonnes en faisceaux. Des frontons angulaires, décorés de chardons, couronnent ces arcades. Peut-être les sept statues du milieu ont-elles rapport au baptême de Clovis. Sans contredire cette explication, nous n'oserions pas l'accepter sans réserve. C'est à-peu-près la partie la moins bien travaillée. Ces statues sont probablement antérieures à la construction de l'édifice; peut-être aussi l'artiste, qui savait qu'elles ne seraient vues que de très loin, en a-t-il négligé l'exécution. Enfin au-dessus de cet étage s'élèvent deux tours sveltes et élégantes, flanquées de quatre tourelles octogones, également remarquables par leur légèreté, et dans l'une desquelles on a pratiqué un escalier à jour en spirale d'une exécution aussi élégante que la conception en était hardie.

Il est très probable que le dessein de Robert de Coucy était de couronner ces tours par une flèche hardie et élégante : quelques arrachements que l'on remarque sous la toiture semblent confirmer cette opinion; mais ces flèches n'ont jamais existé; du moins il n'en est point fait mention dans les archives qui parlent de la destruction par le feu, en 1481, de la couverture et des flèches qui couronnaient le centre et les extrémités de la croisée.

Les portails latéraux du nord et du sud, également très riches de sculptures, sont flanqués de deux tours carrées, sur lesquelles s'élevaient des flèches détruites par l'incendie dont nous venons de parler.

La flèche, terminée par un ange que l'on aperçoit sur la gravure derrière la croisée, a seule été respectée; elle a cinquante-cinq pieds de hauteur : élevée sur le chevet de l'église, elle est en charpente revêtue de plomb. Huit figures courbées supportent sa base en encorbellement. L'ange qui la surmonte debout sur un globe et les ailes déployées lui a fait donner le nom de *Clocher à l'Ange*.

L'intérieur, dont la planche CLV offre le plan, est en croix latine; les bas-côtés n'ont point pour ornement cette suite de chapelles qui, dans plusieurs cathédrales, sont extrêmement remarquables par les grilles qui les ferment ou par les tombeaux qu'elles renferment. Il n'y en a que sept à Reims, et elles sont dans la circonférence de l'abside. Elles furent peut-être autrefois fermées par des clôtures en pierres; mais il n'en reste plus aucun vestige. Les gros piliers, cantonnés d'autres d'un plus petit diamètre, sont couronnés de chapiteaux à feuillages. Sur ces chapiteaux s'élèvent des faisceaux de très petits piliers qui vont supporter, sur leurs chapiteaux plus élégants, la nervure des voûtes. Une belle galerie d'arcades en ogive règne dans tout le pourtour de l'édifice, et produit un très bel effet.

Le chœur, divisé en trois parties, comme l'indique le plan, occupe la moitié de la longueur de l'église. Le chœur, proprement dit, s'étend depuis le troisième pilier de la nef jusqu'à la croisée. On y remarque d'assez belles stalles.

Le sanctuaire, ou deuxième partie, est élevé sur plusieurs degrés; son pavé est une très belle mosaïque placée autrefois dans l'abbaye de Saint-Nicaise, et dont la cathédrale fut embellie en 1791, lors de la démolition de cette abbaye. L'autel, construit de marbre de différentes couleurs, et orné de bronzes ciselés et dorés, est aussi fort remarquable.

L'arrière-chœur renfermait autrefois le riche trésor de cette église. Il aurait été respecté s'il n'avait contenu que des objets précieusement travaillés; mais la plupart étaient précieux aussi par leur matière, et un décret de l'Assemblée nationale les fit jeter dans les creusets de l'hôtel des monnaies.

L'intérieur de la cathédrale de Reims offre cependant encore plusieurs objets remarquables, entre autres les cent vingt-deux statues d'un assez bon style qui décorent les parties de mur voisines des portes, les tambours des portes latérales sculptés par le menuisier Gaudry vers 1760; le tombeau de Jovinus, que nous avons représenté planches CII et CIII; et la tombe de Hue Libergier, architecte, qui commença en 1229 la construction de l'église de Saint-Nicaise.

PLANCHE CLXIV.

VUE GÉNÉRALE

DE LA CATHÉDRALE D'AMIENS.

Tout porte à croire qu'Amiens est l'ancienne *Samarobrive*, dont les habitants prirent les armes contre les Rémois, déserteurs de la cause nationale, où César établit un magasin d'armes, et tint l'assemblée générale des Gaules. Plusieurs empereurs romains y résidèrent. Détruite par les Alains, les Vandales et les Hérules, elle n'était plus qu'une bourgade presque ruinée, quand Clodion y établit, en 415, le siège de sa nouvelle puissance. Long-temps travaillée par de violentes secousses, épuisée par des guerres sanglantes, elle eut, de plus, à souffrir dans le 9ᵉ siècle les ravages d'une peste terrible. Louis-le-Gros sanctionna, en 1113, la charte de la commune d'Amiens; Philippe-Auguste attacha cette ville au domaine royal. Louis IX y siégea, comme arbitre entre le roi d'Angleterre et les barons; et Charles VI, pour le malheur de la France, y épousa cette Isabeau de Bavière, qui fut épouse infidèle et marâtre injuste. Soumise à la ligue par la ruse de l'Espagnol Hernand Tello Porto Carrero qui, en faisant briser sur le pont-levis une charrette de noix, empêcha la herse de fermer l'entrée aux assaillants, elle redevint bientôt française par la valeur du maréchal de Biron. Chef-lieu de préfecture du département de la Somme, elle vit, le 25 mars 1802, signer le fameux traité de paix entre la France et l'Angleterre, traité qui aurait assuré enfin la paix, si l'Angleterre y avait été fidèle.

L'église cathédrale d'Amiens fut fondée, en 1220, par Évrard de Fouilloy, quarante-troisième évêque de cette ville. A sa mort, les murs n'étaient pas commencés encore, et son successeur, Godefroy d'Eu, éleva les murailles du pavé à la voûte. L'évêque Arnould fit construire les voûtes, les galeries du dehors, et un clocher qui n'existe plus. Ce ne fut qu'en 1288, sous l'épiscopat de Guillaume de Mâcon, que cette superbe basilique, dont Robert de Luzarches avait donné les dessins et surveillé l'exécution, fut terminée. Mais les tours restaient encore à faire, et, faute de fonds, les travaux furent suspendus. Dans le 14ᵉ siècle, le produit des quêtes faites par tout le diocèse fut assez abondant pour faire élever les deux tours de l'ouest, qui, par leur peu d'élévation, donnent quelque chose de lourd à la façade de cette église.

Ce portail, quoiqu'il ne réponde pas à la hardiesse, aux riches et hardies conceptions de la nef, ne laisse pas d'être remarquable par de riches découpures et d'élégantes colonnades. La galerie du milieu est ornée des statues de vingt-deux rois de France, jusqu'à Philippe-Auguste, comme on les voyait autrefois à Notre-Dame de Paris; mais le portail est chargé de figures pesantes et souvent grotesques. C'est sur-tout considérée de profil, que cette basilique apparaît à l'œil étonné une grande et noble conception d'un génie hardi : ces proportions imposantes, la projection des arcs-boutants, la prodigieuse élévation des combles et de la belle flèche, construite en charpente revêtue de plomb, qui fine et délicate s'élance à une hauteur de quatre cent deux pieds au-dessus du pavé[1] : cet ensemble admirable élève la pensée; arrachée à la terre elle grandit et s'élance vers les cieux.

PLANCHE CLXV.

INTÉRIEUR DE LA CATHÉDRALE D'AMIENS,

NEF ET CHOEUR.

Quand on pénètre dans la cathédrale d'Amiens, on est frappé de ses dimensions colossales, de l'élévation et du jet hardi de ses voûtes, de la délicatesse de ses arcades et de ses fenêtres, de la régularité et de l'heureux accord de leurs proportions. Les voûtes élevées sur cent vingt-six grosses colonnes sont généralement à arêtes, et reposent sur quatre nervures croisées diagonalement.

---

[1] Elle fut terminée en 1529.

On ne peut s'empêcher de déplorer l'absence de ces vitraux peints qui ne laissaient parvenir dans le temple qu'un jour mystérieux. La beauté des rosaces, dont les ramifications contournées avec toute la souplesse des métaux les plus ductiles sont embellies par la délicatesse des compartiments, et la variété des peintures augmentent encore les regrets.

Les grandes orgues, uniques en France, ont été faites en 1422. La boiserie de la monture est d'un style ogival, et enrichie d'ornements dorés extrêmement curieux.

Le chœur, pour n'être pas aussi renommé que celui de Beauvais, est cependant remarquable. Le grand autel, disposé à la romaine, est décoré d'un beau bas-relief représentant Jésus-Christ au jardin des Olives. La grande Gloire rayonnante qui s'élève derrière, ouvrage de Dupuis, produit, par son immense proportion, un bel effet dans la perspective du temple.

Chacune des cent seize stalles est couverte de sculptures qui représentent divers sujets de l'histoire sainte. On remarque sur-tout le travail de l'histoire de Joseph, de Job et de Samson. Deux sont surmontées de flèches en pyramides; commencées en 1508, elles ne furent achevées qu'en 1519 ou 1522, et coûtèrent onze mille deux cent trente livres cinq sols.

Les colonnes qui entourent le chœur rendent un son assez éclatant, sur-tout celle qui se trouve entre la chapelle de saint Jacques et celle de saint François d'Assise, que l'on a surnommée le pilier sonore.

Les chapelles qui n'entraient pas dans le plan de Robert de Luzarches ont été ajoutées à diverses époques, et sont fermées par des grilles de fer d'un beau travail.

Parmi les nombreux tombeaux de cette église, on remarque à l'entrée de la nef celui d'Évrard de Fouilloy à droite, et celui de Godefroy d'Eu à gauche; celui de Gresset, natif d'Amiens; mais sur-tout derrière le chœur, le tombeau du chanoine Lucas, où l'habile Blasset a représenté un enfant qui pleure avec une vérité frappante.

PLANCHE CLXVI.

PLAN DE LA CATHÉDRALE D'AMIENS.

La largeur de la façade est de cent cinquante pieds, celle de la croisée de cent quatre-vingt-deux; la largeur dans œuvre, de quatre cent quinze; la hauteur des voûtes sous clef, de cent trente-deux pieds huit pouces. La hauteur de la flèche du clocher doré est de deux cent un pieds au-dessus de la croisée, de quatre cent deux au-dessus du pavé. La tour septentrionale est haute de deux cent dix pieds, la deuxième de cent quatre-vingt-dix. On parvient à la tour la plus élevée par trois cent six marches.

PLANCHE CLXVII.

PEINTURES A FRESQUE DE GIOTTO,

A AVIGNON.

Cette fresque, ouvrage du commencement du 14e siècle, étant parfaitement semblable à toutes celles que Giotto a faites en Italie ne peut être que de lui; les traditions la lui attribuent, les auteurs fortifient les traditions. Giotto, rapportent-ils, accompagna le pape Clément V lorsque celui-ci se réfugia à Avignon. Mais si les historiens viennent à l'appui des traditions, nous devons aussi convenir que cette fresque n'est point signée par ce peintre célèbre, et qu'il y a des écrivains qui prétendent que Giotto n'est jamais venu en France; Vasari n'a jamais pu se procurer les dessins des fresques que Giotto aurait peintes en France; Millin, dans son voyage du Midi, ne parle pas de cette peinture, et l'histoire nous apprend que, pendant un siècle entier, les élèves de Giotto ne firent que l'imiter, et que quelques uns même parvinrent à l'imiter avec fidélité. Quoi qu'il en soit, cette fresque, élégant ornement du portique latéral de la cathédrale d'Avignon (*voir* planche CXX), représente, dans la partie triangulaire, les anges en adoration devant le Tout-Puissant. Nous croyons voir, dans la fenêtre inférieure, quelque saint

que son ange gardien vient présenter à l'Enfant Jésus assis sur les genoux de Marie. L'ange de droite semble intercéder pour lui. Aux deux côtés de l'archivolte sont deux anges, dont l'un paraît attendre la décision du Sauveur pour couronner le personnage représenté. On ne sait trop ce qu'on y doit admirer le plus de l'élévation des pensées, de l'entente de la composition, des poses gracieuses des figures, ou de la justesse et de la dignité de l'expression.

PLANCHE CLXVIII.

CATHÉDRALE DE SAINT-ÉTIENNE,

A TOULOUSE.

On croit généralement que les premières fondations de ce monument furent commencées dans le 4e siècle, époque à laquelle le christianisme fut prêché à Toulouse, sous l'empire de Constantin; mais il reste bien peu de chose des constructions de ce temps reculé. Il paraît que cette basilique fut rebâtie plusieurs fois. L'an 1072, l'évêque Isarne se plaignait que les murs étaient presque détruits : *De perpessâ parietum magnâ ex parte conquerebatur ruinâ*. Ils furent sans doute alors réparés; mais, au commencement du 13e siècle, Raymond VI fit reconstruire la nef de l'église. Vers 1273, l'évêque Bertrand de l'Ile-Jourdain fit rebâtir le chœur et l'entoura de quatorze chapelles; il paraît qu'un incendie avait détruit cette cathédrale, car les auteurs de la *Gaule chrétienne* remarquent que ce même évêque légua une forte somme d'argent pour refaire le maître-autel d'argent, *quod ante conflagrationem basilicæ visebatur*.

En 1393, Jean de Cardaillac, archevêque de Toulouse (l'évêché fut érigé en archevêché en 1317), fit placer dans la campanille la fameuse cloche du poids de cinquante mille livres, qui de son nom fut appelée Cardaillac.

En 1439, l'archevêque Pierre de Moulin, qui releva les bâtiments de l'archevêché, fit aussi construire le grand vestibule de la cathédrale.

En 1502, Jean d'Orléans, cardinal de Longueville, fit construire la sacristie et ajouter quelques chapelles autour du chœur. L'orgue et les stalles avaient été faits sous l'archiépiscopat de Bernard du Rosier, en 1450. L'an 1608, presque tout le chœur fut détruit par un violent incendie. Le cardinal de Joyeuse et les États le firent rebâtir en 1612.

PLANCHE CLXIX.

CATHÉDRALE DE NARBONNE.

On ignore le nom que portait Narbonne avant qu'elle eût été réduite en province romaine; on sait seulement qu'elle faisait partie de l'état des Volces Arécomiques. Les Romains, commandés par Domitius, s'en emparèrent l'an de Rome 686, et y fondèrent une colonie composée des soldats de la dixième légion, qui avait pour chef Martius Narbo, lequel donna son nom à la ville, que l'on appelait aussi *Decumanorum Colonia*. Dans la décadence de l'empire, cette ville fut successivement ravagée par les Visigoths et les Sarrasins, qui, battus par Charles-Martel et Pépin, furent enfin chassés par Charlemagne.

Narbonne est une des premières villes des Gaules où fut établie la religion chrétienne; l'Évangile y fut prêché par Sergius Paulus, ancien proconsul et disciple de saint Paul. La première cathédrale, plusieurs fois détruite et rebâtie pendant les premiers siècles, fut entièrement reconstruite par le pape Clément IV, qui avait été archevêque de Narbonne. Il en fit poser la première pierre, qu'il envoya de Rome toute bénite à Maurin, alors archevêque; celui-ci fit jeter les fondements de la nouvelle cathédrale le 3 avril 1272. Le chœur, les chapelles qui l'environnent, et les deux tours, furent achevés en 1332; mais les travaux furent suspendus, la nef ne fut point construite, et la basilique imparfaite resta comme on la voit ici représentée.

L'intérieur renferme des tombeaux très remarquables, et sur-tout la moitié de celui de l'évêque de la Jugie; l'autre moitié est au musée de Toulouse. C'est un modèle de l'art au 13e siècle.

PLANCHES CLXX ET CLXXI.

VUE GÉNÉRALE

DE L'ÉGLISE DE NOTRE-DAME A DIJON,

PLANS DE NOTRE-DAME ET DE BOURGES.

Il y a quelque chose de très gracieux et de très élégant dans ce triple portique couronné par deux galeries superposées, offrant chacune dix-sept colonnettes d'un seul jet. L'architecte, par une heureuse idée, est parvenu à allier la grace de l'architecture grecque et la légèreté du style ogivique. Cet édifice, commencé en 1252, ne fut terminé qu'en 1354, et le portique paraît dater des derniers temps; le vaste porche était autrefois orné de nombreuses statues, mais toutes ont disparu. Dans l'intérieur, on admire le beau groupe de l'Assomption, sculpté par l'habile ciseau de Dubois.

L'épaisseur des contre-forts par lesquels l'architecte voulut prévenir l'écartement des voûtes et la structure massive du premier étage de la tour carrée qui, construite sur la croisée, s'élève à une hauteur de cent quatorze pieds, à compter du sol; l'absence de ces élégants arcs-boutants, dont la légèreté et la gracieuse ornementation ajoutent tant à la beauté extérieure des édifices religieux, portent à séparer de près d'un demi-siècle la construction du vaisseau de Notre-Dame de Dijon, et celle du portail.

Quant à la campanille de l'horloge qui s'élève près de la tourelle du midi, elle était primitivement à Courtray, en Flandre. Ce fut à la fin de l'an 1382 que le duc Philippe de Bourgogne la fit *mettre par membres et pièces sur chart et la cloche aussi. Lequel horloge fut amené et charroyé en la ville de Digeon en Bourgongne, et fut là remis et assis, et y sonne les heures, vingt-quatre entre jour et nuict*[1]. Ce ne fut pas la seule perte qu'éprouva Courtray, après la défaite des troupes communales à Rose-becque. Charles VI avait remarqué, dans l'église de Notre-Dame, cinq cents paires d'éperons dorés qui avaient appartenu aux chevaliers tués en 1302 avec Robert d'Artois; il voulut punir les habitants de la solennité avec laquelle ils rappelaient chaque année cette défaite des Français; et, par ses ordres, *fut arse et détruite la ville de Courtray, et la population mise à l'épée, sauf les jeunes garçons et les filles, que les gens d'armes emmenèrent en servage.*

Cette horloge fut peut-être la seconde établie en France: car la première paraît avoir été construite à Paris, dans la tour du Palais, en 1370, par Henri de Vic, que Charles V fit venir d'Allemagne.

L'horloge de Dijon, probablement fort altérée dans le 15° siècle, est du genre de celle que l'on appelait Jacquemarts, soit du nom de l'inventeur, Jack Mart, soit par une corruption de jaque de maille, habillement qu'auraient porté des guerriers placés en sentinelle sur le haut des tours pour prévenir de l'approche des ennemis; des figures grotesques auraient été substituées plus tard à ces guerriers.

Quelle que soit l'origine de ce mot, on peut dire encore maintenant ce que disait au 16° siècle Changenet, vigneron de Dijon, dans son poëme du *Mairiaige de Jaquemar* :

> Jaquemar de rien no s'étonne;
> Le froid de l'ivar, de l'automne,
> Le chau de l'étai, du printan,
> Ne l'on su randre maucontan.
> Qu'ai pleuve, qu'ai noge, qu'ai grole,
> El é sai tête dans sai caule,
> Et lé deu pié dans sé saulai;
> Ai ne yeu pa sôti de lai.

L'église de Notre-Dame de Dijon, construite en croix latine, comme l'indique le plan (planche CLXXI), a cent quarante-deux pieds de longueur sur trente-six de largeur, et cinquante-deux de hauteur.

[1] Froissart.

PLANCHE CLXXII.

CATHÉDRALE DE PARIS.

La cathédrale de Paris offre plusieurs irrégularités, résultats presque inséparables d'une construction reprise à plusieurs époques; mais elles sont peu sensibles, sur-tout à l'extérieur. Elles n'échappent cependant pas à un œil exercé; il remarque bientôt que les deux portails latéraux n'ont pas la même largeur. Cette inégalité, qui se retrouve dans l'intérieur, doit être attribuée au terrain et au manque d'unité dans le plan. Du reste cette façade est imposante par la sévérité et l'élégance de son architecture. On aime à voir ces trois portiques ornés de bas-reliefs curieux, surmontés de niches que couronne un élégant balustre; mais on regrette qu'une inspiration fâcheuse ait taillé au milieu du portail du centre une ogive neuve et bâtarde; on regrette sur-tout que les iconoclastes de la révolution aient brisé les deux rangs de statues des portiques latéraux, et ces vingt-huit rois de France, depuis Childebert jusqu'à Philippe-Auguste, qui ornaient si élégamment les niches du premier étage. On ne voit qu'avec peine ces portes de bois dont le genre moderne contraste d'une manière désagréable avec les riches arabesques de fer dont Biscornet enrichit les portes latérales. Mais il y a du plaisir à considérer l'admirable rosace aux riches découpures et aux vitraux précieux qui colorent, dans l'intérieur du temple, les rayons du soleil; les deux arcades à doubles ventaux qui l'entourent; l'élégant péristyle dont de légères colonnes supportent les arcades trilobées, et les deux tours carrées d'une ornementation si riche, qui, percées des quatre côtés d'arcades à ogive soutenues par des faisceaux de colonnettes, et consolidées par des contre-forts, s'élèvent couronnées par un balustre à jour, à deux cent quatre pieds au-dessus du sol. Autrefois treize marches conduisaient au perron; mais le sol s'est exhaussé au niveau du monument. Toute cette façade date du 14° siècle, et fut finie vers l'année 1360.

PLANCHE CLXXIII.

DÉTAILS

DE L'ÉGLISE MÉTROPOLITAINE DE PARIS.

Sur la planche CLXXIII, le n° 1 représente le jugement dernier comme on le voyait avant 1772.

Dans la partie inférieure, deux anges placés aux deux extrémités sonnent de la trompette pour réveiller les morts; les tombeaux s'ouvrent et lâchent leurs proies. Plus haut, un ange tient la balance de la justice éternelle, et le diable, grotesquement représenté, est là tout prêt à s'emparer des ames qui seront trouvées trop légères; il appuie même sur le bassin qui est de son côté, et un diablotin, placé sous le bassin, essaie de l'attirer à lui; mais l'ange, qui veut prévenir toute supercherie, met sa main sur le bras de la balance pour rétablir l'équilibre. A droite sont conduits aux enfers, par un diable grotesque, ceux qui sont condamnés au supplice éternel, ils sont tous enchaînés; à gauche sont les bienheureux, ou, peut-être, ce que semble indiquer la première personne saisie d'effroi, ceux qui doivent être pesés; elle appréhende le sort de ceux qui, en grand nombre, ont été trouvés trop légers. Au-dessus est Jésus-Christ, la tête couverte d'une auréole de gloire; à ses pieds est le globe terrestre : ses bras relevés bénissent le monde, ou plutôt expriment son étonnement du petit nombre des élus. Deux anges sont debout à ses côtés; l'un tient la croix sur laquelle il a expiré, l'autre les clous qui ont percé ses mains et ses pieds, et la lance qui a ouvert son côté. La Vierge Marie et saint Jean à genoux implorent sa miséricorde; peut-être encore, par le geste de ses bras, il leur dit : Cessez de m'implorer, le temps de la miséricorde n'est plus; le règne de la justice commence. Le bas-relief n° 2 est tiré de la voussure de droite; l'enfer y est représenté sous la forme d'un énorme dragon, dont le ventre ouvert laisse voir une chaudière flamboyante, où les diables entassent à coups de fourche les réprouvés qui y sont précipités, la tête en bas, par la gueule de ce monstre.

N° 3. Cette suite de petits bas-reliefs, sculptés sur la porte dite de la Sainte-Vierge, représente les douze signes du zodiaque et les travaux agricoles des douze mois de l'année. A côté du Lion, un esclave est chargé d'une botte de seigle peut-être, qu'il vient de couper avec la serpette qu'il tient à la main (juillet). A côté des Gémeaux, figurés par deux femmes, un chasseur tient un faucon sur le poing (mai). A côté du Taureau, un homme, dont un bras et la tête ont disparu, semble émonder les arbres dont il foule aux pieds les branches coupées (avril). A côté du Bélier, un esclave émonde ou greffe des arbres (mars). A côté des Poissons, un homme se chauffe (février). A côté du Verseau, on peut voir à gauche un homme monté sur une montre marine, et soutenant dans sa main une espèce de globe, et à droite un usurier peut-être refusant avec dureté de secourir un malheureux tout nu, malgré la rigueur de la saison (janvier). A côté de l'Écrevisse, qui aurait dû se trouver avant le Lion, un esclave aiguise sa faux (juin). Comme le portail est consacré à la Vierge, le sculpteur s'est mis sans difficulté à la place de ce signe, et à côté est un moissonneur coupant du blé (août). A côté de la Balance soutenue par une femme, un esclave foule le raisin dans une cuve (septembre). A côté du Scorpion, un esclave ensemence un champ (octobre). A côté du Sagittaire, un porcher fait paître un troupeau de cochons (novembre). Enfin à côté du Capricorne, un homme assomme un pourceau (décembre).

N° 4. Ce bas-relief, qui représente un dragon rongeant le pied d'un arbre sur lequel sont perchés deux oiseaux, fait partie de la frise de la même porte.

N°s 5 et 6. Ces deux médaillons, placés près le portail septentrional du côté du cloître, ont rapport à la mort de la Vierge. Le n° 4 représente la sainte Vierge mourante ou morte, visitée par les apôtres ou disciples debout et consternés. Le n° 5, qui n'est que le complément du précédent, retrace les funérailles de la Vierge. Le tombeau y est figuré comme une arche que les apôtres et les disciples soutiennent sur leurs épaules. Le trait le plus remarquable sont deux mains qui, détachées d'un corps étendu à terre, sont restées miraculeusement attachées à l'arche.

Le bas-relief n° 7 est dans l'intérieur de l'église, en dehors du côté septentrional du chœur; il représente, en quatre groupes, la visite de la sainte Vierge à Élisabeth, sa cousine; les anges annonçant aux bergers la naissance du Messie, représentée dans le groupe suivant; et l'Adoration des Mages. On remarque, dans ce groupe, que le sculpteur Jean Ravy, ou son fils Jean Bouteiller, a représenté l'étoile miraculeuse par un ange porté sur des nuages. Tout l'extérieur du chœur est aussi chargé de bas-reliefs pleins de bizarreries, et qui dénotent une main peu habile; ils ne furent cependant terminés qu'en 1351. L'intérieur, orné de deux rangs de stalles bien sculptées, est presque entièrement muré par huit grands tableaux dont aucun n'est l'œuvre de nos grands maîtres.

PLANCHE CLXXIV.

PLAN ET CHAPITEAUX

DE LA CATHÉDRALE DE PARIS.

Cinq nefs, dont une grande et quatre petites, divisent le vaisseau intérieur de l'église, qui est en forme de croix. La plupart des piliers sont ronds, terminés par des chapiteaux de formes variées, ornés de différentes feuilles (bbb). De ce premier chapiteau s'élancent trois légères colonnes que terminent trois chapiteaux, d'où partent les nervures de la voûte. Dans les bas-côtés, huit gros piliers avec leurs bases et leurs chapiteaux particuliers (ccc), entourés de plusieurs colonnettes légères détachées des piliers, et laissant entrevoir des portions du chapiteau de la grosse colonne, offrent une disposition pleine de grace.

Cette église a trois cent quatre-vingt-dix pieds de long sur cent quarante-quatre de large, et cent quatre pieds de haut; aux côtés règnent trente-deux chapelles. On y compte cent vingt-huit gros piliers et cent huit colonnes, chacune d'un seul bloc. La façade est large de cent vingt pieds, et la rosace a plus de deux cents pieds de circonférence.

PLANCHE CLXXV.

VUE LATÉRALE

DE LA CATHÉDRALE DE PARIS,

COTÉ MÉRIDIONAL.

La planche CLXXV, offrant la vue du côté méridional de la cathédrale de Paris, donne lieu d'admirer l'élégance et la solidité que les architectes du 13ᵉ siècle savaient donner à leurs édifices. Quelle grace dans ces arcs-boutants décorés de pyramides légères qui, soutenant les contre-forts, préservent le monument contre les efforts des vents et des tempêtes! On voit aussi sur cette planche le portail méridional, terminé en 1257, et dont les bas-reliefs rappellent la condamnation et le martyre de saint Étienne. Indemnité offerte au saint dont on détruisit la modeste et antique chapelle pour agrandir l'église de Sainte-Marie.

PLANCHE CLXXVI.

VUE GÉNÉRALE

DE LA CATHÉDRALE DE COUTANCES.

Nous ne chercherons point si l'on doit interpréter l'ancien nom de Coutances, *Constantia Castra*, par retranchements ferracs ou continus, ou par camp de Constance Chlore; depuis long-temps cette question a été agitée et débattue, sans que la vérité soit sortie peut-être du choc des opinions; nous ne rechercherons pas non plus si Coutances fut l'ancien *Brioveris*. Nous mentionnerons seulement la fertilité de son territoire, qui serait toutefois un peu déchue, s'il fut jamais vrai qu'en une nuit l'herbe y ait poussé de près d'un pouce[1]. Cette ville eut beaucoup à souffrir dans le 14ᵉ siècle et dans le 15ᵉ de la part du roi de Navarre et des Anglais; et vers l'an 1466, Louis XI, irrité de la protection que l'évêque accorda à son frère Charles, duc de Normandie, fit raser les murs de Coutances.

La cathédrale, commencée sous l'épiscopat de Robert, trente-quatrième ou trente-septième évêque, vers l'an 1030, fut dédiée à la Vierge, par l'évêque Gaudefroy ou Geoffroy de Montbray, en 1056. Ce même évêque, qui vécut jusqu'en 1092, fit construire les deux tours du couchant et l'admirable lanterne qui s'élève majestueusement sur le transept. A ces données positives, on peut opposer de fortes objections. On a lieu d'être surpris de la rapidité de la construction, et plus encore de l'architecture ogivique qui se montre par-tout dans cette église, tandis que l'abbaye de Saint-Étienne de Caen, consacrée dix ans plus tard, est tout entière d'architecture romane. Nous répondrons à ces doutes que nous avons partagés, que dans les seize premières années de 1030 à 1056, on ne fit probablement que le chœur; on n'attendait pas, pour dédier une église, que la nef fût faite; il suffisait que le chœur fût à-peu-près terminé. La dédicace de presque toutes nos églises s'est faite avant la confection de la nef. De plus, un obstacle qui a prolongé la construction de la plupart des cathédrales, le manque de fonds, n'a point arrêté à Coutances; la comtesse Gonore, les descendants du célèbre Tancrède, tous les barons normands, et sur-tout Robert-le-Guichard (Prudent), versèrent des sommes immenses pour cette grande entreprise. Robert avait bien souvent remarqué dans la Pouille une statue élevée sur une colonne, et dont la tête était ceinte d'une couronne de cuivre; bien souvent il avait réfléchi sur l'inscription, qui portait que, au 1ᵉʳ mai, la statue aurait une couronne d'or; mais la couronne était toujours la même. Enfin un prisonnier sarrasin, *très versé ès-sciences cachées et secrets des figures*, lui apprit qu'un trésor était sans doute caché à l'endroit où, au 1ᵉʳ mai, se projetterait l'ombre de la tête. Et en effet, on y trouva une forte somme d'or. Il est hors de doute que

[1] *Si quis ad vesperam bacillum projiciat, diluculo surgens, herbido toro contectum vix intueri potest.*

Richard, sollicité par l'évêque de Coutances, lui céda volontiers une grande partie de cette trouvaille inespérée. Gaudefroy de Montbray, à son évêché de Normandie joignit plusieurs bénéfices en Angleterre après la conquête. Il put donc satisfaire l'immense désir qu'il avait d'achever la cathédrale commencée par son prédécesseur.

La réponse à la seconde objection n'est pas aussi facile. Sans doute l'arc ogivique était déjà connu et employé dans le 11ᵉ siècle; on le trouve dans plusieurs églises du midi de la France; quelques parties de l'abbaye de Fécamp datent indubitablement de la première construction sous Richard, et offrent des arcs ogiviques; mais l'ogive alors n'était pas exposée comme ornement; il semblerait que l'on ne l'eût employée alors que comme essai. On paraissait la cacher aux yeux; et nous avons remarqué des façades d'église à trois ouvertures, dont la principale est seule à plein-cintre, et les deux latérales à ogive. Il ne fallut pas moins d'un siècle pour que l'on sentît tout ce que cette architecture a de gracieux et d'élégant. Nous serions donc porté à croire que la cathédrale de Coutances, terminée par Gaudefroy de Montbray, était d'architecture romane, comme l'abbaye de Caen, avec laquelle elle a d'ailleurs beaucoup de ressemblance. Plus tard, les guerres *l'ayant moult endommagée et empirée par les pierres d'engin que les ennemis jetèrent et qui la mirent en voie de choir en ruine*, on y fit de grandes réparations et de *notables amendements*[1]. L'évêque Sylvestre de la Cervelle obtint du roi Charles V, en 1372, six cents livres d'or, et il fit ouvrir chez tous les curés une souscription pour reconstruire sa cathédrale: *Pro reficiendâ ecclesiâ Constansiensi bellis attritâ et imminutâ*[2]. Ne serait-ce pas alors que l'ogive, exclusivement employée, aurait remplacé les arcades à plein-cintre? Ce qu'il y a de positif, c'est que, dans le 11ᵉ siècle, on ne trouvera ni en France ni en Angleterre un monument d'une aussi belle architecture que la cathédrale de Coutances. Là, dès la première construction, on put admirer le bel effet de lumière produit par l'élégante lanterne qui domine la croisée. Point de voûte qui, comme à Rouen et à Bayeux, empêche la vue de pénétrer jusqu'aux plus hautes parties de la tour. Ailleurs le transept est éclairé par deux fenêtres ou rosaces pratiquées dans les portails latéraux; ici, c'est du milieu de la croisée, d'une espèce de dôme de verre que le soleil répand, entre le chœur et la nef, une lumière éclatante.

Les portes en bois sont du commencement du 16ᵉ siècle, et datent de l'épiscopat du cardinal Adrien Gouffier.

Treize statues témoignaient autrefois la reconnaissance des évêques fondateurs de l'église envers les descendants de Tancrède, qui avaient puissamment contribué à leur grande entreprise; mais depuis longtemps elles ont été détruites. Geoffroy de Montbray avait aussi fait inscrire, au haut de la voûte, les noms des autres barons qui l'avaient aidé de leurs largesses. Ces inscriptions ont disparu dans les réparations que nous avons mentionnées.

PLANCHE CLXXVII.

VUE DE LA CATHÉDRALE DE MENDE.

Cette ville était la capitale du Gévaudan, et elle présente au midi de la France l'image réelle du Nord. Mende est d'une médiocre grandeur, et peut avoir quatre à cinq mille habitants: il n'y a de remarquable que les fontaines et la cathédrale. Les peuples de cette région, du temps de Jules César, s'appelaient *Gabali*; l'ancienne capitale était Javouls, *Gabalum*, où il y avait déjà un siège épiscopal dès le commencement du 3ᵉ siècle. Saint Privat l'occupait lorsque les Vandales, sous la conduite de Crocus, envahirent et désolèrent ces contrées. Le saint évêque, pour se soustraire à leur barbarie, se réfugia dans une grotte à quatre lieues de Javouls; mais les Vandales l'y ayant découvert, l'arrachèrent de cet asile, et, l'ayant conduit à Mende, *Mimatum*, village voisin, l'y martyrisèrent vers l'an 250 de notre ère. Saint Privat fut inhumé à Mende, qui devint depuis la résidence de ses successeurs. Le pays, par héritage, tomba sous la domination des rois d'Aragon: les prélats, à cette époque, jouirent des droits royaux, et, quand ils officiaient pontificalement, on plaçait devant eux, auprès de l'autel, un sceptre d'or. Mais le roi d'Aragon ayant cédé le Gévaudan à saint Louis, l'évêque, nommé Guillaume Durand, ne pouvant résister aux rois de France, se désista de ses droits en 1316, entre les mains de Philippe-le-Long. Mende eut beaucoup à souffrir dans le 16ᵉ siècle pendant les guerres de religion; dans l'espace de trente-cinq ans, elle fut sept fois prise et reprise, et saccagée par les deux partis. Le capitaine Merle, depuis baron de Salavas, l'opprima à son tour. Les deux tours de la porte de la ville servent maintenant de prison.

La cathédrale, qui est sans contredit l'édifice le plus remarquable de cette ville, fut commencée en 1362 par le pape Urbain V, alors évêque de Mende. Elle est sous l'invocation de Marie et de saint Pierre. Les deux clochers sont très délicatement travaillés. Gravement endommagée par les religionnaires en 1580, elle fut réparée par les soins d'Adam de Heurtelou, cinquante-septième évêque, qui dépensa, avec son chapitre, plus de dix mille écus d'or; mais on ne refondit pas la fameuse cloche, appelée la Nonpareille, qui avait été convertie en canons. La nouvelle consécration de l'église fut faite, le 10 octobre 1620, par Charles de Rousseau, neveu et successeur d'Adam. Bientôt après, l'évêque Sylvestre de Marcillac enrichit sa cathédrale de peintures, de tapisseries et d'orgues; il releva l'évêché presque détruit, et fit construire à ses frais plusieurs ponts. Ce que l'on remarque le plus, c'est le magnifique clocher, construit d'un grès très fin, et avec une légèreté surprenante. Orné d'élégants balustres, de pyramides et de clochetons, percé de galeries où règnent des arcades à plein-cintre ou en ogive, il est surmonté d'une flèche octogone, ornée dans toute sa hauteur de feuilles recourbées.

PLANCHE CLXXVIII.

VUE DU CHATEAU DE LA VILLE DE CHINON.

Chinon, suivant un ancien dicton, *petite ville, grand renom, assise sur pierre ancienne, au haut le bois, au pié la Vienne*, a près de sept mille habitants; elle est dominée par un antique et vaste château, construit à différentes époques. On pense assez généralement que les tours et les premières fortifications furent élevées, vers le milieu du 10ᵉ siècle, par Thibault-le-Tricheur, comte de Champagne et de Blois, qui dut cet odieux surnom à ses violences et à ses perfidies, et dont Place a tracé ainsi le portrait:

> Thibaud fut plein d'engin, et plein fut du feintie,
> A home ni à femme ne porta amitié;
> De Franc ne de chetif n'ot merci, ne pitié
> Ne ne douta à faire mal œuvre, ne poché.

Thibault était fils d'Érichilde, sœur de Robert, grand-oncle de Hugues Capet. Les bâtiments furent augmentés par Henri II, roi d'Angleterre et comte d'Anjou, et ce prince y termina ses jours en l'année 1189.

Pendant les guerres que Charles VII fit aux Anglais, pour reconquérir ses États et les chasser de son royaume, ce monarque se fortifia dans ce château, qu'il augmenta encore. La Pucelle d'Orléans vint l'y trouver en 1428, et y fut accompagnée de Pothon-Lahire et de quelques autres des plus illustres chevaliers du temps, qui contribuèrent bientôt, avec cette fille héroïque, à la délivrance de la ville d'Orléans. On montre encore les vestiges de la chambre où la jeune fille reconnut le roi, malgré son déguisement, où elle lui révéla des choses qui n'étaient connues *que de Dieu et de lui*. On y voit aussi la tour d'Argenton, d'où partait un chemin souterrain qui conduisait l'amoureux Charles VII aux pieds de la belle Agnès Sorel, dans la maison Roberdeau. Heureux monarque, qui trouva dans sa maîtresse une ame noble et fière, et qui, pour lui plaire, fut forcé de faire le bonheur de la France!

Le site occupé par le château, dont le temps ne parviendra peut-être pas à anéantir les ruines, si la main des hommes ne lui prête sa terrible assistance, est riche et varié; la Vienne coule au pied de ses murs, et ses bords sont ornés de coteaux riants, de maisons de plaisance et de plantations agréables.

[1] Dumont.
[2] *Gallia christiana.*

PLANCHE CLXXIX.

CHATEAU DE SISTERON.

Sisteron, ancienne ville de France, est située au confluent de la Buech et de la Durance, dans le département des Basses-Alpes. Il en est fait mention dans l'itinéraire d'Antonin et dans la table théodosienne, sous le nom de *Segustro* ; on la nomma aussi *Sistaricum*, et quelquefois *Sequestero* ou *Segestero*. Son plus ancien évêque se nommait Valère ; il assista en cette qualité, en 517, au concile d'Épaume. Cette ville, maintenant chef-lieu de sous-préfecture, est bâtie au pied d'un rocher, sur la rive droite de la Durance, et communique, par un pont d'une seule arche, avec le faubourg de la Baume. La fondation de son église paroissiale, sous l'invocation de saint Marcel, remonte à l'an 1247. En 1552, Sisteron fut le théâtre de sanglants démêlés entre les catholiques et les protestants. Le comte de Sommerive éprouva sous ses remparts une résistance opiniâtre, et il se vengea cruellement des échecs que lui avaient fait éprouver les fréquentes sorties de la garnison protestante par le massacre des habitants, sans égard pour l'âge ni pour le sexe.

Le château, construit au sommet du rocher qui domine la ville, est très fort, mais si petit qu'il peut à peine contenir trois cents hommes. Le capitaine Mouvans s'y réfugiait avec ses troupes après avoir surpris, par des incursions imprévues, les soldats de Sommerive. Lorsqu'enfin la ville, après avoir repoussé cinq assauts consécutifs, ne put plus être sauvée, les diverses issues du château et les ténèbres de la nuit favorisèrent l'évasion des troupes qui l'avaient vaillamment défendue.

En 1638, le château de Sisteron servit, pendant quelque temps, de prison à Jean Casimir, depuis roi de Pologne, lorsqu'il fut arrêté, à son retour de Gênes, par le comte d'Alais. Transféré plus tard à Vincennes, il quitta la France pour aller succéder à son frère Ladislas, mort en 1648. Il devait la revoir en 1669, après son abdication. Nommé par Louis XIV abbé de Saint-Germain-des-Prés, il mourut, en 1672, à Nevers, où il tomba malade en revenant des eaux de Bourbon. Son corps a été porté à Varsovie, et son cœur déposé à Paris, dans l'abbaye qu'il avait régie. Les religieux lui élevèrent le tombeau magnifique que l'on admire encore.

CHATEAU DE MORNAS.

Le baron des Adrets, ce chef que la politique de Catherine de Médicis mit à la tête des huguenots pour opposer un obstacle aux hardis projets des Guises ; qui devint chef catholique aussitôt que le prince de Condé lui eut retiré son commandement ; cet homme dont le courage dégénéra en barbarie et en férocité, que la vengeance et la haine, bien plus que le fanatisme religieux, avaient armé et rendu toujours redoutable au parti contre lequel il combattit, s'empara, après avoir rendu une grande partie du Dauphiné le théâtre de ses expéditions effrayantes, du bourg et du château de Mornas. Les paisibles habitants ni la garnison catholique qui les défendait, ne devaient pas attendre de merci d'un capitaine qui, pour accoutumer ses deux fils à la cruauté, les avait obligés de se baigner dans le sang des victimes qu'il venait d'égorger. Aussi fit-il précipiter bon nombre d'habitants et la garnison tout entière du haut du château dans les précipices au-dessus desquels l'art l'avait suspendu. Ce château, dont il ne reste aujourd'hui que les ruines, était bâti sur un rocher escarpé au levant et au nord du bourg qu'il dominait.

PLANCHE CLXXX.

CHATEAU DE CHAMPTOCÉ.

Ce château, dont il n'existe aujourd'hui que les ruines que nous représentons, a été détruit dans le temps des guerres de religion. Champtocé était autrefois une des plus belles baronnies de l'Anjou ; ses anciens seigneurs prenaient le titre de *Princes*. Il appartenait, en 1432, à Gilles de Laval, si fameux sous le nom de maréchal de Retz : il en fit le théâtre des extravagances, des vices et des crimes monstrueux qui ont, plus que ses exploits, contribué à sa malheureuse célébrité. Il n'avait que vingt ans lorsque la mort de son père le laissa possesseur d'une immense fortune. Une belle physionomie et une instruction assez étendue pour ce temps-là semblaient lui présager un avenir fortuné, et la dignité de maréchal de France fut la récompense de ses exploits. Mais une prodigalité sans bornes, un mélange bizarre de débauche et de dévotion, ou plutôt de superstition, qui peupla sa cour d'une foule de courtisanes, et sa chapelle d'un clergé innombrable, épuisèrent enfin ses ressources. Il se jeta alors dans l'alchimie, puis dans la nécromancie. Assisté de l'infâme Prélati, plus d'une fois il offrit au diable le cœur, la main, les yeux et le sang d'un enfant qu'il avait égorgé, après avoir satisfait ses passions brutales. Les tyrans les plus féroces, dit un historien de France, qui n'ose pas donner les détails de son procès, n'ont jamais imaginé les cruautés monstrueuses qu'il mêlait à ses abominables voluptés. Il fut brûlé à Nantes, en 1440 ; on lui fit la grace de l'étrangler auparavant.

Champtocé qui, avec Machecoul, avait été le triste témoin de toutes ces horreurs, fut donné en apanage à Gilles de Bretagne, premier du nom, troisième fils de Jean V, duc de Bretagne, qui, mécontent de la part que ses frères lui laissèrent dans l'héritage paternel, quitta la cour en 1445, se retira au Guildo, et entretint avec les Anglais des liaisons que les envieux ne tardèrent pas à représenter comme des crimes d'état. Après une entrevue que François Ier eut avec le roi Charles VII, six cents Français arrêtèrent au Guildo le prince Gilles et le conduisirent à Dinan, où le duc son frère, n'ayant pu le faire condamner en justice réglée, le retint en prison. Après avoir essuyé les plus indignes traitements, l'infortuné Gilles y périt, la nuit du 24 au 25 avril 1450, étouffé, selon quelques auteurs, entre deux matelas. Champtocé était possédé, vers le milieu du 18ᵉ siècle, par le marquis d'Avangour.

PLANCHE CLXXXI.

CHATEAU D'ORGON.

La petite ville d'Orgon est située en Provence, sur la rive méridionale de la Durance, au pied d'une montagne escarpée, où se trouvent les ruines d'un vieux château-fort. On croit généralement que c'est l'ancien *Ugernum*, dont il est fait mention dans Strabon, dans l'itinéraire d'Antonin, et dans Grégoire de Tours, et qui était une très ancienne forteresse des Arlésiens ; elle fut détruite en 585 par Récarède, fils de Leovigilde, roi des Visigoths.

Le château dont cette gravure représente les ruines était, dès le 14ᵉ siècle, une prison redoutable, où les faibles ennemis des comtes de Provence expiaient dans une dure captivité le tort d'avoir été vaincus. Il fut occupé dans le 18ᵉ siècle par des augustins réformés. On n'en voit plus aujourd'hui que les ruines ici représentées.

CHATEAU D'IF.

Les rochers qui environnent l'île d'If (*Hypæa* ou *Hypeata*, *Iffi* ou *Taxi insula*), située devant le port de Marseille, sont escarpés et élevés d'environ cinquante pieds au-dessus de la surface de la mer ; la longueur de ces rochers est de cent quarante toises, et leur largeur de cinquante-cinq. Le fort qui la défend passe pour un des meilleurs de la Méditerranée ; François Ier le fit bâtir en 1529 : il consiste en un donjon de forme carrée, flanqué de quatre tours. Le pourtour de l'île est fortifié d'angles rentrants et saillants conformes à la disposition du rocher, formant une seconde enveloppe. Ce lieu n'était auparavant qu'une place semée d'ifs. L'accès de ce fort est impraticable, parce que dans le calme même il est battu par la mer qui en rend l'accès très difficile. Enfin le nom du château d'If était autrefois formidable comme ceux de Pierre-Encise, Vincennes, et autres prisons d'État. Plusieurs prisonniers célèbres y ont été enfermés ; le dernier que l'on cite est le comte de Mirabeau.

Ce château n'aurait dû être placé que parmi les monuments du style de la renaissance, mais le graveur l'ayant joint sur la planche à celui d'Orgon, nous croyons suffisant de prévenir de son déplacement.

PLANCHES CLXXXII ET CLXXXIII.

VILLE ET CHATEAU DE CLISSON.

ENTRÉE DU CHATEAU.

L'origine de la ville de Clisson est absolument ignorée. Gillard, évêque de Nantes, fut forcé, en 855, de se retirer à Guérande, et de céder à Actard son évêché avec les doyennés de Clisson et de Retz. C'est ce que nous avons trouvé de plus ancien sur cette ville; c'est aussi la première fois qu'elle apparaît dans l'histoire.

L'an 1105 il y avait à la Trinité de Clisson des moines de l'ordre de Saint-Augustin; leur maison passa aux bénédictins de Vertou, et de ceux-ci à des religieuses bénédictines, qui la possédaient encore à la fin du 18ᵉ siècle.

Une charte, en date de 1205, de l'abbaye de Villeneuve, rapporte que, l'an 1199, Gui de Thouars, époux de Constance, donna la qualité de baron à Olivier de Clisson, qui, en 1223, fit bâtir le château de cette ville, sur un rocher auprès duquel la rivière de Moine tombe dans celle de Sèvres. Cette place petite, mais forte, n'a qu'une seule entrée qui est du côté de la ville. Dès que le château fut achevé, il fit environner la ville de murailles pour la mettre en état de se défendre contre les attaques de ses ennemis.

En 1407 le connétable de Clisson, qui s'est rendu si célèbre par sa valeur et son habileté dans l'art de la guerre sous le règne de Charles VI, y fonda une collégiale dont les canonicats étaient à la nomination du baron de Clisson.

Clisson fut réuni à la couronne ducale du Berri, en 1442, par François Iᵉʳ, successeur de son père Jean V; et, vingt et quelques années après, le duc François II fit réparer le château et les murs de cette ville. En 1487 ils appartenaient à François d'Avaugour, qui les donna au roi de France Charles VIII.

Le château de Clisson s'élève sur un roc qui domine la ville; rien de plus imposant que l'aspect de ses hautes tours et de ses créneaux festonnés de lierre. On est tout étonné de trouver silencieuses les approches du donjon terrible. On redoute presque quelque piège; on craint de voir sortir tout-à-coup, à la tête de ses braves, un seigneur de haut renom, puissant par ses ancêtres, plus puissant par la force de son bras. On cherche le sang qui a dû rougir si souvent la terre, lorsque la Bretagne, divisée entre Charles de Blois et Montfort, voyait sa noblesse armée se faire une guerre cruelle; on croit voir encore empreints sur la terre les pas du coursier qui entraînait à la victoire le frère d'armes de Duguesclin, l'intrépide, mais sanguinaire Olivier de Clisson. La vue de l'espèce de prison dans laquelle il reçut le jour, les récits des historiens sur la mâle vigueur de sa mère, qui avait à venger la mort de son mari, tout alors rend croyable la barbarie du chef qui, après avoir accordé une capitulation à une garnison vaincue, se posta à la tête du pont et massacra inhumainement ceux à qui il avait promis la vie sauve. Le château de Clisson, espèce de prison et de repaire, reporte même involontairement la pensée vers ces temps de barbarie où la force était la seule loi, et où les hommes, accablés et tyrannisés par des chefs ignorants et forts, ne trouvaient de protection que dans l'autorité heureusement puissante du clergé, plus éclairé et plus humain.

Ce château, qu'a embelli en quelques parties l'architecture du 14ᵉ et du 15ᵉ siècle, a été acheté par M. le baron Lemot, qui y a fait plusieurs réparations indispensables pour sa conservation.

CHATEAU DE FRAZÉ.

Le dessinateur a si bien réussi à représenter aux yeux l'aspect général et la plus grande partie des détails de l'extérieur de cet antique château, qu'une longue description serait complètement inutile. L'eau ne baigne plus les épaisses murailles, elle ne vient plus battre le pied de l'immense et forte tour à mâchicoulis; mais les fossés subsistent encore; on devine la place du pont-levis; on mesure la hauteur de la herse; on compte les pièces de canon que pouvaient recevoir les meurtrières; et

l'imagination, suppléant au silence de l'histoire, remplit ce château d'une nombreuse et vaillante garnison luttant d'adresse et de courage contre un ennemi puissant; ou bien, se représentant des images plus douces, elle fait brandir le pavé du pont sous les pas de coursiers richement harnachés, et fiers de porter une riche châtelaine, un haut seigneur au puissant renom. Il n'y a rien de moderne dans cet extérieur imposant; tout y rappelle l'époque chevaleresque du moyen âge, où le crime hideux n'osait plus paraître sans masque, où la vaillance et la fidélité à son Dieu, à son roi, à sa belle, avaient seules l'heureuse prérogative de charmer tous les cœurs.

PLANCHE CLXXXIV.

CHATEAU DE JOSSELIN EN BRETAGNE.

Le château de Josselin est le monument de son espèce le plus entier et le plus beau qui se voie en Bretagne, et son escarpement taillé dans le roc est admirable. La patience, plus que l'art, a vaincu la difficulté qu'opposaient le travail minutieux de son architecture et l'espèce de granit dont il est construit; la devise et les armes de Rohan, prodiguées avec peu de goût sur sa façade gothique, attestent qu'il n'a pas été bâti par le connétable de Clisson, comme on le dit, mais bien par les seigneurs de la maison de Rohan. Et en effet, si nous consultons les *Mémoires de la province de Bretagne*, nous y voyons que l'an 1008 Guéthénoc, vicomte de Porohët, de Rohan et de Guéménéc, dégoûté de sa résidence de Châteautro, jeta les premiers fondements de celui de Josselin: il n'est donc pas étonnant de retrouver parmi les sculptures qui ornent le château de Josselin les armes de Rohan, dont le nom, quoique appartenant à une plus ancienne origine, ne paraît dans l'histoire que depuis 1128.

La ville et le château de Josselin furent rasés, en 1168, par Henri, roi d'Angleterre. Eudon, vicomte de Porohët et petit-fils de Guéthénoc, se réfugia à la cour de France. Il se joignit à Raoul de Fougère, qui lui aida à reprendre ses États; et, l'an 1173, il releva les ruines non seulement de la ville, mais du château de Josselin. Deux cents ans après, par contrat passé à Paris, le 21 juillet 1370, le connétable de Clisson acheta, du comte d'Alençon et du Perche, la ville et le château de Josselin, que ce prince tenait à foi et hommage du duc de Bretagne. Possesseur de ce château, Olivier de Clisson y aura sans doute fait faire des embellissements. Voilà vraisemblablement la cause qui aura fait penser qu'il en était le premier fondateur.

La façade du château n'appartient guère en effet au 12ᵉ siècle. Or, l'histoire nous apprend qu'Olivier de Clisson, après avoir été assassiné et laissé pour mort au coin de la rue Culture-Sainte-Catherine, vit bientôt tomber le crédit dont il jouissait auprès de Charles VI par l'aliénation d'esprit qui frappa ce prince au moment où il allait venger l'attentat commis contre son connétable. Dès-lors Olivier se retira dans son château de Josselin. Il protégea de son nom et de ses armes le duc de Bretagne, dont le fils devait plus tard l'attaquer et causer sa mort. Il n'est pas douteux que vers ce temps Olivier n'ait fait faire des embellissements à son château, et la forme surbaissée des arcs, terminés au milieu par une petite pointe, porte tout-à-fait le caractère du 14ᵉ siècle, où régnait le gothique fleuri. Le château de Josselin appartient de nos jours à la famille de Rohan. Un médecin du pays, intendant du duc de Rohan, l'habite, et il y a peu d'années que, pour le rendre plus *simple* et plus *régulier*, il a commencé à détruire les festons et les frises sculptés sur les pierres de granit qui forment les croisées. Déjà deux avaient subi ce vandalisme, quand on a obtenu que l'on n'irait pas plus loin.

II.

12

PLANCHE CLXXXV.

CHATEAU DE PIERRE-FONTS.

Ce château, dont les ruines imposantes sont encore pleines de majesté, date du 14ᵉ siècle, et fut construit, en 1390, par Louis, duc d'Orléans et de Valois, frère de Charles VI. Il ne faut pas le confondre avec l'antique château-fort, construit sur les ruines du cœsnum de nos rois de la première race, et dont les premiers possesseurs, les Nivelon et les Drogon, ont obtenu plusieurs pages dans notre histoire par la haute protection qu'ils accordèrent, dans le 11ᵉ et dans le 12ᵉ siècle, aux couvents et aux seigneurs du voisinage.

Le château que Louis XIII essaya en vain de détruire en 1617, et qu'il mit seulement hors d'état de servir jamais de défense, ne date que du 14ᵉ siècle, et était généralement regardé comme une merveille : aussi l'artiste chargé de peindre la galerie des Cerfs à Fontainebleau le fit-il figurer dans ses peintures. Monstrelet le nomme « un châtel moult bel et parfaitement édifié, moult fort défensable, bien garni et rempli de toutes choses appartenantes à la guerre. » Bergeron l'appelle « un des forts les plus beaux et les plus défensables fondé sur un rocher. » En effet, les tours qui avaient cent huit pieds de hauteur et les murs étaient fondés sur le roc ; et, dans les intervalles que ne couvrait pas le roc, le duc d'Orléans construisit des galeries et des caves. Ce château, qui avait quatre faces sur un plan irrégulier, occupait environ un espace de mille six cent quatre-vingts toises carrées. Les principales pierres des angles étaient unies par des crampons de fer scellés avec du plomb coulé. C'était dans la tour du milieu, du côté du sud-est, qu'était la chapelle dédiée à saint Jacques.

À la vue de ce fort jadis si redoutable, on se rappelle la barbarie et les cruautés de ce chevalier de Rieux, qui, dans le temps de la ligue, devint, de commissaire d'artillerie assez malotru, gentilhomme et gouverneur de cette forteresse, et qui devait un jour monter bien haut, dit la satire Ménippée, faisant allusion à la potence où il expia ses brigandages, après qu'il eut été pris dans une sortie par la garnison de Compiègne. On se rappelle les vains efforts du duc d'Épernon et du maréchal de Biron lui-même pour soumettre à Henri IV ce château que l'or lui valut enfin. On se rappelle encore l'habileté de Charles de Valois, chargé par Louis XIII de soumettre Pierre-Fonts, occupé par Villeneuve qui, de son château-fort, « comme une bête féroce du fond de sa tanière, faisait des incursions dans les campagnes, dévalisait les voyageurs, arrêtait et pillait les voitures publiques, et brûlait jusqu'aux chaumières. » Charles comprit que Villeneuve manquerait bientôt de provisions, et il encouragea la ridicule vanité qui le portait à multiplier ses décharges d'artillerie. Au bout de six jours, le manque de poudre força Villeneuve à capituler.

Depuis ce temps, les toitures détruites, quelques pans de murs abattus, et de larges brèches pratiquées dans ceux qu'il aurait été trop difficile de démolir, ont mis ce château hors d'état de nuire, et les curieux y peuvent visiter une ruine imposante à-la-fois par sa masse majestueuse et par les souvenirs qu'elle perpétue.

CHATEAU DE TOURNON.

Cet édifice, construit sur des rochers au bord du Rhône, a appartenu à l'illustre cardinal de Tournon, si célèbre sous le règne de François Iᵉʳ, et issu d'une famille qui subsistait avec éclat dès le règne de Philippe-Auguste. Le cardinal, passionné pour les lettres et les sciences, fonda, dans ce château, un collège qui porta son nom et qui acquit bientôt une grande réputation. Il n'en existe plus maintenant que les ruines ici représentées.

Voici le jugement que le président de Thou, dans son histoire, a porté du cardinal de Tournon. Ce fut un homme d'une prudence, d'une habileté pour les affaires, et d'un amour pour sa patrie au-dessus de tout ce qu'on peut imaginer. L'envie le chassa de la cour après la mort de François Iᵉʳ ; mais elle ne put lui retirer l'estime ni l'admiration des courtisans mêmes. Il fut, il est vrai, fortement opposé à la religion prétendue

réformée ; mais son opposition fut le résultat d'une conviction profonde, et de la persuasion où il était que la France aurait beaucoup à souffrir si la réforme venait à se propager. Ce fut lui qui porta François Iᵉʳ à retirer le passe-port qu'il avait déjà fait expédier pour Mélanchton. « Sire, lui dit le cardinal de Tournon, saint Jean, se trouvant dans un bain avec l'hérétique Cérinthe, se hâta d'en sortir ; et vous, dont la foi n'est ni aussi ferme ni aussi éclairée que celle de cet apôtre, vous voulez vous exposer à entendre argumenter le chef d'une secte ! » François Iᵉʳ goûta son conseil ; mais les guerres de religion désolèrent la France pendant bien long-temps !

PLANCHE CLXXXVI.

VUE DU CHATEAU DE BOURDEILLES,

EN PÉRIGORD.

Cet antique château, bâti sur les bords de la Dronne et situé à trois lieues de Périgueux, présente de tout côté un aspect fort pittoresque. Flanqué de grosses tours, de murs crénelés du côté de la principale place du bourg, fortifié en quelque sorte tout naturellement du côté de la rivière, ou plutôt du torrent, par d'énormes rochers, il rappelle parfaitement les demeures des seigneurs du 13ᵉ, du 14ᵉ et du 15ᵉ siècle. A des époques plus rapprochées de nous, ce manoir fut agrandi ; on y éleva une façade régulière du côté de la rivière, en conservant toutefois une immense salle gothique, décorée de tentures et de plafonds peints, qu'on appelle la Salle des États. Ce château perdit alors de ce côté un peu de cet aspect sévère et noble, mais il y gagna de belles terrasses ombragées d'arbres qui descendent insensiblement jusqu'au bord de l'eau. Un beau pont fut élevé sur la Dronne tout près de ces mêmes terrasses, et bâti au 16ᵉ siècle. Il fut si bien fait, que de nos jours il est dans un état parfait de solidité.

Pierre de Bourdeilles, connu sous le nom de Brantôme dont il était abbé, naquit dans ce château en 1527. La haute faveur dont le combla Charles IX l'attira et le fixa long-temps à la cour où il put étudier les mœurs, époque de transition entre la chevalerie et la société nouvelle qui se forma plus tard. Moins favorisé par Henri III, il se retira dans sa terre de Bourdeilles, et mit à profit sa retraite en composant ses ouvrages qu'il a su parfaitement apprécier, lorsqu'avec sa franchise habituelle il a dit : *Les imprimeurs donneront plutôt pour les imprimer qu'ils ne voudront recevoir ; ils en impriment plusieurs gratis qui ne valent pas les miens.*

Le recueil de ses œuvres comprend la vie des hommes illustres et des grands capitaines français et étrangers ; des dames illustres et des dames galantes ; des anecdotes touchant les duels et les rodomontades des Espagnols. Quant à l'auteur, il fut, comme il le dit lui-même, homme de bien, d'honneur et de valeur. Plusieurs de ses compagnons, ajoute-t-il, non égaux à lui, le surpassaient en bienfaits, états et grades, mais non jamais en valeur ni en mérite... Cet éloge est tiré de l'épitaphe qu'il voulut que l'on mît sur sa tombe. Il mourut le 5 juillet 1614, âgé de quatre-vingt-sept ans, laissant un petit-neveu, Claude de Bourdeilles, qui hérita de ses talents, et dont nous avons des mémoires curieux, connus sous le nom de *Mémoires de Montrésor.*

PLANCHE CLXXXVII.

VUE DU VILLAGE DE VAUCLUSE.

Ce village précède et annonce la gorge qui renferme la célèbre fontaine de Vaucluse (*Vallis Clausa*), si connue par les noms illustres de Laure et de Pétrarque. On voit la simple église de ce pays, qui est surmontée d'une ruine désignée sous le nom de *Château de Laure et de Pétrarque,* appartenant jadis à la maison de Sade, et depuis aux évêques de Cavaillon. Ce fut à une petite ville peu distante de là, et nommée l'Isle, que, le jour du vendredi-saint 1327, Pétrarque vit, pour la première fois, à l'église, la fille d'Audifret de Noves, et qui épousa depuis Hugues de Sade, seigneur de Saumane, la belle Laure à la robe verte parsemée de violette, à la démarche d'une déesse, aux yeux tendres et brillants, aux sourcils noirs et aux cheveux couleur d'or. Cette belle était de la seconde Cour d'Amour qui, au 14ᵉ siècle, présidée par la tante de Laure, la célèbre dame de Gantelme, se tenait à Sorgues et à l'Isle, et où Pétrarque lisait ses charmantes poésies, que la conformité de la langue italienne et provençale faisait comprendre et admirer dans ces réunions si célèbres des plus beaux esprits du siècle.

PLANCHE CLXXXVIII.

VUE GÉNÉRALE DE LA VALLÉE DE VAUCLUSE.

Ce site explique parfaitement l'étymologie du nom de Vaucluse (*Vallis clausa*). Le spectateur ne découvre de tous côtés que d'arides rochers et quelques arbres qui bordent la route tortueuse qui conduit à la fontaine. A droite, des saules croissent au bord de la rivière, dans une prairie où l'on voit les bâtiments de plusieurs manufactures qu'ils ombragent. L'antique château, dit improprement *de Laure et de Pétrarque*, couronne de ses ruines pittoresques des rochers nus et escarpés qui ceignent la prairie, et le fond de la vallée est fermé par une roche immense qui s'élève, presque perpendiculairement, à une excessive hauteur. Au pied de cette roche se trouve l'espèce de puits ou trou si renommé sous le nom de *Fontaine de Vaucluse*. L'eau y croît et décroît; et quand elle atteint à la hauteur d'un figuier sauvage qui la couronne, alors elle déborde et produit des cascatelles très pittoresques, en se précipitant, par plusieurs sauts, dans le lit de la Sorgues, dont elle est la source. La fontaine de Blanduse, célébrée par Horace, ni aucune de celles d'Italie, n'offrent une eau plus limpide et plus pure; sa fraîcheur égale sa transparence, qui est telle, que l'œil distingue au fond les cailloux et les poissons qui y nagent en tous sens. Près de la fontaine, les eaux sont si abondantes et tellement à fleur de terre, qu'il suffit de la gratter et d'en découvrir la superficie avec un bâton pour en faire sortir autant de sources vives qui se répandent de tous côtés. On rapporte que plusieurs légats d'Avignon ont vainement tenté d'en faire sonder la profondeur. Tous ces rochers mélancoliques qui entourent la vallée sont d'un ton gris cendré; mais quand il s'en détache quelque fragment ou qu'on y fait quelque écorchure, la roche vive est d'un ton rougeâtre très ardent. En 1806, le département de Vaucluse a fait ériger, près de la source, une colonne dorique à la mémoire de Pétrarque. Tel est ce lieu, célèbre sur-tout par les vers qu'il a inspirés à ce fameux poëte, et qu'il inspire chaque jour aux nombreux voyageurs de toutes les nations qui, au retour de la fontaine, couvrent de leurs écrits, en toutes les langues, les murailles des hôtelleries voisines.

PLANCHE CLXXXIX.

DÉTAILS DE L'ANCIENNE CHARTREUSE,

A DIJON.

C'est un monument bien précieux que ce piédestal qui, au temps de la splendeur de la chartreuse de Dijon, supportait une croix de pierre richement ornée. Les Vandales de 1789 ne l'ont pas exceptée de la proscription; heureusement ils n'ont pas tout détruit, et l'on peut encore admirer les statues des prophètes sculptées par le Hollandais Claux-Sluter, auquel l'abbé de la chartreuse accorda *une chambre près du réfectoire, pour qu'il y eust sa demeurance et aisance pour lui et son varlet.... et chascun jour de la sepmaine une pinte et demie du vin du couvent, mesure de Dijon, et pareillement sa pitance comme l'un des chanoines.*

La postérité a confirmé l'estime de l'abbé pour le célèbre *Ymaigier*, et l'on ne sait trop ce que l'on doit le plus admirer, ou la facilité des attitudes, ou la force de l'expression, ou le mouvement des personnages, qui tous portent un caractère de grandeur et de vérité qu'on ne retrouve pas toujours dans les ouvrages du 14ᵉ siècle.

Ce monument, commencé en 1396, ne fut achevé qu'en 1402. Les amis des arts croyaient n'avoir plus rien à redouter de la main des hommes pour les ruines précieuses de la Chartreuse, lorsque le 24 juin de cette année ils s'aperçurent avec douleur qu'un malfaiteur

avait brisé, au portail de l'église, le dais gothique sous lequel est agenouillée la statue de Philippe-le-Hardi, mutilé cette belle figure et rompu entièrement les mains, comme l'avaient été, dans les temps révolutionnaires, celles de la duchesse placée vis-à-vis la statue du duc. On ne peut trop déplorer de semblables excès, dont on chercherait en vain, même le motif.

PLANCHE CXC.

VUE GÉNÉRALE DE L'ÉGLISE DE THANN.

(HAUT-RHIN.)

Les pieuses fictions des légendes, des traditions merveilleuses et les récits de l'histoire, donnent à la ville de Thann une illustration à laquelle ajoute encore la beauté de son église. Thann n'existait pas encore, que déjà la vaste plaine de cailloux et de sable qui s'étend de l'endroit où il est assis, à Cernay, rappelait par son nom de *Rotfeld* ou *Rothenfeld* (le champ Rouge), qu'une grande action y avait eu lieu; de plus, la crédulité se plaisait à répéter que de nombreuses armées étaient endormies dans de vastes cavités; car tout dans ces lieux réveille le triste souvenir des temps où Louis-le-Débonnaire, indignement trompé par ses fils rebelles et par Grégoire IV, trouva dans leur camp une dure captivité, au lieu des honneurs que les perfides lui avaient promis. Le nom de *Lugenfeld* (champ de Mensonge), donné à une partie de cette plaine, vient à l'appui des documents fournis par l'histoire; il rappelle l'ambition égoïste des trois princes qui avaient séduit bon nombre de seigneurs par l'espoir d'une sage et utile réforme, et qui, suivant l'expression du fameux abbé de Corbie, Wala, songèrent à tout, excepté aux intérêts de Dieu et à ceux des gens de bien.

Ce fut dans ces sites ombragés par de noirs sapins qu'un serviteur de saint Thiébaut, évêque d'Ombrie, passant vers la fin du 12ᵉ siècle, ne put, malgré ses efforts, retirer de terre un bâton qu'il y avait fiché, et dans la pomme duquel il avait mis l'anneau et le doigt du saint évêque. Le seigneur de Ferrette, de son château d'Engelberg, vit au même instant trois flammes miraculeuses s'élever de la cime des arbres, et, par ses ordres, une chapelle fut construite à l'endroit où avait été déposée la précieuse relique. Une procession, où l'on ne manquait pas de mettre le feu à trois bâtons garnis de matières combustibles, rappela long-temps l'origine merveilleuse de Thann. Ce ne fut cependant qu'à la fin du 14ᵉ siècle que la ville fut entourée de murailles et flanquée de tours. Elle battit monnaie jusqu'en 1624; les Anglais, les Autrichiens et les Suédois la dévastèrent à différentes époques.

Du reste, ce que ses annales offrent de plus monstrueux, c'est une foule d'exécutions de prétendus sorciers, accusés d'empoisonner les sources et de nuire par des maléfices aux bestiaux et aux blés. Ces atroces exécutions furent sur-tout fréquentes vers la fin du 16ᵉ siècle et dans les vingt premières du 17ᵉ.

L'église dont notre gravure donne un aperçu fidèle, porte évidemment l'empreinte de constructions de différentes époques. Elle paraît avoir été élevée dans le 14ᵉ siècle, sur les plans d'Erwin de Steinbach, architecte de l'église de Strasbourg; mais le portail du nord et la tour ne datent que du 15ᵉ siècle; la belle flèche octogone qui couronne si noblement la tour est du 16ᵉ siècle, et fut construite par Remi Walch.

Comme on le voit sur la gravure, le portail occidental est composé de deux étages; le premier, élevé sur un perron et occupé par un immense arc ogivique, se subdivise en deux portes également ogiviques, et séparées par une statue de la Vierge; un seul rang de figurines, appuyées sur des consoles, est attaché aux voussures des arcs inférieurs, et trois rangs à celles de la grande arcade. Le fond est rempli par cinq rangs de bas-reliefs où l'on peut reconnaître une espèce de calendrier. Au deuxième étage, en avant d'une fenêtre à plein-cintre, est représenté le Père éternel, accompagné de saints et de saintes. Le fronton triangulaire qui termine l'édifice offre à sa base une élégante balustrade, et à son sommet une belle pyramide à crochets élevée sur quatre clochetons bien travaillés.

Le défaut de ressemblance dans les deux contre-forts du portail fait soupçonner une reconstruction opérée peut-être à l'époque où l'addition de la balustrade nécessita un escalier. Le portail du nord, qui offre de beaux encadrements, et les fenêtres des côtés plus ornées que les ogives trilobées de la nef, semblent indiquer une date plus récente.

Quant à la tour, la première pierre en fut posée en 1430, et l'on remarque qu'à cette époque le vin était à si bon marché en Alsace, que les ouvriers l'employaient au lieu d'eau pour la maçonnerie. Les trois étages d'une ornementation différente sont tous également remarquables ; mais ce qui surpasse tout éloge, ce que la gravure fait bien mieux sentir que ne pourrait le faire notre description, c'est cette flèche admirable, taillée à jour et d'un si bel effet par ses crochets et sa transparence, dont Remi Walch a couronné la tourelle octogone évidée qui s'élève au-dessus de la tour carrée. Commencée en 1506, elle fut posée dix ans plus tard. Les cages d'escalier s'arrêtent à la naissance de la flèche, et ne permettent point, comme à Strasbourg, de monter jusqu'au haut. Nous avons décrit ce qu'offre la gravure ; mais, pour être exact, nous devons ajouter que le côté méridional est loin de répondre à l'élégance de celui que nous avons envisagé ici ; l'intérieur n'a d'ailleurs aucun mérite.

PLANCHES CXCI ET CXCII.

CATHÉDRALE DE BOURGES,

FAÇADE PRINCIPALE.

PORTIQUE LATÉRAL (CÔTÉ DU MIDI) ET PLAN.

Il en est des villes comme des hommes, plus elles sont anciennes, plus leur histoire offre de jours de deuil à décrire. Bourges est une de nos plus anciennes villes, et bien triste serait le tableau de ses souffrances. Que de sièges, que de maladies contagieuses, que d'incendies l'ont ravagée et presque anéantie depuis le gouvernement d'Ambigat jusqu'à nos jours ! Alors c'était un surcroît de population qui porta Bellovèse et Sigovèse à quitter leur patrie, et à chercher dans la Germanie et dans l'Italie un peu de gloire, beaucoup de fatigues et de grands revers. Plus tard, Bourges fut de nouveau abandonnée par ses habitants ; mais cet abandon lui fut plus fatal ; ils trouvèrent dans d'autres contrées des demeures qu'ils adoptèrent, à défaut de leurs fabriques brûlées en 1487. Entre ces deux époques, dominée et asservie par César et des légions qui avaient à venger leurs compatriotes égorgés à Orléans ; par les Visigoths ; par les Francs, vainqueurs à Vouillé ; par les Poitevins et les Tourangeaux ; soumise à l'autorité du roi de France, Clotaire II, assiégée par Pepin-le-Bref, saccagée par les Normands, puis abandonnée à des comtes ; vendue par l'un d'eux soixante mille sols d'or, en 1100 ; à moitié brûlée en 1353 ; assiégée en 1412 par le duc de Bourgogne ; elle offrirait à l'historien une longue suite de calamités au milieu desquelles se perdraient quelques jours de réjouissances. On ne la trouvera pas plus heureuse depuis 1487 ; le siècle suivant la vit horriblement saccagée par les protestants, et la vengeance que les catholiques exercèrent en 1572 n'est qu'un surcroît de deuil. L'esprit s'indigne, le cœur est brisé à la pensée que des citoyens de Bourges ont pu réunir dans les cours de l'archevêché tous leurs frères partisans de la réforme, et les égorger impitoyablement aux jours de douleur éternelle.

La peste acheva la désolation ; et, en 1583, elle enleva plus de cinq mille personnes. Mais laissons là ces souvenirs déchirants, trouvons des pensées plus gaies et plus consolantes dans la description de la magnifique cathédrale de cette ville, chef-d'œuvre du 14ᵉ siècle.

La cathédrale de Bourges, comme la plupart des vastes basiliques, a été en construction plusieurs siècles, et les divers architectes qui y ont travaillé n'ont pas suivi un plan uniforme ; l'aspect seul de l'édifice le démontre. Commencée dans le 9ᵉ siècle, sous l'empire de Charlemagne, elle fut élevée sur l'ancienne église que Léocade, gouverneur des Gaules, avait donnée généreusement aux chrétiens de Bourges, et que saint Palais, neuvième évêque de ce siège, avait relevée vers l'an 380. L'église souterraine reste seule peut-être des travaux exécutés dans le 9ᵉ siècle ; encore paraît-elle avoir été restaurée dans le 11ᵉ, alors que l'évêque Gauslin, aidé des libéralités de Robert-le-Vieux, fit travailler avec un nouveau zèle à sa cathédrale, et acheva les deux portiques latéraux. La planche CXCII représente celui du midi ; presque semblable à celui du nord, il a moins souffert des ravages des protestants, et il paraît avoir été mieux soigné. Au milieu du tympan du fronton, Jésus-Christ, assis, et tenant d'une main le livre des Évangiles, semble dire : *Ego sum via, veritas et vita.* Les quatre évangélistes sont figurés à ses côtés par les quatre symboles, le lion, le bœuf, l'aigle et l'homme, tous quatre ailés et d'une forme bizarre. Quatre grands bandeaux, sur lesquels sont sculptés des anges en adoration, des saints et des saintes déroulant sur leurs genoux des bandelettes avec diverses inscriptions, des enroulements, des fleurons, des oves et des feuilles, etc., portent sur les chapiteaux des quatre colonnes qui s'élèvent des deux côtés de la porte. Le pied de ces colonnes est chargé de divers ornements empruntés au règne végétal, et surchargés de figures bizarres ; trois statues, alongées sans goût, mais remarquables par les costumes du temps, forment les fûts ; et les chapiteaux se composent de villes, de tourelles et d'animaux monstrueux dont on admire non le bon goût, mais le travail. Le fût de la quatrième colonne est, comme le quatrième bandeau, chargé de fleurons. Sur le trumeau de la porte, s'élève une grande statue que l'on croit être celle de saint Guillaume, et au-dessus sont sculptés, en très petite dimension, les douze apôtres tenant un livre à la main et enfermés dans de petites niches, qu'une colonne sépare, et que couronne un arc à plein-cintre, surmonté de fortifications.

Il est curieux, en suivant ce monument, de voir, par la comparaison de ce portique avec le portique principal, les immenses progrès que fit l'architecture en quelques siècles. Ici (planche CXCI), tout est simple et majestueux ; on est frappé à la vue de ce magnifique perron sur lequel s'élèvent cinq portiques de dimensions différentes, mais tous également remarquables ; il y a quelque chose d'imposant dans cette largeur de cent soixante pieds, sur une élévation de près de deux cents pieds. Mais l'œil qui admire la noble tour du Nord, bâtie au commencement du 16ᵉ siècle par le cardinal Gohier, regrette que la chute de la tour de Saint-Étienne n'ait pas été suivie de celle de la vieille tour sourde ; car il ne voit qu'avec peine l'énorme pilier et l'arcade voûtée dont on l'a soutenue ; l'habile construction de cette arcade ne rachète pas ce que sa lourdeur a de disgracieux. Les cinq portiques sont ornés, dans le tympan et le long des bandeaux des arcs, de bas-reliefs et de sculptures dont le travail indique les époques différentes. Il est facile de reconnaître, dans le martyre de saint Étienne et dans la mission de saint Ursin, baptisant le fils de Léocade, gouverneur des Gaules, un progrès étonnant, si l'on compare ces sculptures à celles des portiques latéraux ; mais la différence n'est pas moins sensible, si l'on considère la vie de la Vierge et son Assomption sculptées dans les portiques qui sont au-dessous de la tour Neuve ; là le bon goût se trouve joint au fini de l'exécution.

Le portique du milieu a pour bas-relief le jugement dernier, thème général du 13ᵉ siècle ; à la voix des anges, au son de leurs trompettes, les tombeaux s'ouvrent, la mort lâche sa proie ; Jésus-Christ sépare les bons d'avec les méchants : ceux-ci, tourmentés, torturés par des diables hideux vont gémir dans des flammes que rien n'éteindra ; ceux-là, rayonnants de joie, entonnent le cantique de louange qui ne finira jamais. Tel était presque sans exception le sujet que les évêques faisaient sculpter, dans le 13ᵉ et le 14ᵉ siècle, sur la façade des églises pour exciter le zèle de la religion par la crainte des supplices ; mais ce que l'on a peine à concevoir, c'est l'indécence de certaines figures, les postures licencieuses des diables. La piété de nos ancêtres était donc bien indulgente !

Les contours de la voussure ogivale de ces portiques sont ornés de rangées de statues plus ou moins nombreuses ; sur les six du principal on remarque les séraphins avec quatre ailes, les anges avec deux, les patriarches et les prophètes, puis les apôtres et une foule de saints et de saintes, image de la cour céleste. Les culs-de-lampe sur lesquels sont posées toutes ces statues et les petits dais qui les couronnent sont d'un travail vraiment remarquable. Des roses diversement découpées ornent le fronton triangulaire qui sert de couronnement aux portiques ; il est bien à regretter que les ravages des guerres de religion aient détruit la longue suite de statues qui remplissaient les niches inférieures.

A partir du premier étage, sur l'extrados des voussures, s'élèvent deux tourelles carrées, renfermant un escalier à vis, et dont l'une a conservé la petite lanterne évidée qui lui sert d'amortissement : l'incendie de 1559 a détruit celle du nord. Il était difficile de mieux remplir le milieu de ces tourelles que par ces deux grandes croisées aux riches divisions, et par la belle rosace de quatre quarts de cercles différents ;

la belle galerie qui lie les deux tourelles, et la rose à six compartiments variés, décorent aussi assez bien le fronton triangulaire de la toiture de la nef.

La tour du Midi, appelée aussi *Vieille Tour* ou *Tour Sourde*, date du 13ᵉ siècle, et a cent cinquante-huit pieds de hauteur. Long-temps, dans les cachots pratiqués dans les soubassements de cette tour, gémirent les victimes d'un zèle peu éclairé, confondus avec les brigands dont le chapitre réprimait la férocité. Cette tour est flanquée de quatre contre-forts, dont un, qui renferme un escalier en spirale, est surmonté d'une lanterne circulaire. La toiture pyramidale qui sert d'amortissement à cette tour ne date que de l'an 1521.

Mais la partie la plus remarquable de la cathédrale de Bourges, c'est sans contredit la tour Neuve, dite aussi tour de Beurre, parcequ'elle fut élevée, comme celle de Rouen, du produit des dons que firent les fidèles pour obtenir la permission de manger du beurre et du lait pendant le carême. La Vieille Tour offre le style ogivique naissant, et la tour Neuve est un chef-d'œuvre de ce même style au commencement du 16ᵉ siècle. En 1506, la tour de Saint-Étienne, commencée en 1490, et achevée depuis trois mois à peine, tomba *par un fondement mal pris*, dit une inscription qu'on lit encore. Antoine Bohier, dit le moine rouge, était alors archevêque de Bourges, et il chargea Guillaume Bellevoisin de construire une nouvelle tour. L'habile architecte entreprit de marquer dans cet édifice le point où était parvenue l'architecture, et, dans les quatre étages dont il rapetissa successivement les dimensions, il réunit toute la richesse de l'architecture arabesque et la solidité de l'architecture romaine, à laquelle dès-lors on revenait. Il fortifia les quatre faces de sa campanille, percée à jour, de deux corps montants, qu'il diminua à mesure qu'il les élevait, et qu'il décora d'ornements pyramidaux, de culs-de-lampe élégants, de dais aériens, de rinceaux délicats, de riches découpures, de galeries évidées; il n'épargna rien pour donner la plus grande légèreté et la plus grande beauté à sa tour, haute de cent quatre-vingt-dix-neuf pieds jusqu'à la plate-forme, qu'il lui donna pour amortissement, et de deux cent vingt-un jusqu'au pélican qui domine l'horloge. Cette belle tour fut terminée en 1538. Le 9 octobre 1651, Louis XIV voulant remercier de vive voix les habitants de Bourges qui ne s'étaient pas laissé entraîner à la guerre civile par le duc de Condé, fit son entrée solennelle dans cette ville, et monta jusqu'au haut de la tour Neuve, d'où il put admirer le plus vaste et le plus riche horizon.

L'intérieur de l'église (*voir* la planche CLXXI), longue de trois cent quarante-huit pieds sur cent vingt-trois de large, n'est pas moins remarquable. Nous ne ferons que signaler la nef principale de cent quatorze pieds d'élévation, et les quatre collatérales moins élevées; les cinquante-neuf grandes croisées qui éclairent l'édifice, et dont les vitraux, du 12ᵉ siècle pour la plupart, ne laissent pénétrer dans l'intérieur qu'une lumière sombre et mystérieuse; les stalles du chœur, habilement sculptées; l'élégante sacristie que Jacques Cœur, argentier de Charles VII, fit construire à ses frais, en 1446. Nous signalerons encore une horloge de Jean Furoris, de 1423, réparée en 1822; et sur-tout l'église souterraine, où l'on voit le tombeau de Jean Iᵉʳ, duc de Berri, et frère de Charles V; la statue du maréchal de Montigny, et un saint sépulcre, ouvrage du 14ᵉ siècle.

PLANCHE CXCIII.

CATHÉDRALE DE STRASBOURG.

Fondée ou plutôt agrandie et fortifiée par Drusus, beau-fils d'Auguste, l'antique Argentoratum ou Tribocum fut long-temps une place frontière, et défendit les possessions des Romains dans les Gaules. Mais en vain Julien y vainquit les Germains commandés par Chnodomare, tua soixante mille hommes et en noya autant dans le Rhin (nombre toutefois fort exagéré par les historiens); en vain Gratien, Anitius et d'autres empereurs cherchèrent à conserver cette cité; l'opiniâtreté des barbares les en rendit maîtres enfin, et ils ne la cédèrent qu'à Clovis, vainqueur à Tolbiac. Strasbourg dès-lors fit partie du royaume d'Austrasie. La dépendance lui pesa plus tard, et ses habitants, enhardis par leur force, s'érigèrent en république. Quelquefois ennemie, sou-

vent alliée des empereurs d'Allemagne, la république de Strasbourg, d'abord aristocratique, puis démocratique, fut souvent utile aux États voisins, qu'elle secourut contre les usurpations; ses soldats se distinguèrent sur-tout aux journées de Granson et de Nanci, combattant pour la Suisse contre Charles, duc de Bourgogne.

Louis XIV la soumit enfin en 1681; mais Strasbourg garda la plupart de ses privilèges, et n'entra dans le droit commun de la France qu'en 1789.

L'église cathédrale de cette ville est peut-être le monument religieux le plus extraordinaire que l'on connaisse. On s'accorde à attribuer au roi Clovis la construction de la première cathédrale, sous l'invocation de la sainte Vierge. Quelques traditions ajoutent que cet édifice ne fut terminé que par le roi Dagobert Iᵉʳ. Il a subsisté jusqu'au commencement du 11ᵉ siècle, époque à laquelle il fut pillé par Hermann, duc de Souabe et d'Alsace. En 1007, cette église fut réduite en cendres par le feu du ciel. Recommencée en 1015, elle aurait été bientôt achevée, si les ouvriers y avaient travaillé en aussi grand nombre et avec autant de zèle que les treize premières années; car, si l'on en croit les chroniques, ils étaient plus de cent mille, et se contentaient pour salaire de pain, de racines et d'indulgences; mais l'ardeur se ralentit, et l'église ne fut terminée qu'en 1275. La première pierre du portail de l'édifice actuel fut posée en 1277, et cette construction fut commencée par l'architecte Erwin; le monument, tel que nous le voyons aujourd'hui, ne fut terminé qu'en l'an 1439, après plus de quatre siècles de travaux. Dans les 16ᵉ et 17ᵉ siècles des dommages considérables causés par la foudre forcèrent à de grandes réparations de la flèche, qui fut rétablie chaque fois dans son état primitif, à peu de chose près.

La façade principale est décorée de trois portails riches de sculptures, de nombreuses statues, de curieux bas-reliefs et d'élégantes colonnettes. Une porte en bois a remplacé les belles portes d'airain, converties pendant la révolution en monnaie de billon. Au premier étage de la tour on remarque une magnifique rosace de près de cinquante pieds de diamètre, aux découpures les plus délicates, et dont les vitraux peints de diverses couleurs donnent mille nuances variées aux rayons de lumière qui éclairent l'intérieur de la basilique. A cette hauteur aussi sont, sous des dais élégants, les statues équestres de Clovis, de Dagobert, de Rodolphe de Hapsbourg et de Louis XIV.

Le deuxième étage est percé de huit croisées ogivales surmontées d'un fronton triangulaire très aigu, et est terminé par une belle balustrade. Les niches actuellement vides renfermaient autrefois les statues du Christ, de Marie et des apôtres. La tour du Midi n'a pas été élevée plus haut, et s'arrête à cette hauteur d'environ deux cents pieds. Mais la tour du Nord, de forme octogone et flanquée de quatre légers escaliers tournants, s'élève avec une hardiesse étonnante. Presque entièrement à jour, elle laisse le visiteur incertain, s'il doit le plus admirer ou le travail étonnant de ses ornements ou sa légèreté inconcevable. La coupole, aussi richement travaillée que le reste, est couronnée par une lanterne à jour qui supporte une croix de près de cinq pieds quatre pouces de hauteur.

PLANCHE CXCIV.

COTE MÉRIDIONAL

DE LA CATHÉDRALE DE STRASBOURG.

Cette planche, qui représente le côté méridional de la cathédrale, fait mieux ressortir encore la majesté et les détails admirables de cette belle flèche, qui, haute de cent quarante-deux mètres onze centimètres, ou quatre cent trente-sept pieds six pouces, n'a guère que trois mètres d'élévation de moins que la plus grande pyramide d'Égypte, et qui après elle est le plus haut édifice du monde.

L'intérieur ne répond pas à la rare beauté de l'extérieur. La nef, longue de trois cent cinquante-cinq pieds, et large de cent trente-deux, n'a pas même soixante-douze pieds de haut. Les piliers sont trop colossaux, et le chœur sur-tout semblerait construit dans des temps bien antérieurs. Mais il y a cependant deux parties bien remarquables, et que nous avons reproduites sur la planche suivante; c'est le pilier des Anges et la chaire.

PLANCHE CXCV.

PILIER AUX ANGES ET CHAIRE.

Le pilier des Anges, près de l'horloge, soutient toute la voûte de la magnifique cathédrale de Strasbourg, et mérite une attention particulière. Au bas de ce pilier, à dix ou douze pieds de hauteur, sont les quatre évangélistes; au milieu quatre anges avec des trompettes; plus haut quatre autres, dont l'un tient une croix et l'autre une couronne. Au pied on voit à un coin, vis-à-vis le chœur, la plus petite pierre de tout l'édifice.

La chaire, d'une construction singulière, est de pierre, d'une sculpture ou plutôt d'une ciselure extrêmement délicate, et fait le plus grand honneur au ciseau des artistes du 15ᵉ siècle. La beauté et la diversité des figures dont elle est ornée méritent une attention particulière.

On voit d'abord sur le devant un crucifix, la sainte Vierge et saint Jean; les douze apôtres autour, et quelques anges avec les instruments de la Passion de Notre Seigneur; au pied les quatre évangélistes, quelques martyrs et les Pères de l'église.

Cette chaire fut construite, en 1486, par l'habile Jean Hammerer, pour lors architecte de la cathédrale. L'an 1521 elle fut entourée d'un balustre, et on mit une porte à l'escalier. Le chapiteau qui la couvre, et qui est un ouvrage en bois, est de *Conrad Cullin* et de son fils, tous deux maîtres menuisiers. Il est de 1617.

Le mouvement de l'horloge, qui représentait le mouvement de la terre et des cieux, et indiquait à-la-fois les heures du jour et les phases de la lune, chef-d'œuvre du 16ᵉ siècle, a été dérangé depuis long-temps.

PLANCHES CXCVI ET CXCVII.

CATHÉDRALE DE ROUEN.

L'obscurité des siècles voile l'origine de Rouen, et il serait superflu d'exhumer d'anciennes fables qui ne peuvent pas même soulever des doutes raisonnables. Nous ne parlerons pas plus de Rouen métropole de la deuxième Lyonnaise, et chef-lieu des *Veliocasses*. C'est aux ducs de Normandie que commence l'illustration historique de cette ville, qui abandonna alors son ancien nom de *Rothomagus*. Le traité de Saint-Clair-sur-Epte forma de la Neustrie le duché de Normandie, et Rouen en fut la capitale. Soumise pendant près de trois siècles à ses ducs tout-puissants, qui fondèrent en Angleterre une royauté nouvelle, la ville de Rouen reconnut, en 1204, avec la plus grande partie de la Normandie, l'autorité de l'heureux vainqueur qui devait bientôt cueillir de nouveaux lauriers dans les plaines de Bouvine. Les rois d'Angleterre semblent n'avoir détaché quelques années Rouen du royaume de France que pour y faire abhorrer leur commandement, par l'assassinat juridique de l'immortelle Jeanne d'Arc. A défaut du bras de cette guerrière, les pressantes instances d'Agnès Sorel délivrèrent la France du joug de l'étranger, et la Normandie fut pour toujours réunie à la couronne. Dans cette *cité très riche, pleine de nobles hommes, et le chef de toute la Normandie*, maintenant chef-lieu de préfecture du département de la Seine-Inférieure, deux édifices sur-tout attirent l'attention de tous les amis des arts : c'est la cathédrale et l'abbaye de Saint-Ouen. Nous sommes heureux d'en donner la gravure fidèle, et d'avoir fait dessiner la belle flèche de la cathédrale avant que le feu du ciel l'ait détruite, en 1822.

Tous les historiens sont d'accord pour attribuer à saint Mellon (260-311) l'érection ou du moins la consécration de la première chapelle à Rouen. Ils se réunissent encore pour placer cette chapelle sur une portion de terrain occupée aujourd'hui par l'église cathédrale. Désigner l'emplacement serait impossible sans doute; mais il faut nécessairement l'aller chercher dans la partie la plus septentrionale de l'édifice, dans la tour de Saint-Romain, dont la base est probablement le reste de l'une des églises qui se sont succédé en cet endroit, et qui présente la partie la plus ancienne de l'édifice. Les divers évêques, jusqu'à saint Ouen inclusivement, auront successivement ou agrandi ou rebâti le

petit temple de saint Mellon. Saint Victrice et saint Ouen auront sur-tout contribué à ces agrandissements ou reconstructions. Le premier de ces deux prélats est en effet connu par de nombreuses fondations en ce genre, et il est dit positivement du second qu'il orna et enrichit la *mère-église* plus que tous ceux qui l'avaient précédé dans l'épiscopat. La cathédrale se sera maintenue dans l'état où saint Ouen l'avait mise pendant les cent cinquante-huit années qui suivirent la mort de cet archevêque, de 683 jusqu'en 841, époque où les Normands s'emparèrent de Rouen sous la conduite d'Oscher ou Ogier.

La cathédrale fut alors, selon toute apparence, pillée et dépouillée de ses riches ornements, mais elle ne fut point renversée; ou bien il faudrait supposer, ce qu'il n'est guère possible de croire, qu'elle aurait été rééédifiée dans l'intervalle jusqu'en 912, époque du baptême de Rollon dans cette église. Vers la fin du 10ᵉ siècle, Richard 1ᵉʳ *fit croistre en hauteur de la moitié et de plus ce moutier de Notre-Dame*, et l'archevêque Robert, son fils, *le fit achever de tout le chœur*. En 1055 Guillaume-le-Bâtard place Maurille sur le siège archiépiscopal de Rouen. Maurille achève la cathédrale, élève la pyramide en pierre qui portait son nom, et fait la dédicace du temple, en 1063, en présence de Guillaume-le-Conquérant, des évêques de Bayeux, d'Avranches, de Lisieux, d'Évreux, de Séez et de Coutances, et d'une partie de la noblesse normande. En 1117 la foudre tombe sur la cathédrale, et en 1212 elle est la proie d'un terrible incendie. Jean-sans-Terre, duc de Normandie et roi d'Angleterre, assigne des fonds pour la reconstruction de cet édifice. C'est donc de cette époque que date la cathédrale actuelle. Cet immense édifice, tel que nous le voyons aujourd'hui, est l'ouvrage de plusieurs siècles, à partir du 12ᵉ jusqu'au 16ᵉ inclusivement, en exceptant toujours la base de la tour de Saint-Romain, qui offre des traces d'une antiquité plus reculée.

L'église métropolitaine de Rouen est un des plus beaux monuments d'architecture ogivique. Le portail principal de cette basilique, dont nous donnons la vue, présente le plus magnifique aspect par les statues, les bas-reliefs et les autres ornements dont il est décoré. L'esprit a peine à concevoir tant de magnificence, tant de richesse; il admire à-la-fois et les précieux ornements des voussures de l'ogive inférieure, et le travail délicat de la belle rosace du deuxième étage, et les élégants contre-forts ornés dans toute leur hauteur de statues variées à l'infini; il remarque à peine la disparité des arcs ogiviques surmontés d'un gracieux frontal, et divisés en de nombreux compartiments pour recevoir une série de statues. Il n'a cependant pas tout admiré encore : car la façade de la cathédrale de Rouen a plus d'ornements à elle seule que n'en pourraient offrir plusieurs églises réunies. Un troisième *étage* attire encore l'admiration : ce sont de nouvelles niches artistement pratiquées dans un élégant fronton que couronne un faisceau de légères pyramides, surmonté d'une croix. Quatre tourelles carrées et évidées accompagnent ce riche fronton, et le rattachent aux deux tours du Nord et du Midi. Celle du Nord, dite de Saint-Romain, bâtie à différentes époques, offre des traces des divers genres d'architecture qui se sont succédé depuis le 7ᵉ siècle jusqu'au 15ᵉ, où elle fut finie.

Celle du Midi, que l'on appelle *tour de Beurre*, parcequ'elle fut bâtie vers la fin du 15ᵉ siècle, des deniers payés par les diocésains pour obtenir du pape Innocent III la permission de manger du beurre pendant le carême, a ses contre-forts ornés de statues. Ceinte de deux galeries à jour, et percée de fenêtres décorées d'entrelacs et surmontées de pignons délicats, elle prend, dans sa partie supérieure, la forme octogone, et se termine en une plate-forme circulaire garnie de petites flèches en forme de couronne ducale.

Ce fut dans cette tour, connue aussi sous le nom de *Georges d'Amboise*, que fut montée, en 1502, la fameuse cloche fondue, en 1501, par Jean le Masson ou le Machon, qui mourut de joie d'un succès si heureux. Cette cloche, la deuxième de l'Europe, pesait trente-six mille livres, selon l'inscription gravée à l'entour :

> Je suis nommée Georges d'Amboise,
> Qui bien trente-six mille poise;
> Et cil qui bien me pèsera
> Quarante mille trouvera.

Cependant son battant ne pesait, dit-on, que dix-huit cent trente-huit livres. Sonnée en volée par seize hommes, pour la première fois, le 16 février 1502, elle fut fêlée, en 1786, lors de l'entrée à Rouen de

Louis XVI, revenant de Cherbourg, et transportée, en 1793, à la fonderie de Romilly, pour être convertie en monnaie et en canons.

La cathédrale de Rouen a plusieurs autres portiques richement décorés de sculptures et d'ornements précieux.

Le transept ou centre de la croix de l'édifice forme une belle lanterne, sur laquelle s'élevait, à une hauteur de quatre cent quinze pieds, une grande flèche de forme pyramidale, supportée par quatre colonnes, dont chacune était formée d'un groupe de petits pilastres étroitement unis les uns aux autres. Commencée en 1542, et terminée deux ans plus tard, par Robert Becquet, cette flèche, foudroyée déjà plusieurs fois, et diminuée de dix-neuf pieds par les reconstructions, fut entièrement détruite par le feu du ciel, le 15 septembre 1822.

Mais déjà la restauration et l'exhaussement de la lanterne sont terminés, et une partie des nombreuses pièces de fonte de fer, dont la masse doit peser un million soixante-deux mille trois cent quarante-quatre livres, se trouvent placées, et font espérer que bientôt l'ancienne capitale de la Normandie offrira de nouveau aux voyageurs étonnés une flèche haute de quatre cent trente-six pieds (un pied et demi moins que la flèche de Strasbourg); mais il nous paraît douteux qu'elle produise l'effet de transparence qu'on en attendait.

L'intérieur de la cathédrale (*voir le plan*, planche CXCVII) est composé d'une nef qui a été successivement agrandie, d'un chœur et de deux bas-côtés latéraux, enfin de deux ailes qui forment la croix de l'église. Elle est éclairée par trois belles rosaces, et cent trente croisées, ornées de vitraux peints, partie dans le 13° siècle, partie à l'époque de la renaissance. La nef et le chœur sont séparés des autres parties de l'église par quarante-quatre belles colonnes qui supportent la lanterne et la flèche. Celles qui servent de support à la voûte du chœur sont rondes; mais les colonnes de la nef sont formées de petits pilastres groupés comme celles qui supportent la flèche. Cette métropole, construite en croix latine, a quatre cent huit pieds de long sur quatre-vingt-trois de large, et cent soixante-quatre à la croisée. La lanterne est élevée de cent soixante pieds sous clef de voûte; la nef de quatre-vingt-quatre, et les collatéraux de quarante-deux. Elle renferme, entre autres morceaux précieux de sculpture, le tombeau des deux cardinaux d'Amboise, et celui que Diane de Poitiers fit ériger par Jean Goujon, dit-on, à son mari, Louis de Brézé.

Si, après avoir admiré les riches sculptures de ce mausolée, on lit l'inscription latine, qui porte que Diane de Poitiers sera fidèle et unie à son mari dans le tombeau comme elle le fut dans le lit nuptial :

Individua tibi quondam et fidissima conjux
Ut fuit in thalamo, sic erit in tumulo.

on ne peut retenir un sourire ironique en pensant que Diane se fit enterrer au château d'Anet.

PLANCHE CXCVIII.

ABBAYE,

AUJOURD'HUI ÉGLISE DE SAINT-OUEN A ROUEN.

L'abbaye royale de Saint-Audoen ou Saint-Ouen était la plus ancienne de Rouen et de la province de Normandie. Elle fut fondée en 533 ou 538, sous le règne de Clotaire Ier, et sous l'épiscopat de Flavius, seizième archevêque de Rouen, en comptant saint Nicaise. Cette abbaye fleurit particulièrement sous l'illustre fondateur dont elle porte aujourd'hui le nom, et qui l'enrichit de son propre patrimoine. L'an 841, le 14 mai, les Normands descendirent à Rouen et brûlèrent l'abbaye; leur chef Rollon, devenu chrétien et possesseur paisible de la Normandie, ordonna la réparation de l'abbaye. Il y fit apporter les reliques de saint Ouen, que les moines avaient enlevées pour les soustraire aux profanations des Normands. Le monastère ne tarda pas à prendre le nom de Saint-Ouen, au lieu de celui de Saint-Pierre qu'il avait auparavant.

Les ducs Richard Ier et Richard II, à l'exemple de Rollon, continuèrent la restauration de l'abbaye. Telle était la réputation de ce monastère, que l'empereur Othon assiégeant la ville de Rouen, où régnait alors

Richard Ier, surnommé *Sans-Peur*, demanda un sauf-conduit pour venir faire sa prière à Saint-Ouen. Nicolas, fils de Richard III, et quatrième abbé sous Guillaume-le-Conquérant, fit démolir l'édifice, et posa la première pierre d'une nouvelle basilique en 1046. Nicolas mourut trop tôt pour conduire son ouvrage à sa perfection. Il ne fut terminé qu'en 1126, par Guillaume Bolot, sixième abbé, qui en fit faire la dédicace cette même année par Geoffroy, archevêque de Rouen, le 16 des calendes de novembre, c'est-à-dire le 17 octobre.

Rainfroid, septième abbé, fit terminer le cloître et les autres bâtiments nécessaires aux religieux; mais en 1136, dix années seulement après l'achèvement de cette basilique, le feu détruisit en un jour l'ouvrage de quatre-vingts ans. Grace aux libéralités de l'impératrice Mathilde et de Henri II son fils, les religieux de Saint-Ouen parvinrent à reconstruire leur monastère. Un nouvel incendie le consuma en 1248. Enfin le célèbre Jean ou Roussel Marcdargent, vingt-quatrième abbé, fut élu en 1303. En 1318, il posa la première pierre de l'édifice actuel. Pendant les vingt et une années qu'il y fit travailler, on acheva le chœur, les chapelles, les piliers qui supportent la tour, et la plus grande partie du transept. Il ne fut achevé qu'au commencement du 16° siècle; mais la tour l'était avant la fin du 15°. Cette église, commencée au 14° siècle, est regardée par les hommes de goût comme un des plus beaux monuments de l'architecture gothique en France; cependant la partie à l'ouest n'a pas été terminée.

Les murs de ce monument sont soutenus en dehors par trente-deux arcs-boutants ou éperons, placés à égale distance, et tellement bien disposés qu'ils n'empêchent pas la lumière de percer à travers les vitraux. Sur le centre de la croix de la nef, il y a une grande tour regardée comme un *chef-d'œuvre* de ce genre d'architecture. Son élévation est de cent pieds au-dessus de la voûte de l'église. Le grand portail à l'ouest a été fait pendant que le cardinal Innocent Cibo, mort en 1518, était abbé de ce monastère; mais il attend encore les deux tours qui devaient le couronner. Le portique du midi mérite de fixer l'attention par la beauté et la variété des ornements qui le décorent, et le dessinateur ne pouvait pas choisir un point de vue plus avantageux. L'intérieur de ce vaste édifice reçoit le jour par trois lignes de croisées en ogives, qui, avec les trois belles rosaces placées l'une à l'ouest et les deux autres aux extrémités des ailes, produisent la plus grande masse de lumière qui puisse se rencontrer dans un semblable monument. La rangée inférieure des fenêtres est garnie de vitraux peints, qui représentent les traits les plus remarquables de l'Ancien-Testament. Sur la ligne des fenêtres au-dessus, on remarque des traits de l'Écriture sainte. Les piliers qui supportent la voûte sont d'un travail très délicat et leurs proportions bien observées. Le chœur semi-circulaire est d'une grande beauté; l'espace entre les arcades qui le séparent des ailes latérales est fermé par une grille d'un travail recherché. La grille qui séparait le chœur de la nef, donnée en 1462 par le cardinal d'Estouteville, et réparée en 1655 par le grand-prieur de Saint-Ouen, a entièrement disparu à la fin du 18° siècle. L'ancienne maison abbatiale de Saint-Ouen a été démolie en 1816.

La vue que nous représentons de cette magnifique église, prise du côté méridional, en donne l'aspect général. Elle a près de quatre cent dix-sept pieds de long sur cent de haut, et cinquante-six de large, cent trente à la croisée. Le plan est joint à celui de la cathédrale, planche CXCVII.

PLANCHE CXCIX.

CATHÉDRALE DE METZ.

Nous avons déjà parlé de Metz en décrivant l'aqueduc de Jouy (*voir* planche XV, tom. Ier, pag. 65). Il n'entre pas dans notre plan de donner de longs détails sur les efforts des habitants de cette ville pour se constituer en république, ni sur les luttes qu'ils soutinrent avec une rare persévérance contre les évêques, forts d'anciennes prétentions. Unie définitivement à la France en 1648, Metz y fut incorporée plus entièrement encore en 1790, lorsqu'elle devint le chef-lieu de préfecture du département de la Moselle.

L'église cathédrale de Metz, sous l'invocation de saint Étienne, patron du diocèse, fut d'abord assez petite, d'une structure peu magnifique et peu régulière. Elle avait été bâtie à la naissance du christianisme dans cette ville par saint Clément, premier évêque. Elle fut démolie par Godegrand, évêque de Metz, qui en fit construire une autre; mais vers le milieu du 11e siècle, l'évêque Thierry II, de Luxembourg, jeta les fondements de celle qui subsiste actuellement: il en éleva la nef jusqu'à la voûte, qui ne fut achevée qu'en 1480. C'est dans son genre un édifice des plus hardis et des plus beaux.

Le chœur de cette église et les deux chapelles collatérales étaient encore de l'ancien édifice, ouvrage de Charlemagne et de Godegrand; il était par conséquent fort éloigné de la délicatesse et de la somptuosité de la nouvelle structure. Jacques Damange, grand-archidiacre et vicaire de l'évêché de Metz, fit commencer, en 1486, la chapelle de Notre-Dame, à la droite du chœur. Ce fut alors que l'on démolit les deux tours antiques du temps de Charlemagne, qui enrichissaient les dehors de la première église. Animés par l'exemple du grand-archidiacre, les autres chanoines résolurent, en 1496, de rendre la chapelle de Saint-Nicolas, qui est à gauche du chœur, pareille au reste de l'église. L'ouvrage demeura projeté jusqu'en 1503, que le chapitre s'étant cotisé, on commença cette chapelle, qui fut terminée en 1519.

La tour de la cathédrale fut achevée en 1801; elle a quatre cents pieds depuis le rez-de-chaussée jusqu'au bout de la flèche, qui est sculptée et percée à jour.

Cette basilique, qui passe pour la plus belle de la Lorraine, a de longueur trois cent soixante-treize pieds depuis le bas de la nef jusqu'au fond de la chapelle du cardinal de Givry; elle a de hauteur sous voûte cent trente-trois pieds. La nef a quarante-cinq pieds de largeur; les deux chapelles de la croisée ont chacune cinquante-deux pieds six pouces de long, et cinquante-un pieds six pouces de large; les collatéraux ou bas-côtés ont vingt-deux pieds deux pouces de large, et quarante-quatre pieds de haut.

Tout l'édifice de l'église est soutenu par trente-quatre piliers de forme ronde, qui ont neuf pieds de diamètre. L'architecture en est belle, délicate et hardie. Toute l'église est percée à jour par deux rangs de croisées l'un sur l'autre; le premier rang est composé de quatre fenêtres entre chaque pilier. Au-dessus de ce premier rang est une espèce de frise, sur laquelle sont posées d'autres grandes fenêtres qui s'élèvent jusqu'à la voûte; les vitres sont peintes, les unes simplement, les autres à personnages, et font l'admiration des curieux. Le vitrage qui donne sur le palais épiscopal forme une rose très remarquable par sa délicatesse et sa grandeur; elle occupe toute la façade de l'église. On admire encore dans cet édifice la voûte du chœur faite en étoile à huit rayons.

Les deux tours qui sont au milieu de la longueur de l'église, où est l'ancienne entrée ou le portail, devraient être à l'entrée de l'église qui regarde la cour du palais épiscopal; mais, quand on a commencé à travailler la nef, cette cour s'étendait jusqu'à l'endroit des tours, et ce n'est qu'assez long-temps depuis qu'on a augmenté la longueur de l'église en coupant la nef de Notre-Dame-la-Ronde, en la creusant pour arriver au plain-pied du reste de la cathédrale, et en poussant le tout jusqu'à l'endroit où l'église se termine aujourd'hui.

Nous ne saurions omettre, en parlant de la cathédrale de Metz, une cuve de porphyre d'un très grand prix, longue de dix pieds, large de cinq, et haute de plus de trois pieds. Trouvée très anciennement dans les bains construits à Metz par les Romains, elle fut utilisée par les évêques, qui en firent les fonts baptismaux.

La vue que nous donnons de cette basilique est prise du côté méridional. On ne saurait trop déplorer le goût qui a présidé à la construction des bâtiments modernes qui y sont adossés et qui masquent toute la longueur.

PLANCHE CC.

CATHÉDRALE DE TOUL.

On croit communément que la cathédrale de Toul a été bâtie par Mansui, son premier apôtre, en 335 environ, et qu'il la consacra en l'honneur de la Vierge et de saint Étienne, premier martyr. Du reste la vie de ce personnage est, comme tant d'autres, enveloppée de profondes ténèbres, et Adson, qui l'écrivit au 10e siècle, le fait presque contem-

porain de saint Pierre. Du reste, il ne laisse aucun doute sur la toute-puissance du saint, dont la châsse, portée aux bords de la Meuse, renouvela le prodige de la mer Rouge. « J'ai vu, dit-il, les eaux s'arrêter et former une haute muraille à gauche, tandis que sur la droite elles s'écoulèrent avec rapidité, et laissèrent au peuple étonné un chemin guéable à travers le lit du fleuve. » Quoi qu'il en soit du premier fondateur de cette basilique, il est certain qu'elle a été brûlée plusieurs fois avant l'épiscopat de Frotaire, vingt-septième évêque de Toul, en 813, et qu'elle dut son rétablissement à la munificence de nos rois. Les Normands s'étant, vers la fin du 9e siècle, répandus dans la Lorraine, prirent, ravagèrent et brûlèrent la ville de Toul; la cathédrale ne fut point épargnée. En 900, Ludelme, l'un des successeurs de Frotaire, y fit des embellissements. Mais ce fut saint Gérard, en 965, qui jeta les premiers fondements de la cathédrale qu'on voit aujourd'hui. Il s'en fallait beaucoup qu'elle fût aussi riche en sculpture, ni aussi grande qu'elle l'est. Pibon, quarantième évêque, en 1091, y ajouta deux tours sur les côtés latéraux du chœur. Le pape Eugène III fit une nouvelle dédicace de l'église et des tours sous l'épiscopat de Henri de Lorraine, en 1149. Le duc de Lorraine Ferry III fit bâtir, vers le milieu du 13e siècle, le chœur de cette basilique; mais, malgré ses nombreux fondateurs, elle n'était pas encore voûtée en 1390. Ce fut à cette époque que Jean Valtrac, habitant de la ville de Verdun, ayant demandé et obtenu des chanoines la permission d'en construire les voûtes à ses dépens, y fit travailler avec tant de diligence, qu'il acheva en peu de temps les voûtes et la coquille où est placé le grand autel. Enfin, vers l'an 1450, le chapitre ayant approuvé le dessin du portail, qui lui avait été présenté par *Jaquemin de Commercy*, l'un des plus habiles architectes de son temps, cet artiste fut chargé de l'entreprise, et il l'acheva en 1496, par les soins d'Albéric de Briel, grand-archidiacre et maître de fabrique. Ce portail est un *des plus achevés qui se voient à aucune église de France.*

« La cathédrale de Toul dans le 15e siècle, dit l'auteur de l'histoire de Lorraine, avait quatre tours; mais celle qui était à droite du grand autel étant tombée en 1561, on fit par la suite détruire celle qui était de l'autre côté: ainsi des quatre tours qui décoraient cet édifice, il n'en est resté que les deux du portail que nous représentons. L'intérieur de ce monument correspond parfaitement au fini de l'architecture extérieure. Le chœur est très beau; la nef, les autels, les galeries et la voûte n'ont rien que de très régulier. »

La façade de cette cathédrale, large de cent trente pieds, offre un aspect à-la-fois agréable et imposant; les trois portails ont perdu beaucoup par la destruction des statues et des figures en relief qui les décoraient; mais les contours des ogives sont ornés de fleurons délicatement sculptés; les trois étages des tours sont garnis d'une triple galerie dont la distance est bien proportionnée; les tours hautes toutes les deux de deux cent dix-neuf pieds, et couronnées par de riches fleurons, sont élégantes et harmonieusement entourées de minces pyramides, ce qui donne à tout l'ensemble de cette façade beaucoup de charmes.

La longueur totale du vaisseau est de deux cent quarante-six pieds, sur cent soixante-deux pieds de large.

PLANCHE CCI.

FAÇADE

DE L'ÉGLISE DE VILLEFRANCHE-SUR-SAONE.

Villefranche sans franchise, disait-on proverbialement. Nous ignorons de quelle bouche sortit d'abord ce jeu de mots ironiques; mais si l'on voulait en donner une raison assez bizarre, on pourrait supposer qu'un mari, puni pour avoir battu sa femme, aura regretté par ces mots l'abolition du droit qu'avait accordé autrefois, aux habitants de Villefranche, le sire Humbert IV, de Beaujeu, de battre leurs femmes, pourvu toutefois que *mort ne suivît pas.* Voici le texte de ce singulier privilège: *Si Burgensis uxorem suam percusserit, seu verberaverit, dominus non debet indè recipere clamorem, nec emendam petere, nec levare, nisi illa ex hâc verberaturâ moriatur.* Triste échantillon des mœurs de ce qu'on appelle encore quelquefois *le bon vieux temps.* Non seulement on permettait aux maris de battre leurs femmes, mais on les punissait lorsque, trop faibles, ils se laissaient battre par elles. Ainsi, il y a quelques siècles, les habitants de Vernon-sur-Seine virent Vincent « chevauchant un asne, « tourné le visaige par devers le cul du dit asne, en criant et disant à « haulte voix : C'est pour Guillaume du Jardin, de la paroisse de Sainte-« Marie-des-Champs. » Les hommes soupiraient, et les femmes glorieuses suivaient l'âne avec grande jubilation. C'est que Guillaume du Jardin s'était laissé battre par sa femme Jehanne, et qu'il avait été condamné par le *roi des Chétiz* à promener ainsi sa honte par la ville ; mais « le dit Guillaume s'était évadé, et le roi des Chétiz avait été prendre un « asne qui était dans la maison du dit Vincent, et avait forcé Vincent, « qui était le plus *prouchain* voisin d'*icelui mari* battu, qu'il *chevauchast* « un *asne* par la ville, *et feist* pénitence en lieu du dit battu. » L'heureuse institution de la chevalerie fit justice de ces bizarres coutumes.

L'église de Villefranche date du 11ᵉ siècle, mais non telle que la représente la gravure. Elle ne fut, dans l'origine, qu'une simple chapelle dédiée à Notre-Dame-des-Marais. Un pâtre, en faisant paître ses moutons, avait remarqué que tous, par un *instinct surnaturel*, s'étaient arrêtés et inclinés spontanément en signe d'adoration ; et, s'étant approché, il avait aperçu aux genoux de ses *pieux moutons* une image de la vierge Marie. Le bruit de cette merveille ne tarda pas à se répandre ; une chapelle s'éleva bientôt à l'endroit même ; la population des bourgades voisines vint habiter près de cette chapelle, et une ville se forma bientôt. Les sires de Beaujeu favorisèrent cette nouvelle ville, l'entourèrent de fortifications ; et, par la suite, la modeste chapelle devint une église remarquable ; les architectes du 15ᵉ siècle la reconstruisirent dans le style gracieux de cette époque ; et, au commencement du 16ᵉ, on éleva au midi une tour, l'une *des plus hautes et des plus magnifiques du royaume*. Un violent incendie la détruisit le 15 avril 1566, il n'en reste plus que le clocher représenté sur la gravure.

Villefranche est maintenant un chef-lieu de canton du département du Rhône, et la seconde ville de ce département par l'importance de son commerce. Les environs sont remarquables par plusieurs sites très pittoresques.

PLANCHE CCII.

VUE

DE LA MAISON DE JEANNE D'ARC A DOMREMY.

INTÉRIEUR DE LADITE MAISON.

Il n'y a rien de remarquable dans cette *maisonnette*, comme l'appelait Montaigne lorsqu'il la visita en 1581 ; les *peinctures mesmes des gestes de Jeanne que l'aage avait fort corrompues* de son temps n'existent plus, et cependant il n'est pas un voyageur qui ne se détourne pour l'aller voir. C'est que peu de monuments les plus splendides rappellent autant de souvenirs ; c'est que là tout parle de Jeanne d'Arc : on croit respirer l'air qu'elle y a respiré ; on croit entendre sa voix invoquer le Très-Haut ; on croit la voir se disposant à quitter son village pour soumettre la France à son roi légitime et la débarrasser de ses oppresseurs. On la suit en pensée à Chinon, on admire ses réponses, on applaudit à ses reparties, sur-tout lorsqu'elle dit à Charles VII que ce *n'est pas en deçà de la Loire qu'un roi de France doit boire le vin de Champagne ; qu'il n'est bon qu'à Troyes et à Reims*. Son enthousiasme ranime le courage abattu des soldats ; le siège d'Orléans est levé, le roi sacré à Reims ; et bientôt l'Anglais, vaincu à Formigny, évacue entièrement le sol de la France. Mais celle qui causa cette heureuse révolution n'en fut pas le témoin. La jalousie la fit tomber à Compiègne au pouvoir des ennemis, et la rage de la vengeance la condamna à périr sur un bûcher.

Cette planche représente la maison où naquit cette illustre héroïne, telle qu'elle était en 1812, avec la statue qui surmonte le couronnement. Taillée dans une pierre semblable à celles dont est construite la maison, elle représente Jeanne à genoux, couverte d'une armure et la tête nue. On distingue encore sur ses cheveux des traces de dorure. Cette statue précieuse [1], quoique le nez, le coin de la bouche aient été endommagés, et le bras brisé, remonte probablement au règne de

Louis XI ; les écussons et l'inscription *vive le roi Loys !* semblent autoriser cette conjecture. Il n'est pas étonnant, du reste, que des statues aient été érigées à Jeanne d'Arc dès ce règne, puisque de son vivant même on colportait par les villes son portrait. Un article curieux de vieux comptes de la ville de Ratisbonne [1], remontant à l'année 1429, porte en effet une dépense de vingt-quatre deniers pour voir le tableau de la jeune fille qui a combattu en France.

En 1818, les armées coalisées évacuèrent la France, et cette évacuation, quoique bien différente de celle dont notre patrie avait été témoin en 1450, réveilla cependant le souvenir de Jeanne d'Arc ; Louis XVIII accorda vingt mille francs au préfet des Vosges pour y ériger un monument à la mémoire de l'illustre guerrière, et une fontaine dut rappeler, par son utilité journalière, les immenses services que Jeanne avait rendus au pays. Alors aussi on restaura la maison qui l'avait vue naître. Dans l'intérieur, auparavant espèce de serre ou de hangar, on replaça une cheminée qu'un des propriétaires avait mise dans une pièce voisine ; une table de marbre rappela le souvenir de cette restauration.

Le village de Domremy est situé sur la Meuse, au-dessus de Vaucouleurs, dans le département des Vosges.

PLANCHE CCIII.

MAISON GOTHIQUE A VALENCE.

Cette maison a appartenu à un libraire nommé Marc-Aurèle, et la ressemblance de nom lui avait fait assigner une origine romaine par des personnes qui ne l'appelaient que la maison des empereurs. C'est un des plus curieux édifices du 15ᵉ siècle. Pourquoi faut-il que l'insouciance des propriétaires, ou le vandalisme le plus barbare, ait dégradé presque toute la partie inférieure de cette jolie maison ? quel heureux effet devraient produire les trois croisées dont le haut reste seul indiqué ! Il y a beaucoup d'expression dans ces huit ou dix bustes exécutés en ronde-bosse, et qui représentent, si nous ne nous trompons, des personnages célèbres en des temps divers. Nous avons cru y reconnaître Homère, Hippocrate, Aristote, Pythagore et Hésiode, un empereur romain opposé à Louis XI, et quelque artiste, ainsi qu'un abbé probablement célèbre alors. Nous n'avons pu déchiffrer les caractères écrits sur la banderole des deux statues du deuxième étage. Quant aux quatre têtes énormes qui sont sur la toiture, on les prendrait volontiers pour quatre têtes de vents. Les ornements qui entourent les croisées sont d'un assez bon goût et bien exécutés.

Faisons des vœux pour que cette curieuse maison subsiste long-temps encore. La France possède bien peu de ces édifices du 15ᵉ siècle ; ils n'en sont que plus précieux.

PLANCHE CCIV.

VUE DU PONT DE VIEILLE-BRIOUDE,

SUR L'ALLIER.

Ce pont, d'une hardiesse extraordinaire, est construit sur l'Allier, et présente un aspect imposant par l'élévation et l'ouverture démesurée de la seule arche qui le compose. Quelques antiquaires, et entre autres le P. Montfaucon, l'ont cru de construction romaine ; mais d'autres soutiennent que c'est un ouvrage du 15ᵉ siècle, et assurent que l'on a trouvé dans les archives de la seigneurie de Vieille-Brioude des états de dépenses qui attestent que l'on a payé trois cents écus d'or pour sa construction. La forme un peu ogivale de son cintre confirme cette assertion, que nous adoptons volontiers ; l'arcade de la voûte a, du niveau de la rivière, quatre-vingt-quatre pieds sous clef, et son ouverture est de cent quatre-vingt-quinze pieds. Ce pont avait été considérablement réparé depuis quelques années ; mais ces réparations n'ont pas empêché

---

[1] Voir la vignette du titre.

[1] Mehr haben wir gebe von dem gemael zu schaun wie die Junkchfraw zu Frankreich gefochten hat, 24 pfeunig.

que cette construction gigantesque ne se soit écroulée il y a peu de temps.

Le nom antique de Brioude est *Briva*, mot d'origine celtique, qui signifie *passage de rivière*; et il n'y a aucun doute que cette ville n'ait été originairement située à l'endroit où est maintenant le pont, puisque ce hameau sauvage porte encore celui de Vieille-Brioude. Au reste, les rochers, les masures, les arbres et les coteaux qui ornent ce site lui donnent un aspect extrêmement agréable et pittoresque.

PLANCHE CCV.

VUE GÉNÉRALE

DE LA CATHÉDRALE DE RODEZ.

La ville de Rodez, anciennement nommée *Segodunum*, et plus tard *Rutheni Ruthenorum*, fut souvent ravagée par les Goths, les Sarrasins et les Francs eux-mêmes. Des seigneurs de la maison de Carlat la gouvernèrent long-temps, conjointement avec les évêques; puis elle fut soumise aux comtes d'Armagnac, et ensuite à la maison d'Albret. Henri IV la réunit à la couronne. Elle est maintenant le chef-lieu de la préfecture du département de l'Aveyron.

La cathédrale, qui en est le principal et presque le seul édifice remarquable, a le défaut saillant d'offrir des constructions d'époques fort éloignées et tout-à-fait opposées : c'est là sur-tout que

> . . . . Nec pes, nec caput uni
> *Reddatur* formæ.

En effet, la partie inférieure de la façade principale, *sans entrée* (on entre par une porte latérale), ressemble plutôt à une ancienne forteresse qu'à un monument religieux. Ses deux tours carrées sont inachevées et sans ornements, et tout porte à croire que l'on doit en attribuer la construction à Dieudonné (*Deusdedit*), septième évêque de Rodez, qui, suivant une ancienne inscription, fit achever, vers la fin du 6ᵉ siècle, l'église commencée par Dalmas, quatrième évêque.

Cette église s'écroula, en 1275, sous le pontificat de Raymond de Caumont, et il la fit relever; mais, pendant plus de deux cents ans, elle resta imparfaite. Ce ne fut qu'au commencement du 16ᵉ siècle que François d'Estaing, un des plus célèbres évêques de Rodez, fit mettre la dernière main à la partie occidentale non encore terminée : aussi son épiscopat fit-il époque dans cette ville; les pauvres bénirent sa générosité; plus de quatre cent soixante filles furent dotées par lui en deux années seulement. Les chanoines, il est vrai, ne se soumirent qu'avec peine à la réforme d'anciens abus; mais en l'élisant ils rentrèrent en possession d'un droit dont ils s'étaient privés eux-mêmes depuis plus de deux cents ans, en se faisant donner un évêque par les papes. Tous les habitants contemplèrent avec une sorte d'orgueil les magnifiques travaux exécutés par l'ordre de leur évêque, et l'un d'eux, il y a bien long-temps peut-être, grava sur la belle tour, haute de deux cent cinquante pieds :

> Vanescant Ægyptiarum immensæ Pyramidum moles;
> Valeant orbis miracula.

Elle est bien belle, en effet, cette tour, par laquelle Raymond d'Estaing remplaça l'ancien clocher qu'un incendie détruisit en 1510. La tour octogone à jour est chargée d'ornements ogiviques d'un bon goût. Elle est entourée de quatre tourelles couronnées par un dôme, au-dessus duquel est la statue d'un des évangélistes qui, l'encensoir à la main, semble rendre hommage à la Vierge Marie, placée elle-même sur le dôme qui couronne la tour principale. Sa statue énorme, d'abord en cuivre doré, a été détruite par la foudre en 1588, et remplacée par la statue en pierre que l'on y voit encore maintenant.

La cathédrale de Rodez est en forme de croix latine, avec une abside; elle est longue de trois cents pieds, large de cent huit pieds au transept, haute de cent deux pieds sous la clef de la voûte.

PLANCHE CCVI.

JUBÉ DE L'ÉGLISE DE LA MADELEINE,

A TROYES.

Le *jubé* remplaça les deux *ambons* ou tribunes d'où le diacre et le sous-diacre chantaient, l'un l'épître, l'autre l'évangile; c'est une galerie qui règne à l'entrée du chœur, et où conduisent généralement deux escaliers pratiqués dans l'épaisseur d'un pilier, ou élégamment soutenus par des colonnes. Cette construction nuit souvent à la perspective du temple; mais, par une heureuse compensation, l'obstacle qu'elle oppose aux rayons de lumière enveloppe le sanctuaire d'une obscurité mystérieuse, et fait ressortir avec plus d'éclat l'or du tabernacle et les feux des candélabres.

L'usage des *jubés* est maintenant à-peu-près nul : aussi n'a-t-on pas relevé ceux qui ont été détruits. La cathédrale de Rouen fait une malheureuse exception, et nous desirons vivement que le chapitre débarrasse l'entrée du chœur de la lourde construction d'ordre corinthien qui s'harmonise si peu avec la gracieuse légèreté du reste du vaisseau. Mais aussi nous formons des vœux sincères pour que l'église de la Madeleine de Troyes entretienne avec soin et conserve long-temps son jubé, morceau précieux de l'architecture du 16ᵉ siècle. Notre gravure en représente si heureusement l'ensemble et les détails qu'une longue description serait superflue. Nous nous bornerons à rappeler que ce jubé fut construit, vers 1506, par le *maître maçon* Jean Gualdo ou Gaylde. Il fut enterré sous son ouvrage, et l'on grava sur sa tombe : *J'attends ici la résurrection bienheureuse, sans crainte d'être écrasé par mon œuvre.*

Le célèbre Grosley, qui a bien mérité de la ville de Troyes, sa patrie, par ses recherches consciencieuses sur son histoire et sa statistique, était si plein d'admiration pour ce beau morceau de sculpture, qui, sur sa largeur de trente-six pieds, sans apparence d'arc ni de voûte, déploie un luxe inouï de légères et gracieuses découpures, de dais élégants, de hardis pendentifs et de belles statues, qu'il a constitué une rente de six cents livres pour la conservation de ce jubé, avec clause expresse d'en faire le report à sa succession si la fabrique le fait démolir.

La ville de Troyes, actuellement chef-lieu de la préfecture du département de l'Aube, est une des villes de France les plus anciennes; Pline et Ptolomée l'ont nommée; mais elle est restée obscure bien long-temps.

Ce fut à cinq lieues de cette ville, dans les plaines de Méry, que, le 10 septembre 452, le général romain Aétius, Mérovée et Théodoric réunis, livrèrent à Attila la célèbre bataille dont les pertes ont été prodigieusement exagérées.

Troyes dut sa grandeur à ses comtes et à ses évêques. Au sein de l'ignorance et de la barbarie, ils jetèrent les fondements les plus solides de la prospérité de leur capitale. En même temps que des fêtes brillantes appelaient à leur cour l'élite de la noblesse française, et inspiraient les premiers auteurs qui aient écrit en français, la Seine, divisée par leurs soins en plusieurs bras, alimentait de nombreuses usines, et deux foires renommées rendirent Troyes, pendant quatre siècles, l'entrepôt du commerce de toutes les parties occidentales de l'Europe. La comtesse Jeanne, en épousant Philippe-le-Bel, lui apporta en dot le comté de Champagne; mais il ne fut définitivement réuni à la France que cent ans plus tard, par l'échange convenu, le 9 juin 1404, entre Charles VI et le roi de Navarre, qui obtint le duché de Nemours. Nous nous garderons bien d'omettre que, en 1568, une armée de reîtres, commandée par le prince Casimir, ne se retira que sur l'engagement pris par la ville de Troyes de payer ce qui lui était dû, si le roi ne le faisait pas.

PLANCHE CCVII.

CATHÉDRALE DE TOURS.

Sans faire remonter à un fils de Priam la fondation de Tours, on peut du moins croire cette ville antérieure d'un siècle au moins à l'occupation des Gaules par César. Déja les *Turones* étaient puissants, et il est très probable que la commodité du site leur avait fait construire une ville sur les bords de la Loire, qui devait favoriser leur commerce. Tours devint plus tard la capitale de la troisième Lyonnaise. Occupée ensuite par les Visigoths et par les Francs, elle dut sa grande illustration à saint Martin, qui fut un de ses évêques. Réunie à la couronne par Philippe-Auguste en 1202, elle vit tenir dans son enceinte les célèbres états-généraux de 1470, 1484 et 1506. Sous Henri III, le parlement de Paris et les cours supérieures y furent transférés en 1589.

La première église de Tours où les chrétiens commencèrent à s'assembler fut bâtie par saint Lidoire, successeur de saint Gratien, vers le milieu du 4ᵉ siècle, au moyen de l'abandon de sa maison que fit un centurion nommé Cornélius, suivant le témoignage de saint Jérôme, dans sa quarante-quatrième épître à Marcellus. Grégoire de Tours dit que ce fut dans la maison d'un sénateur dont il ne transmet pas le nom. Quoi qu'il en soit, c'est là que furent sacrés saint Martin et tous les évêques ses successeurs. Dès son origine, saint Martin la mit sous l'invocation de saint Maurice, et elle y resta jusqu'à la fin du 13ᵉ siècle, où elle porta indistinctement le nom de Saint-Maurice ou de Saint-Gratien; mais ce dernier a prévalu, et ce changement fut opéré à l'occasion d'une confrérie que les chanoines avaient établie en l'honneur de leur premier évêque.

Il est probable que cette église commença à jouir du droit de métropole du moment où les Romains eurent établi la ville de Tours métropole de la troisième province lyonnaise. Telle est l'opinion de beaucoup de suvants, contraire à celle de la cour de Rome, qui a toujours prétendu que le droit de métropolitain ne dérive point de l'état civil, mais de l'autorité des apôtres et des papes.

Grégoire, lorsqu'il en parle, ne la nomme jamais que l'*église sainte*, l'*église de Tours*. Adrien Iᵉʳ, Urbain II, Alexandre III, s'expriment à son égard dans les mêmes termes. Adrien II, écrivant à Charles-le-Chauve, en 871, la cite comme la seconde ou la troisième église de France. Nos rois l'ont toujours honorée de leur bienveillance et d'une protection toute particulière. Philippe-Auguste écrivit au pape Luce III que quiconque attaquerait l'église de Tours s'attaquerait à sa personne. Ce prince, ainsi que son prédécesseur, la défendit constamment contre les entreprises de Henri II et de Richard-Cœur-de-Lion, comtes de Touraine, lorsqu'ils tentèrent d'en diminuer les attributions. De même les rois Jean, Charles V, Charles VI, Charles VII et Henri II, ne permirent jamais que l'archevêché de Tours fût distrait de la couronne toutes les fois qu'ils donnèrent la Touraine en apanage.

Cette église fut brûlée deux fois; la première dans un incendie général de la ville en l'année 561, sous l'épiscopat de saint Euphône; et la seconde en 1166. Elle fut rebâtie en premier lieu par Grégoire de Tours, qui l'orna de plusieurs peintures, ainsi qu'il le rapporte lui-même. Mais la seconde basilique, celle qui existe encore aujourd'hui, ne s'acheva pas aussi promptement. Commencée vers la fin du 12ᵉ siècle, son chœur ne fut terminé que sous le règne de saint Louis, c'est-à-dire environ un siècle après, ainsi qu'on le voit aux vitraux, qui sont bordés des armes de Blanche de Castille sa mère. Les travaux se commencèrent à l'aide des indulgences que les papes Eugène IV, Sixte IV et Innocent VIII accordèrent à ceux qui contribueraient à l'achèvement de cet édifice. Malgré cela, il ne fut porté à sa perfection qu'en 1507 et en 1510, époque où les deux tours jumelles furent achevées aux frais de l'un de ses chanoines, nommé *Caré*.

La cathédrale de Tours est un magnifique monument du style ogivique, remarquable par sa grandeur, sa légèreté, et sur-tout par la richesse de son portail. On admire ses beaux vitraux qui, lorsque la lumière les traverse, paraissent composés de saphirs, d'émeraude et de rubis; mais les statues qui l'embellissaient ont été détruites. Elle est bâtie en croix grecque; les deux tours qui décorent son portail ne diffèrent l'une de l'autre que pour les ornements. Henri IV les trouvait

si belles qu'il aurait voulu *les mettre dans un étui*. La rosace du milieu, en forme de deux ogives ajustées en sens inverse, est très délicatement travaillée. Dans l'intérieur, on remarque le tombeau des enfants de Charles VIII, ouvrage des frères Just, célèbres sculpteurs de Tours, à qui cette ville doit aussi la belle fontaine de Beaune, nouvellement restaurée.

PLANCHE CCVIII.

FAÇADE PRINCIPALE

DE LA CATHÉDRALE DE SENS.

L'église de Sens, selon quelques historiens, remonte aux premiers temps du christianisme; ils regardent saint *Savinien* et saint *Potentien* comme les apôtres de cette ville, où ils reçurent la palme du martyre vers la fin du 2ᵉ siècle ou au commencement du 3ᵉ. Après diverses constructions, cette église fut entièrement incendiée en 970, sous l'épiscopat d'Archambaut. Saint Anastase, son successeur, commença la reconstruction du nouvel édifice; il fut continué par l'évêque Sevin, qui l'acheva et en fit la dédicace en 999. Mais cette église fut presque entièrement rebâtie dans un style différent, de 1143 à 1168, par les évêques Henri Sanglier et Hugues de Toucy, à l'exception des deux tours et du transept qui sont postérieurs.

Philippe-Auguste fit élever la tour septentrionale en 1184 : n'ayant pu être achevée, elle fut terminée par une charpente revêtue de plomb, et est toujours dans le même état. La tour méridionale, bâtie d'abord par l'évêque Sevin au 10ᵉ siècle, s'écroula en 1267. Reconstruite par Pierre de Charny, alors évêque, elle fut long-temps, comme la tour septentrionale, terminée en charpente revêtue de plomb; mais l'évêque Sallazard la fit exhausser, et le cardinal Duprat y ajouta, en 1532, la jolie campanille qui surmonte un des deux angles.

Le transept ne fut commencé qu'en 1491, par Guillaume Gennart, doyen de Sens, qui posa la première pierre du portail septentrional; mais ce ne fut guère que sous l'épiscopat de Sallazard, au commencement du 16ᵉ siècle, que la cathédrale de Sens a été terminée dans l'état où nous la voyons aujourd'hui.

L'intérieur de cette basilique, d'un plan d'ensemble assez régulier, offre peu de chose de particulièrement remarquable dans sa structure; on y remarque cependant des vitraux peints, dont plusieurs, d'une grande beauté, sont du célèbre J. Cousin, et les roses des deux portails du transept. Cette cathédrale contient le beau mausolée du grand dauphin, père de Louis XVI, et de Marie-Josèphe de Saxe, son épouse. Ce monument, tout en marbre, orné de figures de grandeur de nature, était placé au milieu du chœur, et est dû au ciseau de Guillaume Coustou fils. Les bas-reliefs qui faisaient partie des tombeaux détruits du chancelier Duprat et de l'évêque Sallazard ont été conservés.

Le siège aujourd'hui archiépiscopal de l'église de Sens est un des plus importants de la France. Un grand nombre de conciles y ont été tenus, parmi lesquels on distingue celui où saint Bernard fit censurer l'infortuné Abeilard (1140), en présence du roi Louis-le-Jeune, accompagné de Thibaud, comte de Champagne, et d'autres grands personnages.

La façade principale de cet édifice dont nous donnons la vue, quoique moins élégante que beaucoup d'autres monuments de cette époque, n'est cependant pas sans intérêt par son genre de construction.

La ville de Sens, située dans le département de l'Yonne, en Champagne, contient environ dix mille habitants. Ses anciens murs d'enceinte sont de construction romaine.

Sur le plan qui se trouve joint à celui de l'abbaye de Saint-Denis, planche CLIII, nous avons marqué de la lettre *A* le tombeau du grand dauphin, père de Louis XVI, placé autrefois au milieu du chœur.

PLANCHE CCIX.

LA SIBYLLE TIBURTINE ET AUGUSTE,

PAR JEAN COUSIN.

Jean Cousin naquit à Sens, dans le commencement du 16ᵉ siècle, et cet artiste est le premier peintre d'histoire français qui ait fait parler de lui, et sans contredit le plus habile peintre sur verre qui ait existé. Les excellents traités qu'il a publiés sur le dessin et la perspective prouvent combien il était consommé dans ces deux parties essentielles de la peinture. Il a suivi avec le plus grand succès le style de l'école florentine qui dominait à l'époque où il florissait, et ses ouvrages ne le cèdent ni à ceux du Primatice, ni à ceux de Maître Roux, et autres peintres que François Iᵉʳ avait attirés d'Italie. Jean Cousin suivit comme eux le style de Michel-Ange et du Parmesan.

L'empereur Auguste, dans le milieu de ce vitrail, est représenté à genoux, dans une attitude d'étonnement et d'admiration. Une sibylle, que l'on croit être celle de Tibur ou de Cumes, élevant le bras au ciel, semble lui dire :

> Magnus ab integro sæclorum nascitur ordo
> Jam redit et Virgo, redeunt saturnia regna,
> Jam nova progenies cœlo demittitur alto.

Marie, que la sibylle paraît montrer, tient dans ses bras l'Enfant Jésus; elle est entourée d'anges formant des concerts avec des instruments de musique, et surmontée du Père Éternel dans sa majesté, tenant d'une main le globe du monde, et bénissant de l'autre l'univers. Dans le panneau à la droite du spectateur est représenté un des capitaines d'Auguste, revêtu d'une cuirasse et le bâton de commandement à la main; les deux vieillards qui l'accompagnent paraissent être deux aruspices. Le panneau de gauche est rempli par des femmes ingénieusement groupées, et qui paraissent s'occuper de l'événement merveilleux qui se passe en ce moment. Le fond du tableau est rempli par une architecture symétrique d'une très riche ordonnance.

Ce magnifique vitrail, chef-d'œuvre de Jean Cousin, a été très considérablement endommagé par un coup de canon dans les dernières invasions. Nous avons le bonheur de l'avoir dessiné avant cet accident. Il est maintenant dans une chapelle de la cathédrale de Sens dédiée à Notre-Dame de Lorette. Il paraît qu'il a été transporté du village de Fleurigny près de Sens, où il était originairement placé.

Il existe une tradition qui attribue la composition et les cartons en grand de ce vitrail à Luca Penni, élève de Raphaël et frère de Francesco Penni, surnommé *il Fattore*, qui a fait également les cartons des beaux vitraux qui existaient au château d'Anet. Luca Penni vint d'Italie sous François Iᵉʳ, et il a peint au château de Fontainebleau.

PLANCHE CCX.

VITRAIL PEINT DANS LA CATHÉDRALE DE SENS,

PAR JEAN COUSIN.

La partie supérieure de ce vitrail représente Jésus-Christ au milieu des quatre évangélistes; aux deux côtés sont deux prophètes. Plus bas, on voit dans deux médaillons l'ange Gabriel qui salue la sainte Vierge: ces différents morceaux sont de la plus belle manière. Huit panneaux carrés au-dessous traitent autant de sujets de la vie de saint Eutrope. Les inscriptions qui les accompagnent, écrites en caractères gothiques souvent replacés à rebours, sont tellement mutilées qu'elles sont presque indéchiffrables. Cependant le premier sujet à droite du vitrail indique le saint très jeune encore, prenant congé de son père; dans le second, il entre à cheval dans une ville; au troisième, il assiste à la multiplication des cinq pains; dans le quatrième, il est béni par Jésus-Christ monté sur un âne; dans le cinquième, accompagné de son père et de sa mère, il est baptisé par saint Simon et saint Jude; dans le sixième, il est sacré

évêque par le pape suivi de ses cardinaux; dans le septième, il prêche la multitude; enfin, dans le huitième, revêtu de ses habits pontificaux, il est assommé et lapidé par des bourreaux.

La légende d'où est tirée cette histoire qui fait ce saint Eutrope contemporain de Jésus-Christ, et de saint Simon et saint Jude, est attribuée à saint Denis, et citée par les Bollandistes; mais saint Eutrope ne vint dans les Gaules que sous l'empire de Décius, au 3ᵉ siècle, et fut tué par l'ordre du légat, pro-préteur des Gaules à Saintes. Dans le soubassement, deux anges à chaque extrémité soutiennent des armoiries, qui sont vraisemblablement celles des donataires du vitrail, et deux autres au milieu jouent des instruments.

PLANCHE CCXI.

CHATEAU DE BAYARD.

COUR DU CHATEAU DE BAYARD.

Suivant l'opinion la plus commune, la maison Terrail ou Du Terrail, qui fut de tout temps féconde en guerriers, et qui fut une de celles que les auteurs ont qualifiées *de noble et ancienne chevalerie, d'écarlate de la noblesse*, était établie, dès la division du royaume de Bourgogne, dans la partie supérieure du Dauphiné, à neuf lieues nord-est de Grenoble, et sur les bords de l'Isère. L'évêque d'Embrun, Guillaume d'Avançon, qui long-temps après acquit cette seigneurie, faisant réparer le château, voulut que la chambre où était né Bayard fût conservée par respect pour ce grand homme.

Bayard, issu de parents dont la gloire semblait le dispenser d'en acquérir, naquit en 1476, avec une passion irrésistible pour l'art de la guerre. Son oncle, Georges Du Terrail, évêque de Grenoble, qui l'avait élevé, et à l'école duquel il avait puisé les vertus qui devaient l'illustrer, était honoré de l'amitié du duc de Savoie. Il fut résolu que Bayard entrerait au service de ce prince. Le jour du départ sa mère l'embrassa tendrement, et lui recommanda sur toute chose « d'aimer Dieu de tout « son cœur, de haïr tous les vices indignes d'un honnête homme. Croyez-« moi, mon fils, ajouta-t-elle, soyez doux et civil envers les gentils-« hommes, officieux envers tout le monde, fidèle en vos paroles, secou-« rable aux veuves et aux orphelins, libéral aux pauvres à proportion « de votre bien. » Puis l'embrassant de nouveau, elle le recommanda à Dieu, et lui donna sa bénédiction. Le dessin inférieur de la planche représente cette scène attendrissante. Le jeune Bayard répondit sagement à sa mère.

Voué dès l'âge de treize ans au terrible métier des armes, admis au nombre des pages du duc de Savoie, Bayard faisait partie du cortège de ce prince, lorsqu'il vint à Lyon voir le roi de France qui, charmé de l'adresse du jeune cavalier à manier un cheval, le demanda à ce seigneur. Les tournois sont les premiers champs d'honneur de Bayard; mais, bientôt appelé à des combats plus sérieux, il suit Charles VIII en Italie, et fait des prodiges de valeur à la bataille de Fornoue. Il avait alors dix-huit ans. Louis XII succède à Charles VIII, et Bayard se rend si redoutable aux ennemis de son souverain, que son nom seul valait une armée. En 1521, le comte de Nassau violant la parole qu'il avait donnée à Montmort, passe la Meuse à la tête de soixante mille hommes, et menace Mézières; Bayard vole à la défense de cette place, fait lever le siège aux Impériaux; pour prix de cet exploit, il reçoit le cordon de Saint-Michel. Chargé de lauriers, couvert de gloire, le chevalier *Sans-Peur* se rappelle les lieux qui le virent naître: son cœur le ramène à Grenoble. La mort y régnait en souveraine; la peste faisait des ravages horribles dans cette ville : les soins, les libéralités de Bayard parvinrent à écarter un si cruel fléau. Mais la gloire, la seule de toutes les passions qui ne fût point inconnue de son cœur, le rappela sous les drapeaux, et le 30 avril 1524, à la journée de Rebec, il fut frappé d'une pierre lancée par une arquebuse à croc qui lui rompit l'échine du dos. Ses dernières paroles furent adressées au connétable de Bourbon, qui, plein d'estime pour sa bravoure, plaignait son sort. « Monseigneur, dit Bayard, je vous remercie; il n'y a point de pitié en moi, qui meurs en homme de bien, servant mon roi. Il faut avoir pitié de vous, qui portez les armes contre votre prince, votre patrie et votre serment. » Paroles dignes de celui que l'on a surnommé avec raison *le Chevalier sans peur et sans reproches.*

Bâti sur une éminence qui domine la vallée, le château des seigneurs Du Terrail avait pour entrée une arcade crénelée, ouverte dans une courtine flanquée de deux tours rondes, dont l'une servait de chapelle, et l'autre de colombier. Les murailles de la cour d'entrée subsistent encore.

Devant le corps-de-logis, trois terrasses qui se commandent, appuyées sur un glacis revêtu de gazon, s'étendent vers l'Isère. Le deuxième étage et le troisième ont été démolis; mais on voit encore au rez-de-chaussée les écuries et la cave très bien conservées. La cuisine a encore pour ornement sa large et profonde cheminée, portant sur deux colonnes de granit gris. Au premier étage est le cabinet de Bayard, et la chambre où il vint au monde. Les diverses couleurs qui peignaient les solives et les peintures à fresque qui décoraient les trumeaux sont assez bien conservées.

Le grand pavillon du sud, jadis flanqué de tours, avait les fenêtres ornées de moulures et fermées par des grillages en fer, qui ont presque tous disparu.

PLANCHES CCXII ET CCXIII.

CHATEAU D'USSÉ.

Le château d'Ussé, entouré à demi d'une vaste forêt, est situé dans la commune de Rigny, à deux lieues de Chinon. Bâti sur le penchant d'un coteau escarpé, il domine les plaines riantes de la Loire et les bords champêtres de l'Indre. Son voisinage de l'antique abbaye de Turpenay fait supposer que c'était le château qu'habitait la Dame des Belles Cousines, dont il est question dans la *Chronique du petit Jehan de Saintré* de M. de Tressan. Quoi qu'il en soit, le château d'Ussé a été fortifié à la fin du 10ᵉ siècle par Foulques III, dit *Nerra* ou *le Noir.* Sa grosse tour a été construite en 1100. À la fin du 15ᵉ siècle, le cardinal d'Épinay fit construire la chapelle d'un joli style ogivique et d'un fort bon goût, semblable à-peu-près à celles des châteaux de Biron, de Vincennes, de Coucy, etc., etc. La planche CCXIII en donne la gravure. Le cardinal d'Épinay fit aussi au château des agrandissements considérables. Il passa ensuite dans la maison de Beauvau. Au milieu du 17ᵉ siècle, il appartenait à Louis Bernin de Valentinois, contrôleur-général de la maison du roi.

En 1680, Le Nôtre ayant acheté, à la mort de Fouquet, les deux caisses de momies débarquées à Marseille en 1632, en fit présent à Louis Bernin de Valentinois, qui les fit transporter au château d'Ussé, où elles furent placées en décoration dans une niche pratiquée dans un mur de revêtement de terrasses, sur deux piédestaux. C'est le maréchal de Vauban, beau-frère de Bernin de Valentinois, marquis d'Ussé, qui fit bâtir les terrasses bastionnées du château, et qui trouvait ainsi à exercer encore, au milieu du repos, son génie guerrier. Une troisième partie de l'édifice est construite à la romaine; elle l'a été du temps de la Régence. Cette belle habitation a été possédée, jusqu'en 1785, par le prince de Rohan-Rochefort. Elle appartient aujourd'hui à M. le duc de Duras, pair de France, à qui nous devons une partie de ces renseignements.

PLANCHE CCXIV.

CHATEAU DUNOIS A CHATEAUDUN.

A voir les rues de Châteaudun, presque toutes tirées au cordeau et aboutissant à une belle place carrée, on ne soupçonnerait guère que c'est une des plus anciennes villes de France; elle doit cet aspect de nouveauté à un incendie qui la consuma presque entièrement en 1723. Louis XV, pour encourager les habitants à relever leur ville, les

exempta de taille pendant vingt ans. Tout autre était l'aspect de l'antique *Castellodunum,* appelée *Urbs Clara* dans le 5ᵉ et le 6ᵉ siècle. Alors déjà elle avait un évêché, qui fut supprimé plus tard, mais dont l'existence, constatée par Grégoire de Tours, assure à cette ville une haute antiquité.

Son château fut pendant long-temps la demeure ordinaire des comtes de Dunois, ducs de Longueville. La grosse tour qui l'accompagne, et dans l'intérieur de laquelle sont la salle d'armes et la chapelle pour la garnison, fut bâtie vers le commencement du 10ᵉ siècle, comme l'indique l'inscription qui se lit à l'extérieur du mur :

> « J'ai été construite par Thibault le
> Vieux ou le Tricheur, comte de Dunois,
> Au commencement du 10ᵉ siècle.
> Ma hauteur jusqu'à l'entablement,
> Est de 90 pieds, et en total la
> Fleur de lis comprise, de 138.
> Mon diamètre intérieur, pris par le bas,
> Est de 27 pieds, et ma circonférence intérieure de
> 85, extérieure de 167. »

Le reste de cet édifice, dont l'architecture uniforme et gothique ne manque ni de force ni d'élégance, fut construit, vers le milieu du 15ᵉ siècle, par le fameux comte de Dunois, qui contribua puissamment à faire respecter les conseils qu'il inspirait peut-être à l'immortelle Jeanne d'Arc, à qui Charles VII dut sa couronne, et la France sa délivrance du joug de l'étranger. C'était dans la cour de ce château qu'était située l'église collégiale de la Sainte-Chapelle, dans laquelle les ducs de Longueville avaient leur sépulture.

PLANCHE CCXV.

TOMBEAU DE PHILIPPE POT,

GRAND-SÉNÉCHAL DE BOURGOGNE, A DIJON.

Ce monument, remarquable par la célébrité du héros auquel il fut érigé et par la singularité de sa composition, est maintenant dans les jardins de l'hôtel de M. le président Richard de Vesvrotte. Philippe Pot, seigneur de la Roche-Nolay et grand-sénéchal de Bourgogne, fut élevé par le duc Philippe Le Bon, qui fut son parrain. Ce fut le chevalier le plus accompli de son temps : son éloquence le fit appeler *Bouche de Cicéron,* et plus tard ses bienfaits lui valurent le surnom glorieux de *Père de la Patrie.* Il fut nommé grand-chambellan et ambassadeur à Londres. Louis XI rétablit en sa faveur la charge de grand-sénéchal de Bourgogne. Né en 1428, il mourut en 1494, et fut inhumé à Cîteaux, d'où provient ce monument. Lors du siège de Constantinople par les Turcs, il vola au secours de cette ville; mais en la défendant il fut pris par les janissaires. Si nous en devons croire quelques chroniques, mahomet II, devant lequel il fut conduit, instruit de sa valeur, voulut se l'attacher et lui faire embrasser le mahométisme. Mais, outré de son refus, il le força de combattre, dans un cirque, un lion furieux. Philippe, en deux coups d'épée, l'abattit et le tua. Sa liberté fut le prix de sa victoire.

Les amis des arts doivent des éloges justement mérités à M. de Vesvrotte, qui a non seulement recueilli et sauvé du vandalisme ce monument précieux, mais l'a encore très convenablement placé. En effet, aujourd'hui couronné par des arbres touffus, et environné de monuments antiques, il présente un aspect tout à-la-fois agréable, solitaire et pittoresque.

Le grand-sénéchal y est représenté armé de pied en cap, vêtu de sa cotte d'armes, et couché sur une tombe que soutiennent six *Deuils,* qui portent chacun au bras un écusson de ses alliances. Quoique quelques écrivains aient prétendu que ce tombeau fut élevé à Philippe Pot par la reconnaissance des moines de Cîteaux, il est à-peu-près établi maintenant qu'il fut construit aux frais du sénéchal et de son vivant.

MONUMENTS

DU STYLE DE LA RENAISSANCE.

PLANCHE CCXVI.

VUE DE LA TOUR DES GENDARMES,

A CAEN.

Caen, dont le nom latin est *Cadomus*, ne semble pas avoir figuré dans les villes de l'ancienne Gaule; et il paraît que, quoiqu'elle existât depuis plusieurs siècles, elle doit son principal accroissement et son lustre à Guillaume-le-Conquérant, qui l'a singulièrement chérie et privilégiée. En vain a-t-on voulu faire dériver son nom de *Caii domus*, séjour de C. César, ou d'un Caïus, maître d'hôtel du fameux roi Arthur. Il nous paraît constant que le latin *Cadomus* n'est qu'une imitation de l'ancien nom *Cathom* ou *Cathem*, séjour *des Cadètes*. Dès le 13ᵉ siècle, elle était si peuplée et si bien bâtie, que Guillaume-le-Breton la compare presque à Paris :

> Villa poteus, opulenta, situ speciosa, decora
> Fluminibus, pratis et agrorum fertilitate,
> Merciferasque rates portu capiente marino,
> Seque tot ecclesiis, domibus et civibus ornans,
> Ut se Parisio vix annuat esse minorem.

C'est encore maintenant une ville très considérable, et dont le voisinage de la mer rend le site extrêmement agréable; elle n'a pas moins de cinquante mille habitants, et a fourni quantité d'hommes distingués dans la guerre, le barreau, la poésie et les lettres; elle possède les tombeaux de Guillaume et de Mathilde de Brabant son épouse. Les rois Louis XI, Louis XII et François Iᵉʳ se sont plu à l'embellir; elle a soutenu plusieurs siéges, entre autres celui de 1417, où « les Anglais, dit Monstrelet, assaillirent par divers assauts cette ville, alors moult puissante et bien peuplée, et moult y perdirent de leurs gens. » En 1562, elle fut prise de nouveau par les religionnaires.

La tour dite *des Gendarmes* fut bâtie hors de la ville de Caen, à une petite demi-lieue des murs de l'abbaye de Notre-Dame, par Girard de Nolland, vers la fin du 15ᵉ siècle. Cette construction, très remarquable, se compose de deux tours, jointes par une muraille crénelée; la principale est d'une forme semi-circulaire et l'autre est ronde. Il paraît que leur décoration est postérieure à leur fondation.

Deux hommes d'armes, dont l'un a un casque et l'autre la tête nue, semblent prêts à lancer des pierres pour défendre les approches de la tour. L'entablement, couronné de créneaux, est décoré de modillons et de grosses denticules, d'où des chimères variées sont distribuées de distance en distance, et servent de gouttières, à la manière gothique. Une riche fenêtre, ouvrage de la renaissance, éclaire la tour; de chaque côté, sont deux armoiries, dont l'une, où l'on voit des fleurs des lis, paraît être celle de la ville, dont les armes sont des fleurs de lis sur un champ d'azur. Les créneaux, ainsi que plusieurs assises des murailles, sont ornés de cadres circulaires, du milieu desquels, comme cela se pratiquait à l'époque de la renaissance, sortent des bustes d'une très grande saillie. Un cordon et une bande ceignent la tour, en se rajustant avec la muraille.

PLANCHE CCXVII.

DÉTAILS DE LA TOUR DES GENDARMES,

A CAEN.

Le milieu de ce fragment de muraille est orné d'une niche, dans l'intérieur de laquelle est sculptée, en relief, une grande armoirie. Une feuille de vigne, entre deux listels, décore l'extérieur de la niche et lui sert d'encadrement. Deux griffons ailés supportent l'écusson, qui est oblique, et sur lequel on voit un chevron et deux couronnes; le tout est surmonté d'un timbre de face. A gauche, on remarque une figure de Mars, représenté sous l'armure d'un guerrier du 15ᵉ siècle; de l'autre côté et plus haut, on distingue un Janus d'une conception très neuve et très remarquable; en effet, le sculpteur est parvenu à exprimer trois têtes qui n'ont à elles trois que deux yeux, et ne sont pas pour cela difformes. Dans un autre cadre, une femme paraît être embrassée par ses deux enfants, et dans d'autres trois différentes figures, costumées à la mode du temps, sont extraites de l'ensemble de la construction.

Tout ce travail est très fini et très délicat, et porte le caractère des bons ouvrages de la renaissance.

PLANCHE CCXVIII.

CHATEAU DE MEILLANT.

(CHER.)

Charles d'Amboise, seigneur de Chaumont, ayant été nommé en 1500 gouverneur de Milan, son oncle, le cardinal d'Amboise, premier ministre de Louis XII, fit, à cette époque, restaurer ou plutôt construire de nouveau le château de Meillant, dont quelques auteurs fixent la première construction au 5ᵉ siècle, époque évidemment trop reculée; les meurtrières et les mâchicoulis des parties anciennes paraissent dater du 11ᵉ ou du 12ᵉ siècle. Le cardinal fit placer sur la grosse tour, peut-être sur d'autres parties de cet édifice, les armes parlantes de Chaumont et deux *C* enlacés. Si l'on admet, d'après les traditions locales, que ce château a été bâti pour recevoir Charles d'Amboise au retour de son gouvernement, les emblèmes qui le décorent sont faciles à expliquer; mais, malgré le respect dû aux traditions, il nous semble que, puisque les chiffres et les armoiries sculptés sur le château de Meillant se retrouvent sur celui de Chaumont, ils doivent signifier seulement que Meillant était un démembrement de Chaumont. Quoi qu'il en soit, cette demeure fut incendiée au 17ᵉ siècle; les constructions postérieures sont faciles à reconnaître; elles sont simples et sans ornements. La terre de Meillant faisait partie de l'ancienne seigneurie de Charost, qui, par lettres enregistrées le 9 août 1690, fut érigée en *duché-pairie* en faveur de Louis-Armand, marquis de Béthune, lieutenant-général des provinces conquises, et chevalier des ordres du roi. Le château appartient encore à madame la duchesse de Béthune-Charost.

PLANCHE CCXIX.

CHATEAU DE LA ROCHEFOUCAULD.

Ce bel édifice de la renaissance fut élevé sur un château beaucoup plus ancien dont on voit encore des constructions précédentes, savoir, le donjon ou la grosse tour carrée qui domine tout le monument, et les deux tours qui flanquent la principale porte d'entrée du côté des bois. L'aspect de l'ensemble et les beaux détails de l'architecture le rendent très remarquable. Dans l'intérieur, on admire sur-tout un bel escalier en spirale, construit en pierres de taille.

La vue que nous donnons a été prise sur les bords de la petite rivière de la Tardouère, qui porte ce nom à cause de la lenteur de son cours; elle baigne les murs des terrasses, et passe sous le pont qui joint le château à la ville, de deux mille cinq cents habitants environ.

Ce château fut le berceau d'une des plus célèbres familles de France. François I*, pour reconnaître les *grands, vertueux, très bons et très recommandables services* de François de La Rochefoucauld, qui avait été son parrain, érigea sa baronnie en comté, et Charles-Quint, qui y visita François II de La Rochefoucauld, dit n'*avoir jamais entré en maison qui mieux sentît sa grande vertu, honnêteté et seigneurie que celle-là.* Ce comté fut érigé en duché-pairie par Louis XIII. Ce fut dans ce château que naquit, en 1603, François VI, duc de La Rochefoucauld et prince de Marcillac. Son amour pour la duchesse de Longueville l'entraîna dans le parti des frondeurs, et il perdit un œil dans une escarmouche. Il cita à cette occasion deux vers presque ignorés, qu'il ne tarda pas à parodier lorsque l'inconstance de la belle duchesse vint déchirer son cœur :

> Pour mériter son cœur, pour plaire à ses beaux yeux,
> J'ai fait la guerre aux rois, je l'aurais faite aux dieux.

Mais il les changea bientôt ainsi :

> Pour ce cœur inconstant qu'enfin je connais mieux,
> J'ai fait la guerre au roi, j'en ai perdu les yeux.

Tout le monde a lu son livre des Maximes; chacun y a reconnu la peinture vraie du cœur d'un courtisan. Mais, en admettant ainsi l'amour-propre comme le mobile de toutes les actions, l'auteur n'a-t-il pas été trompé par le spectacle qu'il avait sous les yeux? car il ne parle pas seulement des courtisans : ne semble-t-il pas n'avoir fait qu'une paraphrase longue et variée avec esprit de ce mot trop fameux : « La vertu n'est qu'un nom. » L'aurait-il cru? ce serait faire injure à son caractère, que nous apprenons si bien à connaître dans les lettres de madame de Sévigné. Non, l'auteur des Maximes croyait à la vertu; seulement il avait peu de confiance dans celle de la plupart des courtisans, et il était à portée, mieux que personne, de la bien apprécier.

PLANCHE CCXX.

CHATEAU DE COURTALIN.

Courtalin, où se trouve le château dont notre gravure offre un bel ornement, n'est pas le hameau voisin de Pomeuse (Seine-et-Marne), et renommé pour sa vaste papeterie et son puits artésien, le premier de ce genre qui ait été creusé aux environs de Paris. Ce Courtalin est un petit village du département d'Eure-et-Loir, à peu de distance de Châteaudun. Une coutume fort ancienne, et qui, comme beaucoup d'autres, n'était recommandable que par son ancienneté, exigeait, à Courtalin, que les nouveaux mariés présentassent à leur seigneur, le lundi de la Pentecôte qui suivait leur mariage, un ballon qu'ils devaient lancer par-dessus le château; s'ils ne réussissaient pas en trois fois, ils étaient condamnés à payer aux enfants une amende de trois livres. Coutume bizarre, dont il est difficile de déterminer l'origine et de concevoir le but.

Le château de Courtalin date du milieu du 15* siècle, et fut construit par les ordres de Guillaume Davangour et de Perrette de Baïf, sa femme; mais la partie représentée par notre gravure est plus moderne, et appartient au style de la renaissance. C'est un faux portique, formé par un grand arc surbaissé; un élégant modillon décore le milieu de la voussure. L'entablement, dont la frise est remplie par un écusson et des rinceaux, est soutenu sur une architrave très simple que portent deux piliers hexagones à demi engagés; des vases, des fleurs et des génies ornent dans toute sa longueur et sur toutes ses faces le fût de ces piliers; les chapiteaux sont couverts de végétaux; les petits pilastres qui ceignent la frise, hexagones et à demi engagés, ont pour ornement des losanges. La corniche, ornée de denticules, est surmontée d'une espèce de dais entouré de candélabres.

Rien de plus gracieux que cette élégante composition, qui fait honneur au ciseau du sculpteur et à la conception de l'architecte.

Le château de Courtalin, qui faisait partie du comté de Dunois, appartient depuis long-temps à la famille de Montmorency. Léon de Montmorency y est mort en 1750, et M. le duc de Montmorency y va passer, pendant l'été, le court loisir que lui laissent les travaux de la Chambre des Pairs, et des nombreuses sociétés scientifiques et de bienfaisance qui se font honneur de l'avoir pour président.

PLANCHES CCXXI ET CCXXII.

CHATEAU DE BLOIS,

ET VUE INTÉRIEURE DU CHATEAU.

Un site agréable, au sommet et sur le penchant d'un coteau, au pied duquel coule la Loire, a fait de tout temps rechercher le séjour de Blois; mais ce qui, sur-tout, y attire de nombreux voyageurs, c'est son ancien château, témoin des plus intéressants épisodes de notre histoire, et appelé à juste titre le séjour des rois, puisque plus de cent princes ou têtes couronnées l'ont habité. Aussi que de scènes attendrissantes, que de récits sanglants, que d'exploits brillants, que de désordres d'impudicité pourraient révéler les murs de ce château, s'ils étaient doués de la parole! Ils rediraient la pompe de la cour des premiers comtes de Blois, les fêtes joyeuses, les nobles tournois qui s'y donnèrent; ils soupireraient les regrets amers de Valentine de Milan, qui demanda en vain justice du sang de son époux, traîtreusement versé par le duc de Bourgogne dans la rue Barbette, à Paris; ils représenteraient cette longue lutte des Armagnacs et des Bourguignons, qui soumit presque la France aux rois d'Angleterre; ils mugiraient les accents féroces du désespoir d'Isabeau de Bavière, qui, infidèle épouse, fut mère dénaturée; ils diraient comme en 1588 le faible et perfide Henri III crut ne pouvoir effacer de sa mémoire le souvenir outrageant de la journée des Barricades qu'en faisant assassiner, dans son cabinet, Henri de Guise, et, dans la tour, le cardinal de Lorraine son frère; ils rediraient la captivité de Catherine de Médicis et l'évasion de Marie de Médicis, favorisée par le duc d'Épernon. Ils rappelleraient encore des souvenirs plus récents; mais maintenant ce château n'est plus que la caserne enfumée d'un bataillon d'infanterie. Cependant on y voit encore la salle où se tinrent les États-généraux de 1588; la chambre et la tour où furent assassinés les Guises, et les fenêtres par lesquelles Marie de Médicis s'évada du château avec quelques unes de ses femmes.

Il suffit de le considérer pour y reconnaître la main de plusieurs architectes, bien éloignés les uns des autres. Thibaud-le-Tricheur, allié à la maison de France, en jeta les premiers fondements, et on peut avec vraisemblance lui attribuer la construction de la partie méridionale de l'édifice, qui est soutenue par de vigoureux contre-forts.

Louis XII, en 1498, augmenta cette partie et construisit le côté oriental dont la planche CCXXII représente l'intérieur. On y reconnaît l'époque où les détails de l'architecture ogivale commençaient à être remplacés par les ornements précurseurs de la belle architecture qu'employa si heureusement François I* dans la façade du nord. Les tourelles, les loges, les pilastres et les arcades qui la décorent sont du plus bel effet. La partie occidentale, construite en 1635 par Mansard, sous les ordres de Gaston d'Orléans, frère de Louis XIII, composée au plus haut étage d'un ordre corinthien, et à l'étage inférieur d'un ordre ionique, aurait peut-être égalé la façade septentrionale; mais elle ne fut jamais terminée.

La planche CCXXI offre l'extérieur de ces deux façades. Le graveur, pour orner la composition, a représenté Mansard soumettant ses plans à Gaston d'Orléans et à mademoiselle de Montpensier, sa fille.

PLANCHE CCXXIII.

CHATEAU DE SAINT-GERMAIN-EN-LAYE.

Le château de Saint-Germain-en-Laye fut construit dans l'origine pour servir à-la-fois de résidence aux rois et de forteresse pour couvrir les environs de Paris. Comme aujourd'hui ce château formait un pentagone irrégulier, et représentait les cinq faces que nous lui voyons encore; seulement un des côtés ne fut d'abord en partie qu'une terrasse avec une galerie que François Ier fit démolir pour y substituer une grande salle de bal. A chacune des cinq encoignures s'élevait une tour ou pavillon carré, qui se terminait par une plate-forme, du haut de laquelle on pouvait, autant que le permettait la forêt, découvrir le pays environnant et suivre de l'œil l'ennemi. Il est fâcheux pour les annales de la galanterie que, dès l'an 1370, ce château ait figuré un D gothique; elles se seraient enrichies d'une résidence royale construite pour figurer la lettre initiale de Diane de Poitiers. A l'un des angles une grosse tour s'élançait dans les airs comme un clocher de cathédrale. Le château n'avait que trois étages, éclairés par des croisées de quatre pieds et demi de hauteur sur trois pieds de largeur. Les murs du second étage avaient trois pieds et demi d'épaisseur. Tel était le château de Saint-Germain-en-Laye, lorsque Louis XIV y fit faire des travaux qui durèrent de 1675 à 1682.

Colbert fit abattre, par ordre du roi, les tours qui flanquaient les façades du bâtiment, et Mansard les remplaça par les cinq pavillons qui existent encore, et dont la construction a coûté un million six cent mille livres. On fit en même temps une réparation générale, et l'on changea les distributions intérieures; car il s'agissait d'y loger la cour de Louis XIV, bien différente de celle des *plaisants rois* ses aïeux. L'extérieur de la chapelle fut particulièrement embelli: quant à l'intérieur, assez richement orné par Louis XIII, il fut laissé tel qu'il se trouvait.

L'extérieur du château conserve encore un aspect imposant par sa masse. Il occupe une superficie d'un hectare cinquante-cinq ares seize centiares. Sa face du côté du parterre est gâtée par une avance en pierre de taille percée de six à sept petits trous, et qui produit l'effet le plus disgracieux; la façade qui donne sur la place dite *du Château*, bâtie par François Ier, est en pierre ou plutôt en moellons recouverts de plâtre, et par conséquent d'une décoration différente du reste du bâtiment, par-tout en pierre et en brique. De vastes fossés l'enferment; un balcon de fer, placé en 1668, et faisant le tour de l'édifice à la hauteur du premier étage, en est un des plus utiles ornements.

On retrouve encore aujourd'hui, à travers plusieurs constructions plus ou moins nouvelles, des parties de la forteresse bâtie par Louis-le-Gros. A deux étages de profondeur sous la cour, on découvre les restes d'un escalier avec les fondements et les premières assises d'une tour qu'il desservait. Quant aux preuves que François Ier y a fait travailler, elles se montrent dans les FF couronnés et les salamandres sculptés dans plusieurs endroits, et principalement dans les cheminées.

Ce château a été, depuis Louis-le-Gros, la demeure favorite de plusieurs rois de France, et le séjour ordinaire de plusieurs personnages historiques.

Louis XI, qui n'avait rien à refuser à son médecin Coitier, lui fit don de ce château pour obtenir quelques années de vie; mais plus tard la donation fut annulée par le parlement.

Ce fut sur le parterre d'où est prise la vue de la gravure, qu'eut lieu en 1547, le fameux duel entre François de Vivonne de la Châteigneraie, et Guy de Chabot de Jarnac. Henri II en fut témoin avec toute sa cour. Jarnac y *combattit en César et parla en Cicéron*, suivant l'expression d'Henri II. Un coup imprévu, par lequel il rompit le jarret de son adversaire, lui valut la victoire; et depuis on a appelé *coup de Jarnac* un coup imprévu et heureux.

Catherine de Médicis, après qu'un astrologue lui eut prédit qu'elle mourrait près de Saint-Germain, ne voulut plus habiter ce château ni le Louvre, qui était près de Saint-Germain-l'Auxerrois. Elle ne pensa pas à éloigner le prélat qui l'assistait à ses derniers moments; il s'appelait *de Saint-Germain*.

Louis XIV, qui avait passé au château de Saint-Germain des heures bien douces auprès de mademoiselle de la Mothe Houdancourt, l'abandonna plus tard à la tendre marquise de La Vallière.

Jacques II, roi d'Angleterre, passa à Saint-Germain le temps de son exil; on y voit encore les appartements qu'il y occupa, et son cœur est dans l'église, à droite en entrant.

Napoléon fonda dans le château une école de cavalerie; Louis XVIII et Charles X en firent la caserne d'une division des gardes-du-corps. Il y a peu de temps encore, la moitié de la façade qui donne sur la place, affectée au service des subsistances militaires, recevait quelque gaîté et quelque vie par la présence de la nombreuse famille de l'estimable M. D........

Maintenant converti en prison militaire, ce vieux château, si riche de souvenirs, est entouré d'un mur de dix à douze pieds de hauteur, qui ne permet plus à l'œil de contempler dans toute son étendue la masse imposante du monument, de plonger dans la profondeur des larges fossés, ni de deviner l'épaisseur des lourdes pierres des fondations.

Les pavés qui brandirent tant de fois sous les pieds des coursiers impatients ne résonnent plus que sous les pas mesurés par la tristesse et l'abattement d'un militaire prisonnier. L'écho des arcades, qui si longtemps, répéta les aubades et les sérénades dont on salua le lever et le coucher de nos rois, ne répond plus qu'aux plaintes et aux blasphèmes des captifs, ou au triste tambour qui règle les différents exercices de la journée !

CHATEAU DE MAUCREUX.

Si le château de Maucreux n'offre rien de remarquable sous le rapport de l'art, il n'en est pas de même sous celui de l'histoire. Antoine Duprat, à qui il appartenait au commencement du 16e siècle, naquit le 17 janvier 1463 à Gannat, et commença par enseigner le droit à Bourges, puis fut avocat à Paris. Il parvint, par ses intrigues, à se rendre nécessaire à Louise de Savoie, mère de François Ier, qui l'éleva successivement aux grades de lieutenant-général du bailliage de Montferrant, d'avocat-général au parlement de Toulouse, de maître des requêtes, de premier président au parlement de Paris, et enfin de chancelier. Pendant le cours de ses succès, il avait épousé une fille de qualité d'Auvergne, nommée *Françoise de Veni*. Il eut d'elle deux fils, dont l'un fut Guillaume Duprat, qui devint évêque de Clermont, et qui brilla par son éloquence au concile de Trente, d'où il amena les jésuites en France. Après la mort de son épouse, il voulut unir les plus hautes dignités de la magistrature aux plus éminentes de l'état ecclésiastique. Il se fit prêtre, devint évêque de plusieurs diocèses, puis archevêque de Sens, cardinal, légat, et peu s'en fallut qu'il n'arrivât au siège papal.

Dans cette suite de prospérités, Antoine Duprat n'oublia ni sa fortune ni celle de ses parents: tous, par sa faveur, furent élevés à des grades éminents; mais, s'il fit du bien à sa famille, il fit le malheur de la France. Il ne respecta aucun principe d'ordre, de raison ni d'équité; il n'écouta que ses passions, et ses passions étaient d'autant plus impérieuses que son pouvoir plus étendu. Il s'appropria une partie des biens du connétable de Bourbon, dont il fut le juge et le spoliateur; et, pour ajouter l'insulte à l'outrage, il bâtit tout auprès du magnifique château de Chantelle, qui appartenait au connétable, le château de Verrières. Il dépouilla cet ancien palais de ses meubles les plus précieux pour en décorer sa nouvelle demeure.

Ce fut lui qui ôta les élections des bénéfices et les privilèges des églises, qui introduisit la vénalité des charges de judicature, qui apprit en France à établir hardiment toutes sortes d'impositions sans l'octroi des États; qui divisa l'intérêt du roi d'avec le bien public; qui mit la discorde entre le conseil du roi et le parlement; qui pilla les finances; qui aggrava le fardeau dont la fiscalité accable les peuples, et qui, le premier, autorisa la peine de mort contre les sectateurs et les partisans de la religion réformée. Il créa même des commissions extraordinaires, où les formes judiciaires furent effrontément violées, pour conduire plus sûrement ces malheureux sur les bûchers ardents que sa volonté seule allumait. Enfin il n'usa de son pouvoir que pour faire les plus grands maux; et, suivant l'expression énergique d'un de ses contemporains, il fut *le plus méchant des animaux à deux pieds.*

Après avoir flatté les goûts licencieux de François Iᵉʳ, favorisé son excessive prodigalité; après avoir été le conseiller, le favori de Louise de Savoie, mère de ce roi, Duprat mourut le 15 juillet 1535, en son château de Nantouillet. Son corps fut apporté dans la cathédrale de Sens, et l'on observa qu'il y entrait pour la première fois.

Nous terminerons cet article par une remarque que nous pensons n'avoir été faite par aucun écrivain; c'est le mécontentement que Louise de Savoie manifesta d'une manière piquante contre le cardinal Duprat dans le petit journal qu'elle a écrit, et dans lequel elle a noté plusieurs évènements de son temps. Voici ses singulières expressions : « En no-« vembre 1518, le moine rouge, *Antoine Boys,* parent de notre révé-« rendissime chancelier (*Duprat*) et des *inextricables sacrificateurs* des « finances, alla, *de repos en travail,* hors de ce monde, et lors fut faicte « une *fricassée d'abbayes,* selon la folle ambition de plusieurs papes. »

PLANCHES CCXXIV ET CCXXV.

VUE DU CHATEAU DE JOINVILLE,

PRISE DU COTÉ DU JARDIN, ET FAÇADE.

L'opinion la plus générale est que Jovinus, capitaine romain, dont nous avons déja publié le tombeau, qui est maintenant dans la cathédrale de Reims, ayant fait bâtir, vers l'an 369, une tour pour fortifier le pays, les habitants se réunirent au pied de la montagne, et fondèrent la ville qui maintenant s'appelle Joinville, du nom de *Jovinus.* Le château que l'on voit ici n'est pas celui du sire de Joinville, historien de saint Louis, qui était sur la hauteur, vraisemblablement au même endroit où était construite la tour de Jovinus; celui-ci fut édifié par Claude de Lorraine, duc de Guise et prince de Joinville, père de François de Lorraine, surnommé *le Balafré.* Un millésime, écrit dans un fronton, porte l'année 1546. Ce monument est un des ouvrages les plus finis et les plus curieux de la renaissance, et ne le cède en rien pour la beauté du travail aux châteaux d'Anet, de Chenonceaux et de Chambord. On y trouve des parties qui ont beaucoup de rapport avec le palais du Louvre. Le château forme un seul pavillon, long de cent cinquante-trois pieds sur la façade, et de quarante-trois sur le profil. On le nomma *Petit Château* ou *Château d'en Bas,* pour le distinguer de celui du sire de Joinville.

La lettre A que portent les piédestaux de presque tous les pilastres semble se rapporter à Antoinette de Bourbon, épouse de Claude de Lorraine, ou à Anne d'Est, épouse de son fils François.

PLANCHE CCXXVI.

TOMBEAU A SAINT-MIHIEL.

Ce monument, un des plus beaux ouvrages du 16ᵉ siècle, est sculpté dans une des chapelles de l'église de Saint-Étienne, à Saint-Mihiel en Lorraine. Les figures en sont isolées et d'une proportion plus grande que nature; elles ont été taillées dans un seul bloc d'une pierre très dure et très blanche. On est surpris du silence des géographes et des voyageurs sur l'existence de ce monument, et nous ne pouvons à ce sujet que répéter une tradition ancienne que nous avons recueillie sur les lieux.

L'auteur de cette Descente de Croix se nommait Richier, et était natif de Saint-Mihiel : attiré par la haute réputation de Michel-Ange, il partit pour l'Italie et fut élève de ce grand maître. Dans un âge plus avancé il retourna à Saint-Mihiel, y consacra les dernières années de sa vie à l'exécution de ce beau monument. On ajoute qu'il le sculpta à même d'un rocher qui était dans cette chapelle, et que l'on n'avait pu

faire sauter lors de la construction de l'église, qui fut bâtie en 1500. On ne connaît d'autre ouvrage de Richier qu'une figure anatomique que l'on fait voir à Bar-sur-Ornain. Il paraît que les sculpteurs français de cette époque s'attachèrent fortement à l'école de Michel-Ange et s'y distinguèrent, puisque, indépendamment de Richier, nous avons déja parlé des frères Jacques, élèves du même maître, et auteurs du magnifique tombeau de saint Remi à Reims. A la même époque, Jean de Bologne, Français, natif de Douai, après avoir également travaillé sous Michel-Ange, embellit de ses travaux les plus grandes villes de l'Italie; tandis qu'en France, Jean Goujon et Germain Pilon, sortis de la même école, y exécutaient les beaux ouvrages que nous y admirons encore.

Le morceau de sculpture ici représenté est composé de treize figures : sur le devant Nicodème porte le corps du Christ en le soulevant avec ses bras; Joseph d'Arimathie, un genou en terre, lui soutient les jambes sur son autre genou; Madeleine richement vêtue lui baise les pieds; la douleur est sur son visage, et son profond respect éclate jusque dans la manière avec laquelle sa main touche aux pieds du Sauveur. Un vase de parfums est à terre, et de l'autre côté sont les débris de la lance qui perça Jésus. A droite sainte Véronique s'avance portant le suaire et la couronne d'épines; le centenier est derrière elle. Près de Madeleine on voit le tombeau, et Salomé y déploie le linceul qui doit recevoir le Christ. Au milieu, sur le second plan, la mère de Jésus évanouie succombe sous le poids de sa douleur; elle est soutenue par Marie, mère de Jacques, et par saint Jean : un ange embrasse la croix en tenant l'inscription et le sceptre qui la surmontaient. Enfin, par un anachronisme du temps, deux soldats accroupis jouent aux osselets sur un tambour. Tous les costumes sont du siècle de François Iᵉʳ; mais à cela près l'on ne peut nier que pour la composition, l'expression et l'exécution, cette Descente de Croix ne le cède guère à celle de Daniel de Volterre, également élève de Michel-Ange.

Ce fut au monastère de Saint-Mihiel que le cardinal de Retz composa une partie de ses mémoires. Après sa mort, ses papiers furent donnés à madame de Caumartin; mais, avant cette restitution, les moines en avaient pris copie, et les éditions que l'on a eues jusqu'alors des mémoires du cardinal ont été publiées d'après cette copie altérée. Le manuscrit original, remis pendant la révolution à M. Réal qui voulait l'éditer, fit deux fois le voyage d'Amérique, et ne fut rendu à l'État qu'après une distraction de près de quarante ans. Nous avons appris avec plaisir que MM. Michaud et Poujoulat vont donner, dans leur nouvelle collection des *Mémoires pour servir à l'histoire de France,* une édition authentique de ces mémoires jusqu'alors tronqués, et presque dénaturés.

PLANCHE CCXXVII.

STATUES DES PAIRS DE FRANCE,

QUI DÉCORAIENT LE TOMBEAU DE SAINT REMI.

Il y a eu trois tombeaux de saint Remi; le premier érigé par Hincmar; le deuxième, par l'abbé de Saint-Remi au 12ᵉ siècle; et le troisième, que représente cette gravure. Ce magnifique monument, qui fut érigé dans l'abbaye de Saint-Remi au 16ᵉ siècle, par Robert de Lénoncourt, archevêque de Reims, n'existe plus. Il n'en reste maintenant que le groupe de saint Remi, qui étend la main droite sur Clovis, et les douze Pairs laïques et ecclésiastiques de France. Ces figures, exécutées dans le style florentin, passent pour être de la main de deux artistes rémois nommés les Frères Jacques, que l'on croit avoir été élèves de Michel-Ange. Nous allons les désigner avec leurs attributs. N° 1. Le comte de Toulouse, portant les éperons. N° 2. Le comte de Flandre, portant l'épée. N° 3. Le duc d'Aquitaine, portant une bannière. N° 4. Le duc de Normandie, portant une bannière. N° 5. Le duc de Bourgogne, portant la couronne. N° 6. Le comte de Champagne, portant une bannière. N° 7. L'archevêque de Reims. N° 8. L'évêque de Beauvais. N. 9. L'évêque de Langres. N° 10. L'évêque de Laon. N° 11. L'évêque de Châlons. N° 12. L'évêque de Noyon. N° 13. Groupe de saint Remi et de Clovis. N° 14. Représentation de l'ensemble du tableau maintenant détruit.

Quoique ce monument semblât représenter le sacre de Clovis, on sait que l'usage de sacrer nos rois n'existait point encore à cette époque. Pépin fut le premier qui introduisit cette cérémonie, dont tous ses successeurs ont suivi l'usage jusqu'à nos jours.

PLANCHE CCXXVIII.

PORTE DE LA RENAISSANCE A VALENCE.

(DROME.)

La porte que représente cette gravure décore l'étage inférieur d'une maison sise près de la préfecture, et dont les divers étages sont ornés d'arabesques et de sculptures très délicates. La maison des chevaliers à Viviers (pl CCXXIX), et l'hôtel Lasborde à Toulouse (pl. CCXXX), donneront une idée suffisante de ce genre d'ornements; les sculptures de cette porte nous ont paru si curieuses, que nous avons préféré négliger le reste pour représenter cette partie sur une plus grande échelle. L'absence de tout renseignement sur les premiers possesseurs de cette maison laisse un vaste champ aux conjectures. Mais il y a, dans les divers groupes sculptés, un ensemble frappant, et que nous n'avons pu négliger. Nous avons regretté de ne rien découvrir sur l'espèce de bouclier que portent les deux génies placés au milieu de la coquille, ornement assez heureux du fronton; mais les sculptures de la frise ont évidemment rapport à quelque circonstance que l'on aura voulu rappeler. Nous ne serions pas éloigné de penser que, dans ces temps où la galanterie allait souvent jusqu'à la dissolution, le rapt de quelque fille noble aura attiré sur un *gentil chevalier* de dures persécutions; un sculpteur aura voulu graver cet épisode, et l'aura traité dans un but moral. Suivant cette interprétation, le buste de gauche représente l'épouse légitime désespérée de l'infidélité dont elle est victime; celui de droite l'heureuse rivale, dont la beauté rehaussée par un air simple et candide, fit naître dans le chevalier une flamme criminelle. Le premier groupe à gauche, en rapport avec les sculptures des chapiteaux, et le génie de l'abondance représenté sur le médaillon du piédestal qui supporte le grand buste, sont l'image de l'abondance et de la tranquillité dont jouissait l'heureux couple tant que l'amour unit l'époux à l'épouse. Mais la guerre personnifiée, le temps et une longue absence figurés l'un par l'eau qui coule d'une fontaine, l'autre par un coursier tout harnaché, ont assoupi cet amour si vif d'abord. Junon, Vénus et Minerve, c'est-à-dire la distinction, la grace sémillante et la beauté sévère ont engagé le mari volage à décerner la pomme à l'une d'elles : il est bientôt vaincu ; il fuit entraînant avec lui la beauté qui a séduit son cœur, et avec laquelle il n'a trouvé que combats, figurés sur le chapiteau par l'arc et la flèche; que trahison, exprimée par Judith tranchant la tête d'Holopherne. Le remords l'a poursuivi de son terrible aiguillon, la douleur et l'abattement ont abrégé ses jours. Tout cela est figuré dans le médaillon du piédestal que supporte le buste de droite.

Les piédestaux groupés ont pour ornements des oiseaux, des monstres, des autels, des cavaliers, quelques cariatides et cent autres figures d'un goût assez bizarre, mais d'un ensemble original : il est fâcheux que beaucoup de parties soient presque frustes. Quant aux personnages représentés dans des médaillons sur la plinthe, ce sont probablement les figures de ceux qui ont fait construire ou possédé cette maison. Du reste, tout est de conjecture; la vérité à ce sujet sera peut-être ignorée à jamais.

PLANCHE CCXXIX.

MAISON DES CHEVALIERS A VIVIERS.

(ARDÈCHE.)

Viviers n'a eu quelque renom qu'au 5ᵉ siècle; elle le dut au malheur de l'ancienne *Alba Helviorum*, Aps ou Albe, que Crocus ruina en 420. L'évêque Ausone transféra alors son siège à Viviers, qui devint ensuite la capitale du Vivarais. Cette ville vit l'infortuné Raymond, comte de Toulouse, dépouillé de ses biens et fouetté par les prêtres, faire hommage, une chaîne au cou, pour un fief qu'il dut reconnaître tenir de l'église de Viviers. En 1562, elle prit, contre le roi, le parti du prince de Condé, et souffrit beaucoup pendant les guerres de religion. Prise et reprise plusieurs fois, elle paya, du sang de ses habitants et de la ruine de ses édifices, ses succès comme ses revers.

La maison, dont cette gravure offre le dessin, est un édifice remarquable de la renaissance par la beauté de son architecture et l'élégance des ornements qui la décorent. Elle fut peut-être construite par un de ces preux chevaliers, fermes appuis du trône, et défenseurs-nés de tout être souffrant. Un de ses descendants en aura dirigé l'ornementation, et fait sculpter, des deux côtés du casque à visière fermée, quatre personnages délivrés par la protection du héros. Sur la frise qui est au-dessus du premier étage, un combat animé entre divers chevaliers dut sans doute immortaliser une action d'éclat.

Il est probable que sur le socle qui porte les deux casques étaient gravées les armoiries de chevalier; mais elles sont presque frustes, et nous n'avons pu les reconnaître. Du reste, nous avons admiré la belle ordonnance de l'architecture, la richesse du travail des consoles, des rinceaux et des chapiteaux.

Vivement affligé des dégradations qu'a souffertes la partie inférieure de cette maison remarquable, nous avons appréhendé une destruction complète, et nous nous sommes empressé de la reproduire par la gravure. Le nombre des édifices de la renaissance diminue de jour en jour; il serait à souhaiter qu'ils pussent être acquis par des personnes en état de les apprécier et de les conserver.

PLANCHE CCXXX.

HOTEL LASBORDE A TOULOUSE.

Cette habitation particulière a quelques rapports avec celles que représentent les gravures précédentes; la variété et le goût de ses ornements offrent un type de l'architecture du 16ᵉ siècle. Comme à Valence et à Viviers, on remarque ici d'élégants rinceaux, de riches pilastres, de curieux médaillons, et des génies d'un bon goût. Mais la diversité de l'ornementation et l'irrégularité des différents corps de bâtiments produisent une sensation peu agréable.

PLANCHE CCXXXI.

CHATEAU DE CHAMBORD,

COTÉ DU PARC.

Long-temps on ne vit à Chambord, *Camborium* dans les chroniques, qu'un vieux castel, rendez-vous de chasse, construit vers la fin du 11ᵉ siècle par les comtes de Blois. Mais l'ère des Primatice, des Jean Goujon, des Germain Pilon, des Jean Cousin, des Pierre Bontems, favorisés par le goût d'un monarque ami des lettres et des arts, se leva dans le 16ᵉ siècle, et Chambord dont le parc de douze mille arpents, arrosé par la rivière du Cosson, offrait à-la-fois les plaisirs de la chasse et ceux de la pêche, fixa le premier l'attention du duc d'Angoulème devenu roi de France. L'aimable châtelaine de Thoury et la belle châtelaine de Montfrault l'attiraient souvent vers les rives de la Loire; il voulut s'y créer un château royal. Le Primatice lui en offrit les dessins, et, pendant douze ans, dix-huit cents ouvriers y travaillèrent sans relâche. La construction fut continuée sous le règne d'Henri II, et ne fut achevée que sous celui de Louis XIV. La Salamandre, la devise *Nutrisco et extinguo*, avec les F couronnés, les D et les H réunis, avec les croissants et la devise *Donec totum impleat orbem*, le soleil rayonnant avec la devise *Nec pluribus impar*, attestent ces trois règnes. Mais en trop d'endroits ils ne restent que pour indiquer les diverses parties où les peintres les plus célèbres et les plus habiles sculpteurs avaient déployé la magie de leur pinceau et de leur ciseau : car ce château, que Charles-Quint appelait *un abrégé de ce que peut l'industrie humaine*, a eu des temps bien contraires; la main du vandalisme de 1793 y a fait sentir ses ravages, et peu s'en est fallu qu'il ne s'écroulât, car il faisait honneur aux rois qui l'avaient construit et embelli.

Le Primatice a voulu, à Chambord, attester le retour qui s'opéra alors de l'architecture ogivique à celle des Grecs et des Romains. Aux grosses tours et au donjon des siècles antérieurs, il joignit d'élégantes galeries ornées de pilastres où trois ordres d'architecture se lient avec une heureuse harmonie. A la force, on pourrait dire même à la lourdeur de la masse, il joignit une richesse et un fini de détails qui durent charmer les yeux des hauts seigneurs et des nobles dames qui ornèrent la cour de François Ier : car ce roi ne voulut pas seulement être entouré de vaillants guerriers et de capitaines renommés : « Une cour sans dames, disait-il, est une année sans printemps, un printemps sans roses. »

Avec quelle douce satisfaction ce monarque devait apercevoir des hauteurs de Blois les dômes élégants, les hardis donjons, les magnifiques terrasses, et sur-tout la belle lanterne qui couronnait l'escalier merveilleux ! car « il n'a point son pareil en la France, dit André Duchesne; il est tellement et si largement composé, qu'un grand nombre d'hommes y peuvent monter et descendre diversement, et en même temps sans s'entrevoir. » Ce fut dans cet escalier que Gaston d'Orléans s'amusa souvent à se faire chercher par mademoiselle de Montpensier, encore enfant. Trahi par sa voix et ses pas, il était protégé par les nombreux et ingénieux détours de l'escalier. Mais il ne dut pas servir seulement à l'amusement d'une enfant; il favorisa souvent les plus doux mystères; peut-être plus d'une fois la duchesse d'Étampes et la fière Diane de Poitiers le montèrent ensemble.

Cependant François Ier avait un autre escalier pour se rendre chez la maîtresse qu'il devait léguer à son successeur, et dont Brissac partageait avec lui les faveurs. Le monarque en fut-il instruit, lorsqu'il grava avec la pointe d'une émeraude, sur une fenêtre de sa chambre, ces deux vers si connus :

Souvent femme varie,
Bien fol est qui s'y fie ?

On chercherait en vain cette précieuse vitre : Louis XIV en fit le sacrifice à une amante plus fidèle. On ne serait pas plus heureux si l'on cherchait les pincettes dont se servait l'ingénu Louis XIII, pour enlever de la collerette de mademoiselle de Hautefort la lettre qu'elle y avait cachée; ni la glace sur laquelle mademoiselle de Montpensier souffla et écrivit le nom de Lauzun, trahissant ainsi le secret d'un cœur qui ne devait pas connaître le bonheur.

Tout a été dévasté dans ce château; les meubles ont été vendus à l'encan, et l'on n'y retrouve que nu et sans ornements le théâtre sur lequel Molière fit représenter pour la première fois, en 1670, son *Bourgeois Gentilhomme;* la chapelle gracieuse où priait François Ier, et le simple oratoire de la reine de Pologne.

Les arbres si nombreux du beau parc sont encore, comme du temps de Pélisson, « condamnés au silence, » et ils ne peuvent redire le courage de François Ier, désarmant par sa magnanimité le traître Guillaume, qui avait promis sa mort à ses ennemis; ni les chasses nombreuses et brillantes de nos rois, ni les soupirs de Louis XIV pour la piquante Mancini, puis pour la sensible La Vallière.

Le cœur des habitants de Chambord n'a pas mieux gardé le souvenir des bienfaits de Stanislas, roi de Pologne, et de sa digne épouse. Seulement on s'y rappelle qu'au milieu du siècle dernier, là mourut celui qui fut appelé « le professeur de tous les généraux de l'Europe, » l'illustre maréchal de Saxe.

Dans ces derniers temps, le château de Chambord a appartenu au duc de Bordeaux.

PLANCHE CCXXXII.

SCULPTURES DE LA RENAISSANCE,

ET TOMBEAU DU SIRE DE VAUDREY.

Les deux panneaux du haut de la planche représentent en deux sujets l'Annonciation : l'ange Gabriel, à genoux sur des nuages, montre du doigt le Saint-Esprit qui vole sur sa tête, et déclare à Marie les ordres du Très-Haut; la sainte Vierge, les mains jointes et un livre ouvert sur les genoux, écoute humblement le messager céleste. Cet ou-

vrage, parfaitement sculpté en bois, a été dessiné à Avignon. Il désigne la plus belle époque de la renaissance, et paraît avoir été exécuté sur les modèles de Jean Goujon ou de Jean Bullant.

Sous ces bas-reliefs, on voit le tombeau de sire de Vaudrey, monument de la même époque, quoique d'un style bien différent. Il est taillé dans un marbre grisâtre, un peu veiné de blanc, et paraît être un portrait naïf du chevalier dont la taille est très ramassée; il est couvert d'une riche armure et a les mains jointes. Sur une tablette à ses pieds on lit l'inscription suivante :

Cy gict messire Maximilian de Vauldrey à son vivant Chl'. seigneur dud. lieu la Chassaigne F^s. chamberlan ordinaire de l'empereur Charles V de ce nom. Trépassa le XXV d'octobre XVCXLV, c'est-à-dire 1545.

Ce tombeau est encore dans l'ancienne chapelle seigneuriale de l'église, et appartient à madame la marquise de Monciel, maintenant propriétaire de la terre de Vaudrey près d'Arbois.

On a ajouté, pour compléter la planche, quatre chapiteaux remarquables dessinés à Chambord.

PLANCHE CCXXXIII.

VUE GÉNÉRALE DU CHATEAU D'ÉCOUEN.

Écouen est un bourg du département de Seine-et-Oise; il est bâti sur la pente d'une colline pittoresque, à cinq lieues et demie de Paris. Il en est fait mention dans quelques titres anciens; mais il resta sans importance jusqu'au 16e siècle. Alors on y construisit une chapelle agrandie depuis; alors aussi le connétable Anne de Montmorency, célèbre par ses exploits, par ses disgraces, et trop malheureusement fameux par la cruauté qu'il déploya envers les habitants de Bordeaux, chargea l'architecte Bullant, élève du célèbre Pierre Lescot, de décorer de sculptures et d'ornements le château bâti dans le siècle précédent sur les ruines d'une ancienne forteresse. Le talent de l'architecte répondit aux désirs du connétable, et des quatre corps de bâtiments disposés en carré parfait, l'un fut orné des ordres dorique et ionique superposés; l'autre de quatre grandes colonnes corinthiennes cannelées, surmontées d'une frise qu'enrichissaient des trophées d'une exécution remarquable. Sur la façade du côté de Paris, un attique surmonté d'une campanille, et porté sur deux ordres réunis, couronnait le cintre sous lequel était la statue équestre d'Anne de Montmorency.

Lors des guerres de la Vendée, ce château, qui avait appartenu à la famille des Condé, et qui était devenu propriété nationale, servit de prison d'État. Mais en 1805 il reçut la plus noble destination. Après la bataille d'Austerlitz, l'empereur crut devoir aux services des braves qui versaient chaque jour leur sang pour la patrie et pour lui, de charger l'État de l'éducation de leurs enfants. Dès-lors Écouen devint une Maison-Impériale-Napoléon; et trois cents jeunes personnes, filles, sœurs, ou nièces des officiers de la Légion-d'Honneur, y furent dirigées par la célèbre madame Campan, ex-femme de chambre de Marie-Antoinette. Ce fut madame Campan qui, avec Lacépède, chancelier de la Légion-d'Honneur, rédigea les projets de règlement, auxquels Napoléon n'apporta qu'une modification. Les élèves devaient entendre la messe les dimanches et les jeudis. *Tous les jours,* écrivit l'empereur. C'était un grand jour pour la maison d'Écouen quand le héros qui disposait des destinées de l'Europe allait encourager par sa présence les travaux des jeunes élèves, lorsque ses yeux s'arrêtaient sur une page d'écriture, et que ses mains accoutumées à tenir le sceptre du monde touchaient le bas qu'avait tricoté une enfant de sept ans ! Louis XVIII supprima la maison d'Écouen et la réunit à celle de Saint-Denis.

Le château fut rendu au duc de Bourbon; le duc d'Aumale en a hérité en 1832.

PLANCHE CCXXXIV.

ARC DE GAILLON,

A L'ÉCOLE DES BEAUX-ARTS DE PARIS.

L'arc de Gaillon, dont cette planche est la représentation fidèle, est un des plus précieux ornements de l'*École des Beaux-Arts*, comme il était un des morceaux les plus remarquables de l'ancien *Musée des Petits-Augustins*. Cet arc faisait partie de ce magnifique château de Gaillon, élevé de 1510 à 1550 par le cardinal Georges d'Amboise, sur les ruines d'un ancien château détruit par les Anglais en 1423.

Ce cardinal, dont la sage administration mérita à Louis XII le glorieux surnom de *Père du peuple*, prépara à son successeur un titre bien précieux aussi, celui de protecteur et de restaurateur des arts. Il avait envoyé plusieurs artistes étudier à Rome les chefs-d'œuvre de Raphaël, et à leur retour dans leur patrie ils dotèrent la France d'une foule de créations heureuses. De ce nombre fut le château de Gaillon. Maintenant converti en *maison de détention*, il a conservé plusieurs des ornements dont Jean Juste le décora, et qu'y fit ajouter par la suite Nicolas Colbert, archevêque de Rouen, qui, de 1691 à 1707, dépensa plus de deux cent mille écus à l'augmentation et à l'embellissement de cette magnifique résidence.

L'arc de Gaillon faisait partie de la première construction, et peut être regardé comme le type de cette brillante architecture qui se leva pour la France avec le 16e siècle. Alors reparurent la régularité des lignes, la beauté des proportions et la grace des profils; c'est un adieu aux formes légères et capricieuses du style ogivique; et ce n'est pas tout-à-fait encore le style que déploya Philibert Delorme dans le château d'Anet.

La perfection de la gravure nous dispense d'une longue description; le burin, mieux que la plume, fait sentir et la beauté de l'ensemble et les graces de détail.

PLANCHE CCXXXV.

GALERIE DU LOUVRE.

L'obscurité, qui dérobe à jamais les fondations de l'antique château du Louvre, couvre aussi d'un nuage impénétrable l'étymologie de son nom. On y chercherait en vain maintenant un *lover* (château en langue saxonne), un *lupara* (retraite des loups); on y trouverait *l'ouvre* ou l'œuvre par excellence, mais ce serait faire de nos ancêtres des prophètes; ils auraient prédit huit cents ans d'avance la construction d'un superbe palais.

C'est, du reste, sans regret que l'on ne retrouve plus la maison de campagne où nos rois « tinrent des chiens, des chevaux, des piqueurs et des équipages de chasse; » ni la grosse tour construite par Philippe-Auguste, et dans laquelle gémirent d'illustres victimes, les comtes de Flandre, Ferrand, Guy et Louis; le célèbre Enguerrand de Coucy, l'infortuné Enguerrand de Marigny, et le redoutable Charles, roi de Navarre. Sans y rechercher le fil d'archal dont Charles V fit usage pour empêcher les pigeons d'entrer dans son appartement, ni la tour de la librairie, dont les neuf cents volumes, précieux trésor alors, se retrouvent dans presque toutes les bibliothèques, on est tout entier au vif sentiment d'admiration que cause la vue de ces quatre ailes régulièrement disposées, et d'une riche ornementation. Mais les yeux s'arrêtent de préférence sur la partie dite du Vieux-Louvre, et représentée sur cette gravure. L'œuvre de Pierre Lescot et de Jean Goujon a un attrait tout particulier; on la contemple, on l'admire; et, si les yeux se portent aussi sur les autres parties, c'est pour revenir avec un nouveau charme sur les graces inimitables de ce beau morceau.

Pierre Lescot le commença en 1541, par les ordres de François Ier, et le continua sous le règne de Henri II. Trois étages le composent: des colonnes corinthiennes décorent le rez-de-chaussée; deux ordres composites règnent au premier et au deuxième étage; l'habile ciseau de J. Goujon décora ces trois ordres de sculptures, dignes en tout de la richesse de l'architecture; mais ce fut sur-tout au troisième étage, en forme d'attique, qu'il prodigua les plus riches trésors: trophées, esclaves enchaînés, vertus personnifiées, concourent à l'ornement de ce troisième ordre; et l'ami des arts, en contemplation devant ce magnifique ouvrage, ne sait ce qu'il doit le plus admirer de la correction, de la pureté des formes et des ordonnances, œuvre de l'architecte, ou de la perfection des figures et des groupes sculptés par le ciseau du statuaire.

L'intérieur n'est pas moins remarquable que l'extérieur, et J. Goujon s'est surpassé lui-même dans l'exécution des cariatides colossales qui soutiennent la belle tribune de la salle des Cent-Suisses.

Le Mercier, que Louis XIII chargea de continuer l'œuvre de Pierre Lescot, ne fut ni aussi habile ni aussi heureux que son prédécesseur. Le dôme et les cariatides qu'il ajouta font un effet peu agréable; mais l'ensemble total de ce bel édifice est si majestueux, que l'on n'a pas la force d'en critiquer les détails.

Presque tous les rois qui se sont succédé depuis François Ier ont ajouté quelques parties au Louvre. Louis XIV, sur-tout, et Napoléon y ont appliqué le cachet de leur règne par des accroissements et des embellissements. Pouvons-nous espérer de voir le roi ajouter, à tant de grands travaux exécutés sous son règne, l'achèvement du Louvre et sa jonction avec les Tuileries? Verrons-nous bientôt une place magnifique, ceinte de deux ailes de bâtiments d'une architecture noble et sévère, s'étendre entre le palais de nos rois et celui des arts? C'est le vœu de la France; et elle ne reculerait pas devant un léger sacrifice pour l'exécution de ce magnifique travail.

PLANCHE CCXXXVI.

CHATEAU D'ANET.

Une aile, les murs, la rotonde et deux pyramides de la chapelle, voilà tout ce qui a survécu aux orages de la révolution dans ce magnifique château d'Anet, dont l'*Amour ordonna la superbe structure*. Il était l'œuvre de Philibert Delorme.

A l'entrée, quatre colonnes doriques, dont la frise était ornée de triglyphes et de métopes, soutenaient un fronton où figurait Diane en bronze, environnée de chiens et de sangliers. Dans l'attique était une horloge très curieuse. Les heures étaient frappées par un cerf en bronze que poursuivaient des chiens également en bronze. L'orangerie était aussi très remarquable. Ce château, d'une belle architecture, fut construit par Henri II pour sa maîtresse, la belle Diane de Poitiers, duchesse de Valentinois, dont les cheveux, dit Sainte-Foix, étaient extrêmement noirs et bouclés, la peau très blanche, les dents, la jambe et les mains admirables, la taille haute et la démarche noble. Elle était si belle encore six mois avant sa mort, c'est-à-dire à l'âge de soixante-cinq ans, que Brantôme ne croyait pas qu'il pût y avoir *cœur de rocher qui ne s'en fût ému*. Elle était, ajoute-t-il, fort débonnaire, charitable et aumônière, et il est constant qu'elle fonda dans Anet un hôpital pour douze pauvres femmes veuves et trois filles.

Le roi Henri II ne savait rien lui refuser; et, pour faire connaître à tous son amour, il avait, dans tout le château, fait enlacer son chiffre et celui de sa maîtresse. Il fit même frapper des médailles à son effigie, et l'exergue était *Omnium victorem vici*. Lui-même avait pris pour devise: *Donec totum impleat orbem*, autour d'un croissant; symbole des honneurs dont il voulait combler la duchesse de Valentinois.

Le maréchal de Vendôme a possédé Anet avec titre de principauté. Ce fut d'Anet qu'il partit pour aller mettre Philippe sur le trône d'Espagne; c'est à Anet qu'il reçut, en 1686, le dauphin, et qu'on représenta *Acis et Galatée*, le dernier des opéras de Lulli. Madame la duchesse du Maine, si célèbre par son esprit et par son goût pour les lettres, tenait sa cour à Sceaux et à Anet. Ce beau monument de la renaissance appartenait, à la fin du 18e siècle, au duc de Penthièvre.

PLANCHE CCXXXVII.

CHAPELLE SÉPULCRALE A JOIGNY.

(YONNE.)

Si l'on en croit la tradition, à laquelle on ne doit pas toujours ajouter foi aveuglément, la petite ville de Joigny aurait eu pour fondateur ce Flavius Jovinus dont nous avons décrit le tombeau (tom. Ier, planches CII et CIII). Ce serait de lui au moins qu'elle aurait pris son nom latin de Jovinianum.

C'était autrefois une place entourée de fortes murailles flanquées de grosses tours rondes; et, dès le 10e siècle, elle eut ses comtes particuliers. Renaud Ier, comte de Sens, y avait construit un château, sur les ruines duquel le cardinal de Gondi ou le duc de Villeroi entreprit de se créer une demeure pleine de charmes; mais elle ne fut pas achevée. L'emplacement, du reste, était très favorable, sur le haut d'un coteau d'où la vue dominait le cours de l'Yonne à travers de belles campagnes.

La chapelle, que représente cette gravure, est un des premiers monuments du style de la renaissance. Il serait cependant difficile d'en préciser l'époque et la destination; les ornements funéraires qui y sont prodigués indiquent seuls qu'elle dut servir de tombeau à une famille probablement illustre; il paraît constant d'ailleurs que l'emplacement qu'elle occupe était autrefois un cimetière de la ville. Plus tard, on construisit à côté un vaste édifice destiné à une communauté religieuse; la chapelle alors servit de sacristie. En 1791, les religieux furent compris dans l'abolition générale, et la passion, qui poursuivit les anciennes institutions jusque dans les monuments qui pouvaient en rappeler le souvenir, exerça ses cruels dégâts sur cette curieuse chapelle. Les statues qui décoraient les niches furent brisées, et la plupart des bas-reliefs gravement endommagés. Ce monument cependant, tel qu'il est, est encore remarquable, et nous formons des vœux pour que l'administration locale mette tous ses soins, sinon à le restaurer, au moins à le conserver. Il mérite d'être visité, avec la belle salle du tribunal, partie autrefois de l'ancien couvent.

PLANCHES CCXXXVIII A CCXLI.

VUE LATÉRALE DU CHATEAU DE CHAUMONT.

AUTRE VUE LATÉRALE
DU CHATEAU DE CHAUMONT-SUR-LOIRE.

VUE GÉNÉRALE DU CHATEAU.
FRAGMENTS ET DÉTAILS.

Ce château, d'une origine fort ancienne, est situé sur le sommet d'un charmant coteau, et offre, pendant plus de six lieues, un aspect pittoresque et varié au voyageur qui parcourt la magnifique levée de la Loire. On attribue sa première fondation à Eudes Ier, comte d'Anjou, qui le commença vers l'an 1000. Il appartient ensuite aux maisons réunies de Chaumont et d'Amboise, puis aux seigneurs de La Rochefoucauld, qui le vendirent à Catherine de Médicis pour la somme de cent vingt mille livres. A la mort de Henri II, en 1559, cette reine impérieuse contraignit Diane de Poitiers d'accepter ce château de Chaumont en échange de celui de Chenonceaux (voir pl. CCXLII). Chacun de ces divers propriétaires a laissé dans les ornements de sculpture intérieure le monogramme ou les attributs distinctifs de ses dignités.

La plus grande tour qu'on aperçoit ici se nomme encore la tour d'Amboise, et les constructions qui l'avoisinent sont les parties les plus anciennes du château. Le paysage qui l'entoure, planté sur un terrain inégal, se dessine agréablement. La pente de la colline est couverte d'arbres d'espèces variées; quelques roches, qui semblent sortir de la verdure, ajoutent encore à l'effet général et enrichissent la composition.

Sur la gauche, on découvre la rivière et quelques barques qui la descendent. L'autre rive offre, dans une assez grande étendue, des campagnes riantes et bien cultivées, parsemées d'habitations, qui terminent heureusement l'horizon.

La planche CCXXXIX représente la partie du château qui est opposée à la Loire. On voit dans celle-ci deux tours ornées, dont le pied est assis solidement sur une base qui va toujours s'élargissant, et dont la partie supérieure est en encorbellement; au milieu règne une longue galerie qui se prolonge d'une tour à l'autre; la chapelle, qu'on aperçoit sur la droite, offre le caractère d'un beau gothique. Plus loin on découvre le cours de la rivière, entrecoupée de petites îles couvertes d'arbres et de maisons de campagne, et sur laquelle des barques naviguent dans tous les sens. Le devant du tableau est enrichi de différents détails qui développent les ornements de cet ancien édifice, mélangé de gothique et de grec de la renaissance. Des groupes d'arbres que le hasard y a semés enrichissent la scène, qui est animée par des figures habillées du costume du temps, et parmi lesquelles on peut reconnaître celles des trois gardes-du-corps de François Ier, ainsi que des femmes vêtues comme on l'était à cette époque, et qui se lient parfaitement avec le caractère de l'architecture.

Après ces deux vues précédentes, il ne manquait plus, pour donner une idée complète de ce château qui résume les constructions d'époques bien éloignées, que de représenter sa façade avec ses tours en encorbellement, ses riches consoles et ses mâchicoulis; avec ses élégantes fenêtres et ses niches plus élégantes encore; avec les divers écussons de ses anciens maîtres, et les armes parlantes de ses premiers possesseurs. C'est le sujet de la planche CCXL.

L'imagination supplée facilement au reste, et anime ces murs muets d'une foule de scènes diverses. Elle retrouve, dans les parties les plus anciennes, le genre de ces repaires d'où s'élançaient de fiers suzerains, glorieux de rançonner leurs vassaux et de rentrer le soir dans leur manoir chargés des dépouilles du vilain; l'écho répète alors des chants obscènes ou cruels : les murs sont parfois tachés de sang. Plus tard, le génie des arts en est possesseur avec l'illustre famille d'Amboise; tout change : des architectes ingénieux viennent donner l'apparence de la grandeur et de la majesté à ces espèces de cachots. Catherine de Médicis vient s'y livrer à ces pratiques superstitieuses et bizarres dont son âme italienne n'avait pu secouer le joug; Diane vient pleurer sur les ravages que les ans avaient faits sur sa figure, qui captiva trois rois.

La partie à droite de la planche CCXLI donne en grand le détail des consoles des mâchicoulis qui ornent la partie supérieure des tours; il est aisé de voir que ces ornements ont été ajoutés du temps de Diane de Poitiers, qui, comme nous l'avons déjà dit, échangea avec Catherine de Médicis le château de Chenonceaux contre celui de Chaumont. Les métopes sont enrichies de cors, d'arcs, de carquois, entremêlés du chiffre d'Henri II et de Diane. On peut remarquer au-dessus de ces ornements une bouteille qui est enclavée dans le mur; tous les dehors des grandes tours en sont également garnis; il paraît qu'elles sont ainsi disposées pour servir de retraite et d'asile aux hirondelles et aux autres petits oiseaux. On retrouve en général, dans les maisons de ces pays, le même genre d'hospitalité pour ces animaux, qui y sont très respectés. Au-dessous, et attenant au même fragment, est une niche très singulière qui décore la grande tour à droite de la principale façade du château. On y voit le buste d'un moine, coiffé d'un capuchon et surmonté de deux oreilles d'âne. Du pied du buste partent deux rinceaux, du milieu des enroulements desquels deux moineillons ont l'air de s'élancer vers un écusson en losange qui est au-dessous du buste. Il serait difficile d'expliquer cette fantaisie de l'architecte, qui d'ailleurs est parfaitement exécutée. A côté de ce fragment est le détail en grand de la fenêtre qui décorait l'intervalle du milieu de la façade, flanquée de deux tours, dont les assises inférieures étaient décorées d'un bandeau. Nous donnons ici une partie de ce bandeau où se trouvaient figurées des armes parlantes, c'est-à-dire le nom de Chaumont, *Chaud Mont*, représenté par des montagnes enflammées.

La niche représentée à gauche est le pendant de celle où figure un moine à oreilles d'âne, et décore la grande tour à gauche. Les armes qu'elle porte sont probablement celles des cardinaux d'Amboise; les ornements qui n'offrent que deux petites parties du gothique fleuri, espèce d'adieu à ce beau genre, attestent la perfection à laquelle l'architecture grecque fut portée dès sa renaissance.

Dans le fond de la vue, on aperçoit deux chevaliers luttant dans un tournoi dans les belles prairies que baigne la Loire, couverte de barques légères.

PLANCHE CCXLII.

VUE LATÉRALE

DU CHATEAU DE CHENONCEAUX.

Ce monument, autrefois simple manoir seigneurial, fut commencé par Thomas Bohier, qui fut chambellan de Charles VIII, de Louis XII et de François Ier, et successivement intendant général des finances et lieutenant du roi en Italie. Il paraît qu'il lui coûta un temps et une dépense considérables, comme on peut en juger par une devise que l'on rencontre souvent dans les ornements et dans les rinceaux : *S'il vient à point, il m'en souverra (souviendra)*. Il ne construisit que la partie qui est à droite du spectateur, et qui forme le principal corps du château. Mais il y déploya tout le luxe d'architecture et toute la délicatesse d'ornementation qui, dès ces premiers temps, renaissait presque parfaite.

Bohier mourut en 1524, et le château de Chenonceaux appartint au connétable de Montmorency. En 1535, Diane de Poitiers le reçut de la générosité de son royal amant Henri II, et déploya dans les embellissements qu'elle fit au château une grande magnificence et un excellent goût, seuls titres qui lui soient restés à l'estime de la postérité.

En 1559, après la mort d'Henri II, Catherine de Médicis, charmée de l'élégance du bâtiment et de la beauté du site, força Diane de lui céder le château de Chenonceaux, et d'accepter en échange celui de Chaumont-sur-Loire. Catherine voulait encore l'embellir et l'augmenter considérablement : aussitôt elle fit construire par Ducerceau, son architecte, la grande galerie qui couronne le pont en traversant la rivière. Cette galerie est éclairée par neuf fenêtres qui décorent le premier étage, et sont placées alternativement sur le milieu des arches et sur celui des piles, surmontées de quatre tourelles à arcades, entre lesquelles cinq croisées qui forment le rez-de-chaussée s'ajustent sous les fenêtres supérieures. Les cuisines sont pratiquées dans les premières piles qui sont creuses. Au reste, toute l'architecture de cette galerie n'est que massée. Catherine renonça ensuite à ses grands projets ; de sorte qu'il n'y a que l'ouvrage de Bohier qui soit terminé.

Après la mort de Catherine, Louise de Lorraine, épouse de Henri III, fut propriétaire de Chenonceaux. Il passa ensuite dans la maison de Vendôme. Il appartint après à M. Dupin. Enfin maintenant il appartient à madame de Villeneuve, fille de M. le comte de Guibert, qui n'épargne rien pour le conserver et l'embellir. Il est impossible de rencontrer une habitation plus agréable et des maîtres qui en fassent mieux les honneurs.

PLANCHE CCXLIII.

VUE DE L'ÉGLISE ROYALE DE BROU.

Cet édifice se voit à quatre cents toises au midi de la ville de Bourg, en Bresse. Il fut érigé par la piété de Marguerite d'Autriche, fille de l'archiduc Maximilien Ier et de Marie de Bourgogne, fille unique de Charles-le-Téméraire. Cette princesse en fit jeter les premiers fondements au mois d'avril 1511, et il fut entièrement terminé en 1531, six mois après la mort de Marguerite, par Charles-Quint, son héritier. On est fort incertain sur le nom de l'architecte qui a construit ce monument ; plusieurs prétendent qu'il se nommait Wumboglem, Allemand de nation ; d'autres pensent qu'il se nommait André Colomban, natif de Dijon. Cette opinion semble être favorisée par le monument même, attendu qu'en plusieurs endroits, et principalement à la façade, on voit la statue de saint André, portant sa croix, que l'on prétend être le portrait de l'architecte, et que les registres constatent qu'il a conduit tous les travaux. Ce vaisseau est très vaste, et a dans œuvre deux cent dix pieds de longueur sur cent sept de largeur à la croisée, ce qui forme une croix latine. Suivant l'antique usage, la porte d'entrée est située au couchant, et l'autel principal qui y répond, à l'orient. Quoiqu'à cette époque, qui était celle de la renaissance des arts, on eût déjà élevé, en Italie et en France, des monuments où l'on commençait à reconnaître le goût des modèles antiques et l'intention de les imiter, ici on ne trouve, soit dans l'extérieur, soit dans l'intérieur, que le goût du quatorzième et du quinzième siècle ; et, sans le mérite particulier des mausolées et de leurs figures, on aurait peine à s'imaginer que l'on voit un monument du seizième siècle. Mais rien peut-être, excepté l'habileté et la patience des artistes, n'égale la beauté des ornements prodigués autour du chœur et aux mausolées des fondateurs de cette église. Ils ont opéré sur le marbre des prodiges de délicatesse et de fini qu'on attendrait à peine du métal le plus fusible ; et c'est là, plus que par-tout ailleurs, qu'on peut admirer les *spirantia.... æra*.

La dépense pour la construction fut immense ; et les registres de l'abbaye attestent qu'elle s'éleva à deux cent vingt mille écus d'or, estimés environ vingt-deux millions de notre monnaie : tous les comptes particuliers étaient détaillés dans onze volumes, qui constatent ce que nous avançons.

PLANCHE CCXLIV.

VITRAUX DE L'ÉGLISE ROYALE DE BROU.

Ces deux vitraux sont dans le chœur de l'église de Brou, derrière le maître-autel. Dans la croisée du côté de l'évangile, on voit le portrait en pied de Philibert-le-Beau, assisté de saint Philibert, son patron. Le prince est représenté armé et couvert d'une cotte d'armes ; il est à genoux devant son prie-dieu, sur lequel est un livre ouvert ; plus bas sont représentés à terre son casque et ses gantelets. Saint Philibert, revêtu des ornements épiscopaux, est debout derrière le prince, et semble réciter des prières. On lit au-dessous des figures cette inscription latine :

Divus Philibertus dux Sabaudiæ hujus nominis
Secundus M. D. IIII, quarto idus septembris vita functus.

Le divin Philibert, duc de Savoie, second du nom, termina sa vie le quatre des ides de septembre mil cinq cent quatre.

Philibert fut surnommé *le Beau* à cause de la richesse de sa taille et de l'agrément de sa figure. Élevé à la cour de France, il avait suivi Charles VIII en Italie, et participé à la conquête de Naples. Il épousa Marguerite d'Autriche au mois de septembre 1501 ; mais s'étant échauffé en chassant dans les montagnes du Bugey, il dîna près d'une fontaine appelée *Saint-Vulbas*, sur les bords du Rhône, et la fraîcheur du lieu lui occasiona une pleurésie, dont il mourut au château de Pont-d'Ain, lieu où il était né le 10 avril 1480.

De l'autre côté, appelé de l'épître, est représentée Marguerite d'Autriche, en habits ducaux, à genoux devant un prie-dieu, au bas duquel on voit sa levrette. Sainte Marguerite est peinte derrière la princesse, foulant aux pieds un énorme dragon.

Marguerite d'Autriche était née à Bruxelles le 10 janvier 1479 ; et, n'ayant encore que trois ans, avait été fiancée au dauphin de France, qui fut depuis Charles VIII ; mais l'alliance de ce prince avec Anne de Bretagne ayant été jugée plus avantageuse au bien de l'État, Marguerite, à son grand regret, fut reconduite en Flandre en 1491. Au défaut de Charles, elle épousa, en 1497, Jean de Castille, fils du roi d'Aragon, et devint veuve l'année suivante. Enfin elle se remaria avec Philibert-le-Beau en 1501, et mourut elle-même à Bourg le 30 novembre 1530.

Ces vitraux sont d'une très belle exécution, et ne le cèdent en rien aux plus beaux que l'on exécutait en France à cette époque. On ne négligeait rien alors pour leur perfection, et on s'adressait aux plus grands maîtres de France et d'Italie pour avoir des cartons coloriés, sur lesquels les peintres-vitriers les exécutaient. Dans ceux-ci les étoffes ouvragées font la plus parfaite illusion. On sait le nom de ceux qui ont fait les verres ; mais celui des artistes qui les ont peints est tombé dans l'oubli.

PLANCHE CCXLV.

PORTAIL

DE LA COUR D'ENTRÉE DE L'ÉGLISE SAINT-PIERRE,

CONNUE SOUS LE NOM DE SAINT-PÈRE, A AUXERRE.

Il n'est fait aucune mention du vieux portail placé en avant et à environ vingt mètres de l'église de Saint-Pierre, dans un mémoire manuscrit de l'année 1656, intitulé : *Histoire de l'abbaye de Saint-Père* ou *Saint-Pierre*, quoique d'ailleurs on y donne quelques détails sur la fondation de l'ancienne église construite vers le milieu du 6ᵉ siècle, et sur la construction de la nouvelle, qui n'a été achevée qu'en 1672.

La tour qui y est jointe, et sur laquelle on remarque les Apôtres prêchant l'Évangile écrit sur des rouleaux, a été commencée le 6 juin 1536, et terminée en 1557. On peut croire que c'est vers cette époque que le vieux portail dont il s'agit a été élevé : les têtes de morts et les ossements sculptés sur les pilastres portent à croire qu'il formait la façade du porche, où les moines recevaient les morts qu'ils consentaient à inhumer dans l'église ou dans la cour ; les armes de Charles IX, sculptées sur ce monument, appuient nos conjectures sur la date de sa construction. Cependant on peut présumer que les piédestaux et les bases des quatre colonnes cannelées qui les décorent sont d'une construction antique, antérieure à l'établissement du christianisme à Auxerre, vers le 3ᵉ siècle, époque à laquelle, d'après les anciens mémoires, tous les temples du paganisme qui existaient dans cette ville furent entièrement détruits.

Le fronton qui couronne ce beau portail est décoré d'un élégant bas-relief représentant *Cérès* et *Noé*, personnification de l'abondance. Les rinceaux, les oves, les zigzags et les autres sculptures de la frise et des bandeaux de l'arc du fronton sont d'un beau travail, et font vivement regretter que le temps et la main des hommes aient mutilé une grande partie des détails de ce portail.

PLANCHE CCXLVI.

TOMBEAU DE JACQUES AMYOT,

DANS LA CATHÉDRALE D'AUXERRE.

Amyot est représenté priant à genoux dans une chaire ; derrière lui se voit une pyramide.

Le mérite particulier d'Amyot, et la manière miraculeuse avec laquelle il s'éleva aux plus grandes dignités, attesteront à jamais l'empire des talents et des vertus personnelles. Né à Melun en 1514, et fils d'un corroyeur, il s'enfuit, encore enfant, de la maison paternelle. Bientôt il tomba en faiblesse sur la grande route, et fut recueilli charitablement par un cavalier qui le prit en croupe, et le déposa à l'hôpital d'Orléans ; d'où, s'étant bientôt rétabli, il partit pour Paris. Son indigence le contraignit d'abord à mendier. Une dame, touchée de sa misère, le prit chez elle pour accompagner ses enfants au collège ; il profita si bien lui-même en écoutant attentivement les leçons que l'on y donnait, que bientôt il brilla parmi les savants. La traduction du roman grec des *Amours de Théagène et de Chariclée* lui attira la protection de Marguerite de Valois et de François Iᵉʳ son frère. Ce prince lui donna la riche abbaye de Belloyane. Chargé d'affaires importantes en Italie, il fut intimement attaché au cardinal de Tournon, et porta au concile de Trente la protestation de Henri II. Il fut ensuite nommé précepteur des enfants de France et grand-aumônier, puis évêque d'Auxerre, et décoré de l'ordre du Saint-Esprit. Il mourut en 1593, âgé de près de quatre-vingts ans.

Il donna successivement, au milieu de ses importantes fonctions, les traductions de Diodore de Sicile, des *Amours de Daphnis et Chloé* de Longus, et de *la Vie des grands Hommes* de Plutarque.

Les chapiteaux qui ornent cette planche appartiennent à des colonnes placées près du tombeau d'Amyot, dont l'architecture est celle du moyen âge, et les vitraux en grisaille qui les accompagnent paraissent avoir été exécutés sur les cartons du Primatice, et sont également placés dans le même endroit.

PLANCHE CCXLVII.

ÉGLISE DE VILLENEUVE-LE-ROI.

(YONNE.)

L'église de Villeneuve-le-Roi atteste la difficulté avec laquelle l'architecture des Grecs et des Romains se prête à la prodigieuse hauteur des temples chrétiens. L'architecte qui a voulu orner ce portique a été obligé d'accumuler et de superposer les ordres. Notre tâche aurait été très longue, si nous avions dû décrire tous ces portiques à deux ou trois colonnes, au fronton triangulaire ou cintré ; énumérer les colonnes toscanes, ioniques et composites ; détailler tous les ornements prodigués sur les plinthes, les frises ; compter les consoles et les rosaces. L'habileté du dessinateur nous en dispense ; rien n'est omis dans son dessin, et le graveur, de son côté, a parfaitement rendu tous les traits du dessin. Mais nous ne pouvons nous empêcher de témoigner le sentiment pénible que nous avons éprouvé, lorsque, après avoir considéré attentivement et étudié la multiplicité des ornements de cette façade, nous avons pénétré dans l'église. Nous croyions y voir une voûte cintrée, avec d'élégants pilastres, et nous nous sommes trouvés au milieu d'un vaisseau ogivique, dont la légèreté et l'élévation n'ont produit en nous qu'un mouvement de surprise peu agréable. Il y a quelque chose de choquant dans ce brusque changement, dans cette surprise qui n'est pas préparée. Le mécontentement domine, et laisse peu de liberté à l'esprit pour considérer avec impartialité même les beautés des styles pris séparément. Le portail représenté sur cette planche est de la fin du 16ᵉ siècle ; on y lit la date de 1557 : le vaisseau intérieur paraît être du 13ᵉ siècle.

Villeneuve est, du reste, une jolie petite ville, bien bâtie, et dont la principale rue, tirée au cordeau, est terminée, à chaque extrémité, par une belle porte. Les environs sont pleins de sites champêtres et agréables.

PLANCHE CCXLVIII.

JUBÉ DE SAINT-ÉTIENNE-DU-MONT.

L'église de Saint-Étienne-du-Mont, telle qu'on la voit maintenant, a été construite dans le 16ᵉ et le 17ᵉ siècle. Commencée sous François Iᵉʳ, elle ne fut terminée qu'en 1617. Marguerite de Valois, sept ans auparavant, avait posé la première pierre du portail.

Cette petite église renferme, outre un élégant cul-de-lampe et une très belle chaire sculptée par Claude Lestocard, sur les dessins de La Hire, le beau jubé, fidèlement représenté par notre gravure. Si la voûte surbaissée qui soutient la galerie offre à l'œil une ligne peu agréable, ce défaut est abondamment racheté par la hardiesse étonnante des deux escaliers qui, de chaque côté, s'enroulent avec grace autour d'un fort pilier. Percés à jour, de manière à laisser voir tous leurs degrés, ils ne semblent soutenus que sur une faible colonne d'un demi-pied de diamètre. Les ornements à jour qui décorent les rampes de ces escaliers et toute la façade de la galerie sont d'un beau travail.

Entre un grand nombre de sépultures que renferme cette église, on remarque sur-tout celle de Jean Racine, l'immortel émule du grand Corneille, et celle de Blaise Pascal, dont l'heureux génie revit tout entier dans ses *Lettres Provinciales*.

PLANCHE CCXLIX.

VUE DE L'ÉGLISE DE SAINT-MICHEL A DIJON.

C'est au seizième, et particulièrement au dix-septième siècle, qu'appartient la façade de cette église; l'architecte semble prendre à tâche de multiplier toutes les ressources de l'architecture pour remplacer avantageusement la hauteur à laquelle se portait naturellement le style ogivique, tandis que le style ancien, revenu en honneur, ne s'y prêtait que difficilement. Quatre ordres d'une architecture différente formèrent deux tours parallèles, au-dessus desquelles on éleva deux élégantes coupoles octogones, terminées par une boule en bronze doré. L'entre-deux de ces tours fut rempli par deux ordres couronnés d'une riche balustrade. Mais c'est sur-tout dans le portique, partie plus ancienne, que l'on admire le talent de Hugues Sambin, et la prodigieuse facilité avec laquelle il aggloméra toutes sortes d'ornements, caissons, arabesques et bas-reliefs. Il mit à contribution la Bible et la mythologie des Grecs : Judith et Salomon firent pendants à Vénus et Apollon.

Au-dessus de la grande porte, un grand bas-relief, composé de plus de trente figures, représente le jugement dernier.

Dans l'intérieur de l'église, on voit, dans la chapelle Saint-Vincent, le mausolée en marbre noir et blanc de Fiot de la Marche.

PLANCHE CCL.

FAÇADE PRINCIPALE

DE LA CATHÉDRALE D'AUCH.

L'origine d'Auch est d'une haute antiquité, et cette ville était déjà connue avant Jules César. Ce fut Crassus, un de ses lieutenants, qui s'en empara, ainsi que de la contrée entière, dont les habitants s'appelaient *Auscii*, et elle fit bientôt partie de la province romaine, sous le nom de *Augusta Ausciorum*, qui remplaça l'ancien nom de *Climberrium*. Plus tard, Auch fut la capitale du comté d'Armagnac, et Henri IV, à qui elle était échue par héritage, la réunit à la couronne. Elle est maintenant le chef-lieu de la préfecture du département du Gers.

Le monument le plus remarquable est sans contredit la cathédrale, sous l'invocation de sainte Marie. Mais le portail n'a aucun rapport avec l'intérieur de l'église. On est plus qu'étonné lorsque, après avoir admiré l'œuvre de Germain Drouhet, les belles sculptures du portail, enrichi de colonnes corinthiennes et de deux tours qu'ornent successivement un beau composite et un attique élégant, on croit, en pénétrant dans l'intérieur, trouver une voûte à plein-cintre peu élevée, et supportée par des colonnes d'un des ordres antiques, et que l'on aperçoit, au contraire, une de ces nefs hardies, dont les arcades élancées sur d'autres arcades semblent aller, d'étage en étage, porter jusqu'au ciel les tributs d'un génie inspiré par la religion; on regrette presque le plaisir avec lequel on a considéré le portail, et l'on voudrait avoir vu quelque chose de plus en harmonie, une de ces triples façades à l'ogive élancée et aux découpures aussi légères que la dentelle, aux chapiteaux historiés, et aux mille et une statues groupées avec art. Il y a toujours quelque chose de choquant dans le rapprochement de deux styles si différents; et, il faut l'avouer, les architectes du 13ᵉ siècle savaient bien mieux ce qui convient à la majesté d'un temple.

PLANCHES CCLI A CCLV.

CINQ PLANCHES

DE PANNEAUX CHOISIS PARMI LES VITRAUX D'AUCH.

La cathédrale est ornée d'une suite de vitraux si beaux et si bien conservés, qu'ils font encore maintenant l'admiration de tous les étrangers et de tous les curieux qui les voient. Ils ont été terminés sous l'épiscopat de François-Guillaume de Lodève, cardinal, en 1513, par Arnault Demole.

On ne peut que déplorer l'indifférence que l'on a presque toujours eue en France pour les excellents artistes qui ont honoré leur patrie, et il était réservé au seul siècle de Louis XIV de s'en occuper. Les Italiens, au contraire, beaucoup plus sensibles aux belles choses, se sont toujours plu à conserver la mémoire de leurs artistes et de leurs ouvrages. Pour nous, nous ignorons entièrement, depuis l'origine de la renaissance des arts vers le 13ᵉ siècle, le nom, le pays, la naissance et la mort de tous ceux qui, à ces époques et depuis, ont illustré la France; et même les grands artistes français qui fleurirent sous François Iᵉʳ, sans le témoignage muet de leurs beaux ouvrages, nous seraient presque également aussi inconnus. C'est par une suite de cette honteuse négligence, que l'histoire de l'auteur de ces magnifiques vitraux est entièrement ignorée de nous; ses ouvrages cependant ne sont nullement inférieurs à ceux des artistes italiens qui ont été les plus célèbres à la même époque, tels que le Perugino, Verocchio et Ghirlandaï, tous précurseurs de Raphaël et de Michel-Ange. Si l'on veut considérer attentivement cette belle suite de peintures sur verre, composée de vingt fenêtres de la hauteur de quarante pieds chacune, toutes remplies de grandes figures et de plus petits sujets qui y sont relatifs, on sera forcé de convenir que pour le goût du dessin, le génie et l'entente générale, elles ne le cèdent en rien à celles des trois artistes italiens que nous venons de nommer. Si l'on veut de plus, dans un genre de peinture si difficile à exécuter, les comparer à tous ceux qui ont été peints depuis, on sera convaincu que, pour la force et l'harmonie des couleurs, cette suite est peut-être la plus belle qui soit au monde.

Borné au choix de quelques parties de ces vitraux, nous ne pouvons que donner un échantillon de plusieurs grandes figures et de plusieurs sujets qui nous ont paru remarquables, et qui serviront à donner une idée de cette belle collection, dont nous offrirons successivement d'autres planches.

Les figures représentées sur la première planche sont celles de saint Philippe, de saint Bartholomée et de saint Jude, dans de riches fonds du style ogivique et arabesque.

Les trois panneaux de la IIᵉ planche représentent des sibylles richement vêtues. Le mot de *sibylle*, d'origine grecque, veut dire *prophétesse*. Les anciens, originairement, n'en connaissaient qu'une, qui était celle d'Érythrée; mais, comme elle avait beaucoup voyagé, le nombre s'en augmenta considérablement, attendu que dans chaque région où elle s'est arrêtée les habitants ont prétendu qu'elle leur appartenait. On commença bientôt par en citer trois, qui étaient celles d'Érythrée, de Sardes, et celle de Cumes, en Italie. Cette dernière habitait une grotte solitaire où elle s'était renfermée; elle s'appelait *Hérophile*, et vendit à Tarquin-l'Ancien ces fameux livres Sibyllins qui contenaient la destinée de Rome. On célébra ensuite les sibylles de Samos, de Claros, de Marpèse, d'Ancyre, de Tibur, etc. Quoique ces prophétesses appartinssent proprement au paganisme, attendu cependant qu'on les regardait comme inspirées par la Divinité, et que celles de Tibur et de Samos avaient annoncé la venue du Messie, les artistes et les poëtes chrétiens les adoptèrent, et l'on vit paraître leurs noms et leurs figures dans les hymnes et les peintures sacrées. Michel-Ange suivit également cette tradition, et en orna les voûtes de la chapelle Sixtine, en les unissant aux prophètes et aux patriarches. Raphaël en usa de même dans l'église de la Paix, et ces figures pittoresques continuèrent à décorer par-tout les dômes et les vitraux des églises. Les trois prophétesses ici représentées sont couvertes de somptueux vêtements, tels qu'on les portait dans le 14ᵉ et le 15ᵉ siècle; celle de Libye porte un flambeau; celle d'Agrigente un de ces instruments dont on se servait pour éloigner les mouches qui, dans les sacrifices, suçaient le sang des victimes; celle de Samos porte un berceau, pour désigner vraisemblablement qu'elle avait prédit la venue du Messie. Les fonds qui accompagnent ces belles figures sont d'une riche architecture de la renaissance qui les fait merveilleusement ressortir. Au reste, les étoffes d'or, les broderies, les perles et les diamants ont une telle vérité et un tel éclat, qu'il est impossible que l'art aille plus loin, et qu'il semble que la transparence des verres contribue encore à ajouter à l'illusion.

Sur la IIIᵉ planche, la première figure représente la sibylle d'Europe tenant un glaive à la main; elle est surmontée de femmes qui forment un concert. La seconde figure, en pendant, est l'apôtre saint

André portant un livre à la main, et ayant derrière lui la croix sur laquelle il fut attaché. On découvre facilement qu'une restauration maladroite lui a couvert la cuisse droite d'une draperie à bordure qui est sens dessus dessous; entre deux on voit Jésus-Christ et les pèlerins d'Emmaüs. Au-dessus on a représenté, dans le fond d'une chapelle gothique, un vitrail tout entier, pour expliquer l'ordonnance totale des figures, des petits tableaux et des ornements qui remplissent les fenêtres et leurs ogives. .

Sur la IVe planche, le premier sujet est le Sacrifice d'Abraham, et son pendant est l'Adoration des Mages. Au-dessous d'Abraham on voit une Fuite en Égypte, et à côté le détail en grand de l'ornement qui décore le haut de toutes les ogives.

Au-dessous des panneaux on remarque un sujet burlesque, représenté sur une stalle du chœur de la cathédrale. Des ouvriers, la tête couverte de chaperons, sont occupés à battre sur une enclume la tête d'une femme échevelée. Nous avons rencontré plusieurs fois des facéties dans le même goût, que les artistes de la renaissance se plaisaient à sculpter sur les monuments publics.

La Ve planche est composée de différents sujets de l'Ancien et du Nouveau-Testament. Ces tableaux, de petite et de moyenne grandeur, sont généralement des panneaux qui soutiennent les grandes figures.

Le premier sujet est le Martyre de saint Barthélemi; au-dessous, Joseph vendu par ses frères; plus bas, est le Christ à la colonne. Le pendant de Joseph est un Saint revêtu d'un manteau doublé d'hermine, sur le point d'être décollé par deux bourreaux; à côté du Christ à la colonne, on voit une femme qui montre une sainte Vierge à un donataire à genoux. Au haut de la planche, on a donné, à côté d'Adam et Ève chassés du paradis terrestre, le *fac simile* de la signature d'Arnault-Demole, autour de ces précieux vitraux. On voit qu'il termina cette magnifique suite de peintures sur verre l'an 1513. A cette époque, la supériorité des artistes français était tellement constatée en Europe, que le pape Jules II, par le conseil de Bramante, fit venir de France Claude de Marseille, et le frère Guillaume, pour peindre les vitraux du Vatican, pendant que Michel-Ange et Raphaël y peignaient les belles fresques que l'on y admire. Claude étant mort à Rome peu de temps après son arrivée, Guillaume exécuta seul les beaux vitraux de la chapelle du pape au Vatican, et ceux de la *Madona del Popolo*, et de l'*église dell'Anima*, où Raphaël travaillait en même temps. Guillaume, revêtu d'un canonicat à Arezzo, en exécuta de plus beaux encore dans cette ville, et y mourut en 1537, âgé de soixante-deux ans. On voit par ce récit qu'Arnault-Demole avait dû précéder Guillaume de plusieurs années. Vazari fut élève de Guillaume, et a écrit sa vie dans son excellent livre de la *Vie des plus fameux peintres italiens*. Arnault, quoique plus ancien, avait cependant une si parfaite connaissance des émaux sur le verre, qu'il en a fait usage avec le plus grand succès dans ses beaux vitraux d'Auch. On peut même avancer qu'il a surpassé Jean Cousin dans l'éclat du coloris.

Un préjugé général fait croire que le secret de la peinture sur verre est perdu; cependant il n'en manque que la pratique; tous les procédés sont connus, et ont été consignés dans divers traités sur cette matière. La peinture sur verre commença à être en usage au 11e siècle; elle se perfectionna un peu dans le 12e. Mais les premières vitres que l'on puisse citer sont celles qui furent exécutées dans le sanctuaire de Saint-Severin, sous le règne de Charles VI, vers l'an 1390. Jusqu'à cette époque, les peintres-vitriers se contentaient de joindre avec des plombs, en suivant leurs grossiers contours, des verres teints avec des couleurs qui les pénétraient entièrement, comme ceux dont nous nous servons encore pour faire des vitres colorées; mais, quoiqu'ils les ombrassent un peu avec du noir d'écailles de fer, ces vitraux, d'ailleurs très faiblement dessinés, n'étaient que de simples enluminures sans aucune demi-teinte ni dégradation. Quelque temps après, Jean de Bruges, l'inventeur de la peinture à l'huile, imagina également d'appliquer sur le verre des émaux vitrifiants, et ce fut après cette heureuse découverte que la peinture sur verre acquit le dernier degré de perfection. Alors on put coucher sur le même morceau de verre des tons variés, et on exécuta des ornements d'architecture et des paysages très bien dégradés. On apprendra sans doute avec bien de l'intérêt que l'on s'occupe maintenant à la manufacture royale de Sèvres à remettre en usage les anciens procédés; les ouvriers, aidés des lumières du savant distingué qui dirige ce bel établissement, ont déjà obtenu les plus heureux résultats.

PLANCHE CCLVI.

CHATEAU DE MODAVE.

Ce château, qui n'offre rien de remarquable sous le rapport de l'art, est extrêmement curieux par sa situation sur un haut escarpement. On dirait que ses fondements se prolongent indéfiniment dans la profondeur des rochers, et vont se perdre sous les eaux du torrent qui mugit au pied du roc. Le dessinateur ne pouvait mieux choisir son point de vue, et un heureux hasard l'a servi à souhait par la rencontre en ces lieux sauvages d'un vieux pâtre et d'un nombreux troupeau de chèvres. Modave, partie du duché de Bouillon, a long-temps appartenu à la maison de Montmorency. Il est maintenant la propriété d'un riche marchand de Liége.

PLANCHE CCLVII.

VUE DU CIMETIÈRE

ET D'UNE CELLULE DE LA GRANDE-CHARTREUSE,

PRÈS DE GRENOBLE.

Hugues, évêque de Grenoble, ayant fait des efforts inutiles pour détruire les désordres de toute espèce qui régnaient dans son diocèse, se retira à la Chaise-Dieu, d'où le pape Grégoire VII l'obligea bientôt de sortir pour aller se mettre à la tête de son troupeau. Saint Bruno et ses disciples l'étant venus trouver en 1084 ou 1086, il les mit en possession du désert de la Grande-Chartreuse, ainsi nommé du village de Chartroux, situé au pied de la montagne de Chartreuse, dans le Graisivaudan, à quatre lieues de Grenoble. C'est alors que commença l'ordre des Chartreux; il prit son nom des lieux où il fut fondé. Les bâtiments de la Grande-Chartreuse ayant été élevés par l'économie des chartreux eux-mêmes, cette maison ne reconnaît aucun fondateur particulier; les biens qu'elle possède lui ont été donnés. Elle est bâtie au milieu d'un pays sauvage et presque encore aujourd'hui inaccessible, malgré les soins qu'on a pris d'y pratiquer un chemin. L'église et la maison sont bien situées; le cloître est fort long, mais il va en pente, ce qui est cause qu'on ne peut le voir dans toute sa longueur; les cellules sont de la plus grande propreté, et chacune a son jardin. Le cimetière, situé derrière l'église, est remarquable; il est simple et d'un effet pittoresque. La Grande-Chartreuse a été brûlée huit fois; la première en 1328, et la dernière fois sous le P. Innocent Masson, qui la fit rebâtir lui-même, et la mit en si bon état, qu'en 1764 il ne restait plus que le souvenir des maux passés.

On ne peut guère approcher sans un sentiment de respect de ces pieux solitaires, qui, victimes des fausses promesses d'un monde trompeur, vont chercher dans le calme et la retraite la paix que leur imagination trop vive ne pouvait pas trouver au milieu des hommes. Combien de ces religieux, couverts d'une ample robe de drap blanc et de la capuce blanche aussi, qui dans l'hiver protège du froid leur tête rasée, vivent paisiblement dans leur cellule avec une table, un fauteuil, un crucifix, une couchette et une paillasse, et quelques livres pour tout mobilier, méditant sur les vanités du siècle, et cultivant un petit jardin! combien de ces religieux auraient peut-être attristé l'humanité par quelque grand scandale, si la religion n'avait offert à leur imagination déçue dans ses plus justes espérances, à leur cœur cruellement trompé, outragé, un asile tranquille où, loin du tumulte et des pièges, ils peuvent, en réfléchissant au néant des choses humaines, satisfaire l'avidité de leur ame par la contemplation des plus hautes vérités!

Les religieux de la Grande-Chartreuse, autrefois au nombre de quatre cents, ne sont plus maintenant que cinquante-quatre.

On a depuis peu retiré l'album où les voyageurs inscrivaient leurs noms: croirait-on que quelques uns osaient attester leur visite par des devises et des dessins scandaleux!

PLANCHES CCLVIII ET CCLIX.

FAÇADE DE LA CATHÉDRALE D'ORLÉANS,

ET VUE PRISE DU COTÉ MÉRIDIONAL.

IMITATION DU 14ᵉ SIÈCLE.

La ville d'Orléans, pour avoir cédé à Gien ses prétentions à l'ancien nom de *Genabum Carnutum*, n'en est pas moins une ville fort ancienne, et il paraît constant que c'est de l'empereur Aurélien qu'elle a été nommée *Aurelianum*, et plus tard *Orliens*, Orléans. Sous ses murs, Actius, général romain, triompha d'Attila, qui se réjouissait déjà de sa conquête; et Chilpéric vainquit Odoacre, chef des Saxons. Incorporée à l'empire des Francs, elle devint plus tard la capitale d'un royaume. Mais il n'est pas d'époque dans l'histoire où Orléans soit plus célèbre qu'au commencement du 15ᵉ siècle. Alors la généreuse fidélité de ses habitants, soutenue et encouragée par la présence de l'immortelle villageoise qui commença là sa glorieuse mission, parvint à conserver cette ville au vaillant, mais faible Charles VII. Aussi tous les ans une procession solennelle rappelait, le 21 mai, le souvenir de la délivrance d'Orléans, et des titres de Jeanne d'Arc à la reconnaissance des Français.

Depuis, Orléans, dans les guerres de religion, fut ensanglantée par les massacres de la Saint-Barthélemi :

> Y avait plus de Huguenots morts que vifs,
> Plus de huit cents à mort y furent mis.

L'édifice le plus remarquable de cette ville est sans contredit la cathédrale, sous l'invocation de Sainte-Croix.

Si l'on en croit quelques historiens, son origine remonte aux premiers temps du christianisme. Elle fut plusieurs fois détruite par les discordes civiles et les persécutions de princes païens; ce ne fut qu'en 1287, sous le règne de Philippe-le-Bel, que l'évêque Gilles Pastay jeta les fondements de celle que nous voyons aujourd'hui; mais les calvinistes la détruisirent presque entièrement en 1567.

Le roi de France Henri IV étant venu avec la reine à Orléans en 1601, ils y posèrent la première pierre du nouvel édifice sur les ruines du précédent, qui, grace à leurs libéralités, se releva encore une fois. Mais, malgré beaucoup de zèle et de secours, la construction fut lentement exécutée, et il était réservé à nos jours de voir achever ce superbe monument.

La cathédrale d'Orléans est une des plus spacieuses et une de celles peut-être dont l'extérieur charme le plus l'œil par sa légèreté, son élégance, la quantité d'ornements de détail, et le caractère entièrement neuf des tours du grand portail, dans lesquelles l'architecte Gabriel a pris à tâche d'imiter l'architecture gothique du 13ᵉ et du 14ᵉ siècle, en y mêlant quelques heureuses innovations, dont l'effet agréable dissimule les défauts. Il serait, du reste, difficile de citer un portail aussi élégant par la grace et la légèreté.

La vue de la planche CCLIX est prise du côté de la préfecture, et donne un aspect général de cette basilique, plus remarquable par l'audace irrégulière et gigantesque de ses voûtes, par les gracieux détails de ses portails, que par l'effet de son intérieur hardi, mais triste.

Les proportions générales sont de cent vingt-six pieds d'élévation pour la partie inférieure du portail proprement dit, deux cent quarante-deux pieds jusqu'au sommet des tours, cent soixante-deux pieds de largeur d'un angle à l'autre, et quarante-huit pieds de profondeur. Le clocher, qui s'élève du centre de la croisée, fut construit en charpente revêtue de plomb en 1707. Sa hauteur au-dessus du toit est de quatre-vingt-onze pieds, non compris le globe et la croix. La longueur totale de l'intérieur de la cathédrale est de trois cent quatre-vingt-dix pieds, l'élévation générale des grandes voûtes est de quatre-vingt-dix-huit pieds, et celle des voûtes inférieures de quarante pieds. Les unes et les autres sont soutenues sur cinquante-sept piliers isolés, et quarante engagés dans les murs.

L'église d'Orléans a été illustrée par plusieurs prélats et saints personnages d'une haute réputation : Eusèbe, Anselme, Théodoric, Arnoult et autres. C'est dans cette cathédrale qu'eurent lieu les cérémonies du sacre des rois Charles-le-Chauve, Eudes, Robert, Louis-le-Gros, Louis-le-Débonnaire, et Louis-le-Jeune, qui y célébra en même temps ses noces avec la princesse Constance.

Le plan de cette cathédrale se trouve sur la même planche que celui de la cathédrale d'Amiens. *Voyez* planche CLXVI.

CONCLUSION.

Notre but principal, en entreprenant cet ouvrage, a été de donner une idée assez exacte des différents styles d'architecture qui marquent les monuments de la France aux diverses époques; de classer par conséquent ces différents édifices, autant que possible, dans un ordre chronologique. Notre plan aurait dû peut-être s'étendre jusqu'à nos jours; mais, forcé de nous renfermer dans de justes bornes, nous avons préféré nous arrêter au 16ᵉ siècle, et faire entrer dans notre ouvrage un plus grand nombre des heureuses productions du 14ᵉ, du 15ᵉ et du 16ᵉ siècle. Dans les monuments des Celtes et des Romains, nous avons montré l'architecture naissante et perfectionnée; elle a dégénéré dans le 4ᵉ siècle et les suivants; dans le 9ᵉ, elle a fait, pour se relever, des efforts qu'un luxe d'imagination a long-temps rendus impuissants; dans le 13ᵉ, se frayant une route nouvelle, elle y parvint bientôt à la perfection : nous avons dû attester par de nombreux exemples ses merveilleuses conquêtes dans un genre nouveau. Enfin des hommes de génie comprirent que le temps était venu de lui rendre, avec sa pureté primitive, la perfection d'une beauté sévère; ils la tirèrent presque violemment de la route où elle avait marqué si heureusement ses écarts, pour la replacer dans la voie où, malgré quelques hésitations, elle devait bientôt recouvrer la splendeur dont les Grecs l'avaient environnée. Nous nous sommes sur-tout appliqué à bien indiquer ces diverses phases, à signaler les beautés et les défauts des modèles que nous ont laissés les différents âges. Puisse notre travail entretenir dans la jeunesse, florissant espoir de la France, le goût sacré des arts, et l'aider dans des études souvent pénibles, mais dont les heureux fruits sont l'utilité et la gloire !

TABLE CHRONOLOGIQUE

DES MONUMENTS DE LA FRANCE,

RENFERMÉS DANS LE SECOND VOLUME.

Faux-titre. — Titre avec vignette.
Avant-Propos.

MONUMENTS DU STYLE BYZANTIN OU ROMAN.

MONUMENTS DU STYLE OGIVIQUE.

MONUMENTS DU STYLE DE LA RENAISSANCE.

FIN DE LA TABLE CHRONOLOGIQUE DU SECOND VOLUME.

TABLE ALPHABÉTIQUE

DES VILLES

OU SE TROUVENT LES MONUMENTS DÉCRITS DANS L'OUVRAGE.

NOTA. La lettre A indique le tome 1er; la lettre B, le tome II. La planche est indiquée en chiffres romains, et la page du texte en chiffres arabes.

METZ (Moselle). Cathédrale, côté méridional. B. CXCIX, 29. *Voyez* Jouy. A. XVI, XVII.

MIHIEL [SAINT-] (Meuse). Tombeau du Christ dans l'église. B. CCXXVI, 39.

MODAVE (duché de Bouillon). Château. B. CCLVI, 47.

MOISSAC (Tarn-et-Garonne). Abbaye. B. CXLVI, CXLVII, 9.

MONACO (États sardes). Ruines du monument de la Turbie. A. IX, 63.

MONTMORILLON (Vienne). Monument ogivique. B. CL, 11.

MORNAS (Vaucluse). Monument antique. B. CXVII, 1. — Château. B. CLXXIX, 22.

MORTAGNE (Orne). La Trappe. B. CLIX, 14.

N.

NARBONNE (Aude). Fragments et bas-reliefs antiques. A. LXIII, LXIV, 78. — Cathédrale. B. CLXIX, 18.

NIMES (Gard). Vue générale de la ville et de la tour Magne. A. XX, 67. — Plan de la tour et de deux portes romaines. A. XXI, 67. — Temple de Diane. A. XXIX, XXX, 69. — Maison Carrée. A. LV, LVI, LVII, LVIII, 76. — Arènes. A. LIX, 76. LX, LXI, 77. — Plan de la ville antique. A. LXII, 77.

O.

ORANGE (Vaucluse). Arc de triomphe romain. A. XLVIII, XLIX, L, LI, 74. LII, 75. — Théâtre antique. A. LIII, LIV, 75.

ORGON (Bouches-du-Rhône). Château. B. CLXXXI, 22.

ORLÉANS (Loiret). Cathédrale. B. CCLVIII, CCLIX, 48. — Plan B. CLXVI avec celui d'Amiens.

P.

PARIS (Seine). La Sainte-Chapelle. B. CLXII, 16. — Cathédrale. B. CLXXII à CLXXV, 19. 20. — Arc de Gaillon, à l'École des Beaux-Arts. B. CCXXXIV, 42. — Vue du Louvre. B. CCXXXV, 43. — Jubé de Saint-Étienne-du-Mont. B. CCXLVIII, 45.

PIERRE-FONTS (Oise). Château. B. CLXXXV, 24.

POITIERS (Vienne). Notre-Dame-la-Grande. B. CXXVII, CXXVIII, 3.

PUY [LE] (Haute-Loire). Vue générale de la ville B. CXXXVII, 6. — Cathédrale et tombeau de Du Guesclin. B. CXXXVIII, 7.

Q.

QUIBERON (Morbihan). Pierre levée et monument celtique. A. I, 59.

R.

REIMS (Marne). Tombeau de Jovinus. A. CII, 88. CIII, 89. — Arc de triomphe romain. A. CX, CXI, CXII, CXIII, 91. CXIV, 92. — Cathédrale. B. CLXIII, 16. — Plan B. CLV avec celui de Chartres. — Statues du tombeau de Saint-Remi. B. CCXXVII, 39.

REMI [SAINT-] (Bouches-du-Rhône). Arc de triomphe romain. A. XXXV, XXXVI, 71. LXXXV, 84. Tombeau romain. A. XXXVI, 71. LXXXIII, LXXXIV, 83. LXXXV, 84.

RENNES (Ille-et-Vilaine). Pierre du champ Dolent et monument d'Essey. A. II, 59.

RIEZ (Basses-Alpes). Temple circulaire antique. A. XLVI, XLVII, 73.

ROCHEFOUCAULD [LA] (Charente). Château. B. CCXIX, 37.

RODEZ (Aveyron). Cathédrale. B. CCV, 32.

ROUEN (Seine-Inférieure). Cathédrale. B. CXCVI, 28. — Abbaye de Saint-Ouen. B. CXCVIII, 29. — Plans. B. CXCVII, 29.

S.

SAINTES (Charente-Inférieure). Arc de triomphe et pont romain. A. XXIV, XXV, 68.

SAUMUR (Maine-et-Loire). Monument antique. A. IV, 60.

SÉEZ (Orne). Plan de la cathédrale. B. CLVIII avec celui de Bayeux.

SEMUR (Côte-d'Or). Bas-relief de Dalmacius. B. CLXI, 15.

SENS (Yonne). Cathédrale. B. CCVIII, 33. — Plan B. CLII avec celui de Saint-Denis. — Vitraux B. CCIX, CCX, 34.

SISTÉRON (Basses-Alpes). Château. B. CLXXIX, 22.

SOISSONS (Aisne). Tombeau de Syagrius. A. CI, 88.

SPIRE (États de Bavière au confluent du Rhin et de la Spyorbach). Tombeau. A. XCV, 86.

STRASBOURG (Bas-Rhin). Cathédrale. B. CXCIII, CXCIV, 27. CXCV, 28.

T.

THANN (Haut-Rhin). Église. B. CXC, 25.

TIRLEMONT (Ville des Pays-Bas sur la Géete). Tombelles ou tumuli. A. VII, 62.

TOUL (Meurthe). Cathédrale. B. CC, 30.

TOULOUSE (Haute-Garonne). Église Saint-Sernin ou Saturnin. B. CXXXIII, 5. CXXXIV, CXXXV, 6. — Cathédrale Saint-Étienne. B. CLXVIII, 18. — Hôtel Lasborde. B. CCXXX, 40.

TOURNON (Ardèche). Château. B. CLXXXV, 24.

TOURS (Indre-et-Loire). Cathédrale. B. CCVII, 33.

TRÈVES (Ville d'Allemagne sur la Moselle). Palais prétorial. A. XCI, XCII, 85. — Ancien palais des empereurs. A. XCIII, 86. — Thermes romains. XCIV, 86. — Divers fragments. XCV, 86. — Cathédrale. B. CXXXI, 4.

TROYES (Aube). Jubé de la Madeleine. B. CCVI, 32.

U.

USSÉ (Indre-et-Loire). Château et chapelle. B. CCXII, CCXIII, 35.

V.

VAISON (Vaucluse). Tombeau antique. A. LXXXVIII, 85. — Pont romain et fragments d'un tombeau. A. LXXXIX, 85. — Arcades d'un amphithéâtre et autres fragments d'un tombeau. A. LXXXIX, 85. — Arcades d'un amphithéâtre et autres fragments antiques. A. XC, 85. — Monument romain servant autrefois de cathédrale. A. CXV, 92. — Petit temple antique et fragments de la cathédrale. A. CXVI, 92.

VALENCE (Drôme). Maison du 15e siècle. B. CCIII, 31. — Porte de la Renaissance. B. CCXXXVIII, 40.

VAUCLUSE (Vaucluse). Village et Vallée. B. CLXXXVII, CLXXXVIII, 24—25.

VAUDREY (Jura). Tombeau du sire de. B. CCXXXII, 41.

VEZELAY (Yonne). Abbaye. B. CXLII, 8.

VIEILLE-BRIOUDE (Haute-Loire). Pont sur l'Allier. B. CCIV, 31.

VIENNE (Isère). Temple antique appelé Notre-Dame-de-la-Vie. A. XL, XLI, 72. — Tombeau antique. A. XLII, 72. — Théâtre antique. A. XLIII, 72. XLIV, XLV, 73. — Bas-reliefs et autel antiques à Vienne et à Marseille. A. LXXII, 81. — Chapiteau et sarcophages antiques à Vienne et à Grenoble. A. LXXIII, 81.

VILLEFRANCHE-SUR-SAONE (Rhône). Église. B. CCI, 30.

VILLENEUVE-LE-ROI (Yonne). Église. B. CCXLVII, 45.

VIVIERS (Ardèche). Maison dite des Chevaliers. B. CCXXIX, 40.

FIN DE LA TABLE ALPHABÉTIQUE DES VILLES OU SE TROUVENT LES MONUMENTS.

Vue Extérieure de l'Arc de Carpentras.

Monument Antique du moyen âge à Hernas

Ruines d'un Cirque
à Doué.

Voûtes du Cirque de Doué
creusées dans le Roc.

Autre vue de Voûtes
du Cirque de Doué.

Portique, à la Cathédrale d'Aix.

Portique latéral de la Cathédrale d'Avignon.

Vue du Cloître de S.ᵗ Severin, à Bordeaux.

Vue de l'Abbaye de Charlieu.

Chapuy del. 1834.

Fartier sculp.

Vue intérieure du Cloître de la Cathédrale d'Arles.

Portail de la Cathédrale de St. Trophyme, à Arles.

Fragmens du Portail de l'Église de St. Gilles.

Façade de l'Église de St Gilles.

Détails du Portail de l'Église de Notre-Dame-la-Grande, à Poitiers (Vienne)

Eglise Notre-Dame la Grande, à Poitiers (Vienne).

Détails de la Façade de la Cathédrale d'Angoulême.

Vue de la Cathédrale d'Angoulême.

Dence del.

Beville et Perdoux sculp.

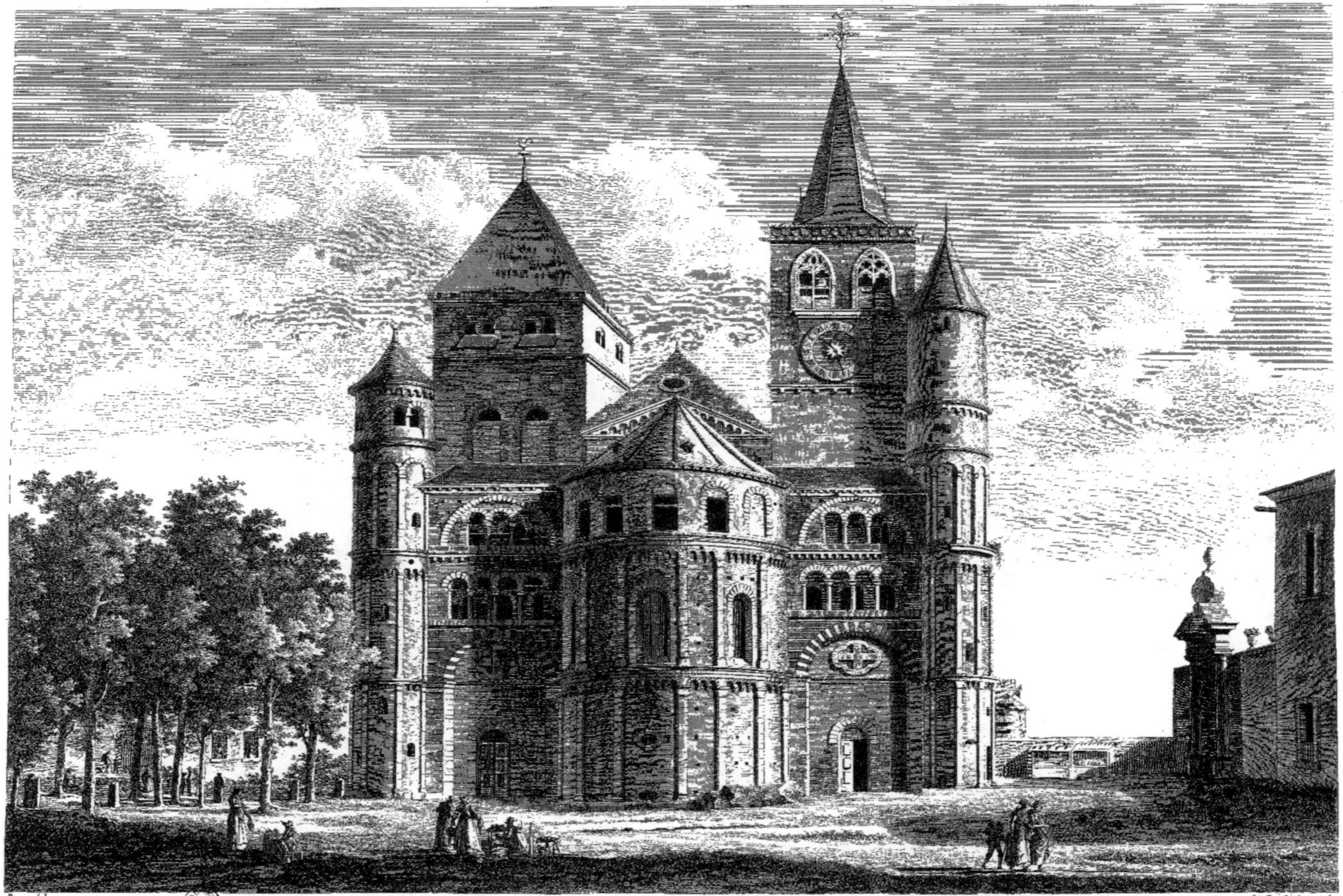

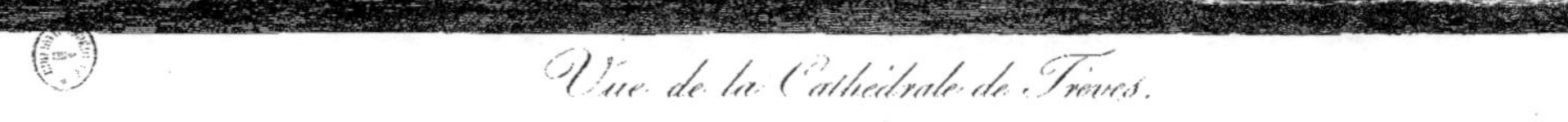

Vue de la Cathédrale de Trèves.

Vue de l'Église de St Étienne, à Caen.

Église de S.t Cernin, à Toulouse.

Porte latérale de Ste Satumin, à Toulouse.

Statues dans l'Église de S.t Saturnin, à Toulouse.

C. Bourgeois del.

Delaporte et Gossard sculp.

Vue de la Cathédrale de Saint Jean, à Lyon.

Bance del.
Vue Générale

lu Puy-en-Velay.

Vue de la Cathédrale du Puy en Velay.

Fragments d'un Monument de Du Guesclin, au Puy.

1ʳᵉ Vue de l'Eglise de Notre Dame du Port, à Clermont, en Auvergne.

Vue Latérale de l'Église de Notre-Dame du Port, à Clermont.

Portail de l'Église de Civray.
(Vienne)

Abbaye de Vezelay.

C. Bourgeois del.

Portail de l'Eglise de St. Germain, à Auxerre.

Piringer et Lorieux sculp.

Porte latérale de la Cathédrale d'Autun.

Vue d'une partie de la Cathédrale d'Auxerre.

Vue générale de l'ancienne Église de Guebwiller.
(Haut Rhin)

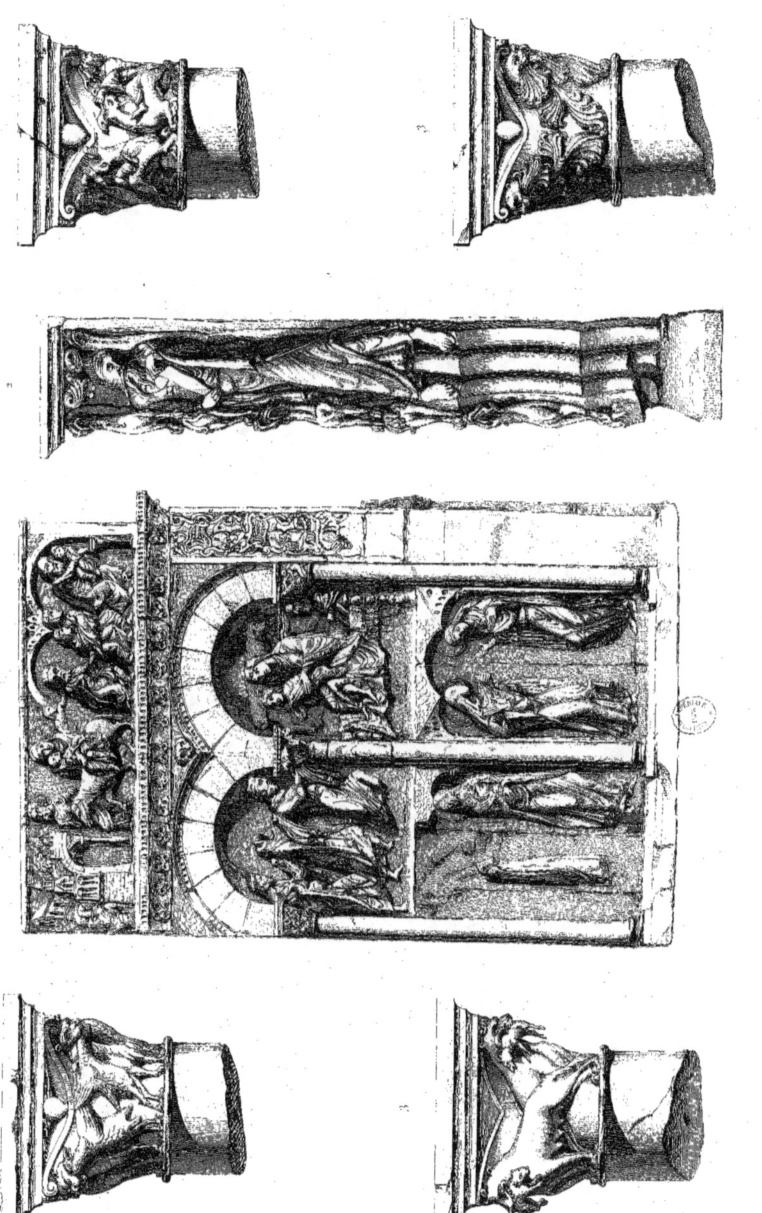

Détails du Porche de l'Abbaye de Moissac.

Façade principale de l'Abbaye de Moissac (Tarn et Garonne).

Tour de St Salvy, à Alby.

Château de Chalus.

Vaucelles del.

N.L. Rousseau père sculp.

Monument à Montmorillon.

Vue de l'Abbaye de St Denis.

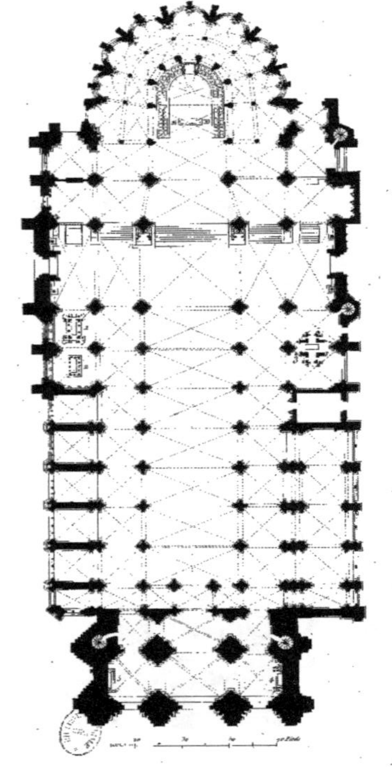

Chapuy del. 1832.

Plan de la Cathédrale de Sens.

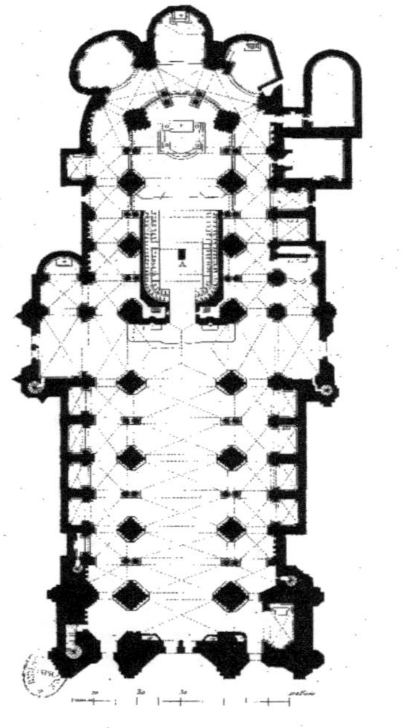

Millot sculp.

Plan de l'Abbaye de St. Denis.

Tombeaux du Roi d.ᵉ Dagobert et de la Reine Nantilde.

Cathédrale de Chartres.

Chapuy del.   Millet sculp.

Plan de la Cathédrale de Reims.

Chapuy del.   Millet sculp.

Plan de la Cathédrale de Chartres.

Portique Latéral de la Cathédrale de Chartres, Côté du Nord.

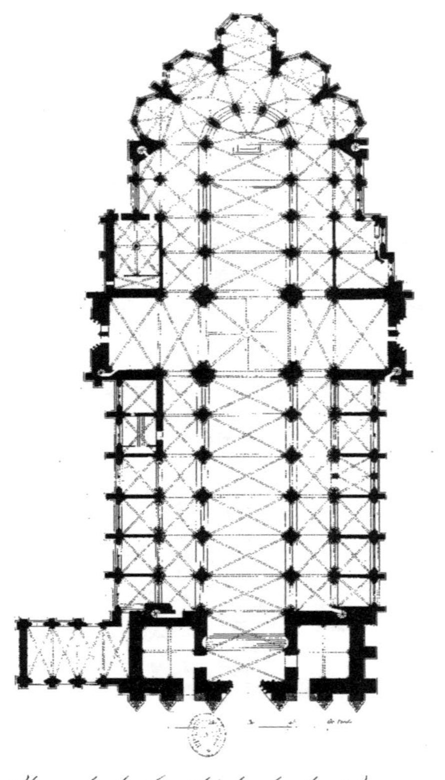

Chapuy del.
Gillot sculp.
Plan de la Cathédrale de Bayeux.
Plan de la Cathédrale de Sées.

Vue générale de la Cathédrale de Bayeux.

Abbaye de Long-Pont.

Abbaye de la Trappe.

Vue de l'Abbaye et d'une partie de la Ville de Fécamp.

Bas-Relief représentant la mort de Dalmacius, à l'Église de Semur.

Vue générale de la S.te Chapelle, à Paris.

Vue générale de la Cathédrale de Reims.

Cathédrale d'Amiens.

Intérieur de la Cathédrale d'Amiens, Nef et Chœur.

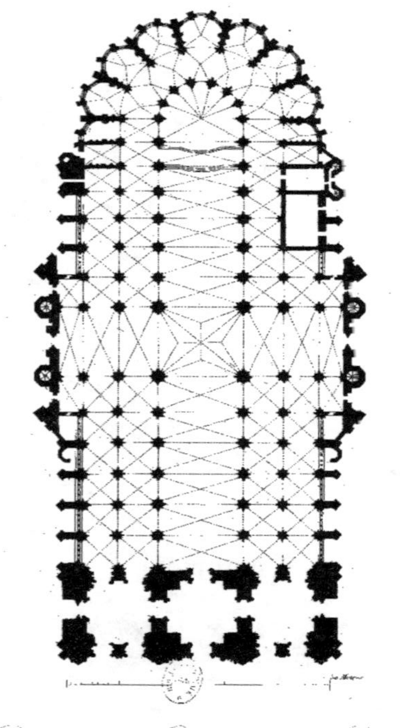

Chapuy del.   Millet sculp.

Plan de la Cathédrale d'Amiens.

Chapuy del.   Millet sculp.

Plan de la Cathédrale d'Orléans.

Peince del.
M.e Richard et Gossard sculp.
Peintures a Fresque du Giotto a Avignon.

St. Étienne, Cathédrale de Toulouse.

Cathédrale de Narbonne.

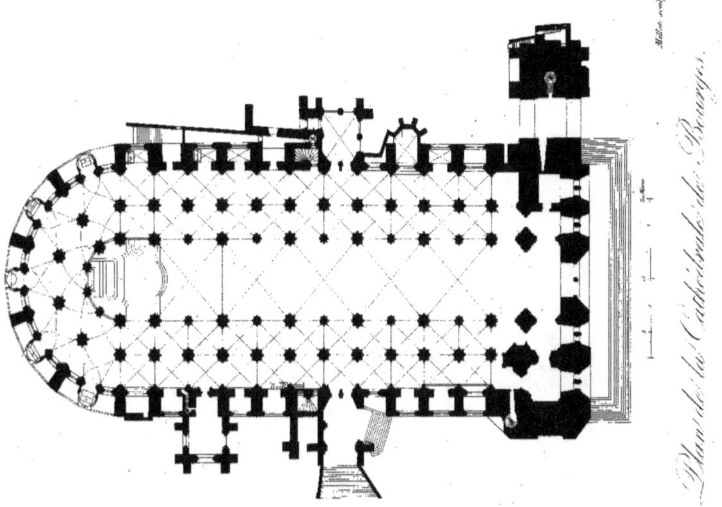

Plan de la Cathédrale de Bourges.

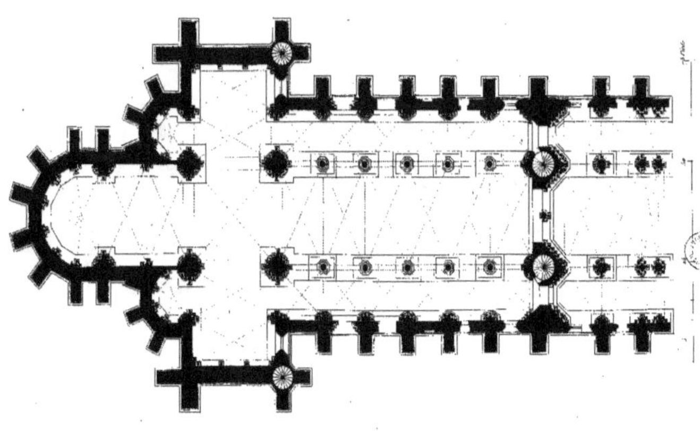

Plan de l'Église Notre-Dame à Lyon.

Vue générale de l'Eglise Notre Dame à Dijon.

Chapuy del. 1833.

Bannemotte sculp.

Vue latérale de la Cathédrale de Paris, côté méridional.

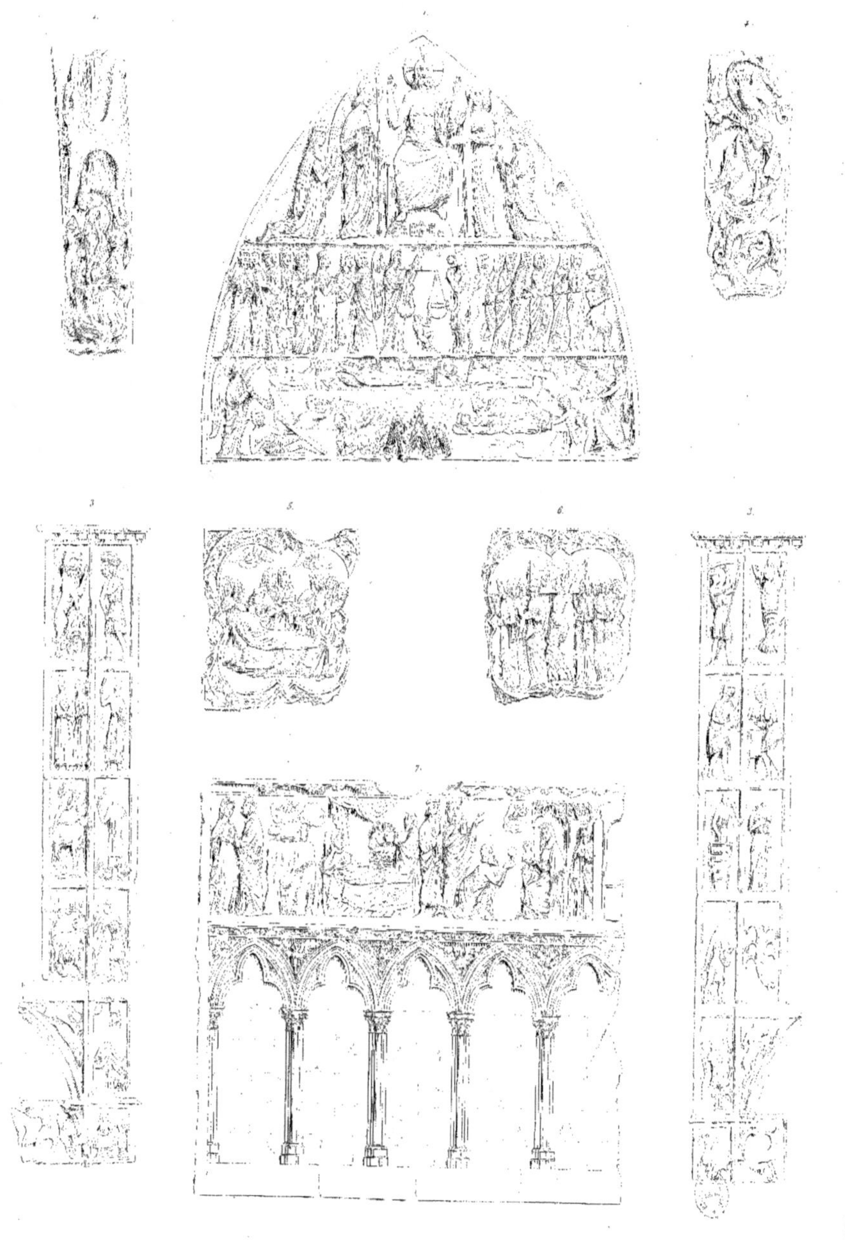

Détails de l'Église Métropolitaine de Paris.

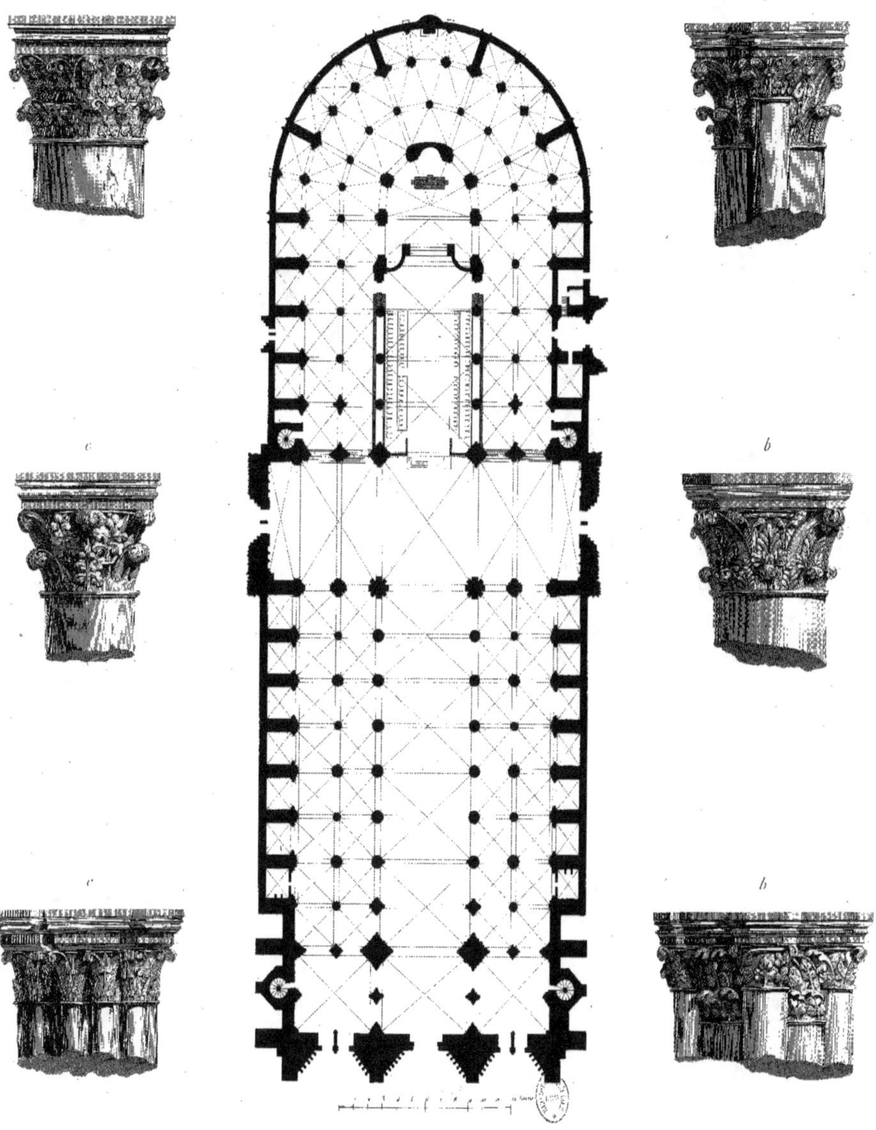

Plan et Chapiteaux de la Cathédrale de Paris.

Façade principale de la Cathédrale de Paris.

Vue générale de la Cathédrale de Coutances.

Cathédrale de Mende.

Cet. Bourgeois del.

Vue du Château de la

Ville de Chinon.

Château de Sisteron.

Château de Mornas.

Château de Josselin en Bretagne.

Château de Champtocé,
en Anjou.

Château d'Orgon en Provence.

Château d'If près Marseille.

Entrée du Château de Clisson.

Vue du Château de Frèse.

Ville et Château de Clisson.

Château de Pierre-Fonts. (Oise)

Château de Tournon. (Ardèche)

Charles de Voie del.

Forbier et Perdoux sculp.

Vue du Château de Bourdeilles, en Périgord.

Vue du Village de Vaucluse.

Vue Générale de la

Vallée de Vaucluse.

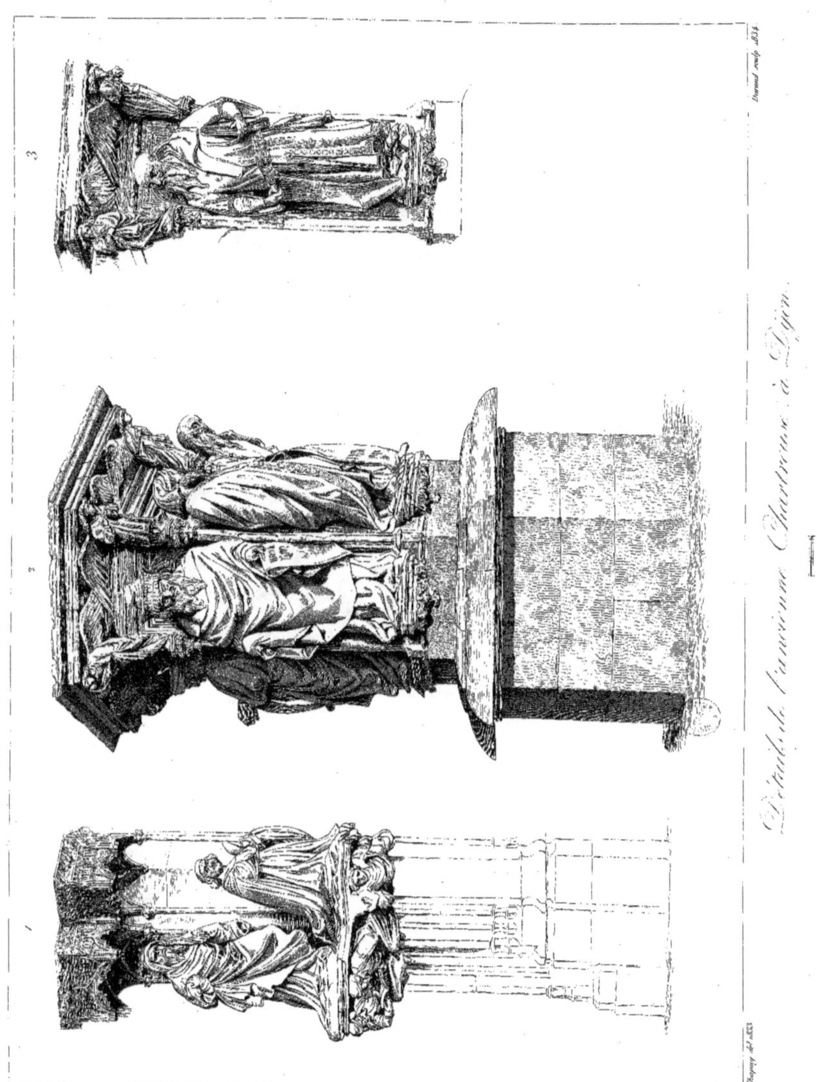

Détails de l'ancienne Chartreuse à Dijon.

Vue générale de l'Église de Thann, (Haut-Rhin)

Vue de la Façade de la Cathédrale de Bourgs.

Détails du Portail latéral de la Cathédrale de Bourges, côté méridional.

Façade principale de la Cathédrale de Strasbourg

Cathédrale de Strasbourg.
(Côté Méridional.)

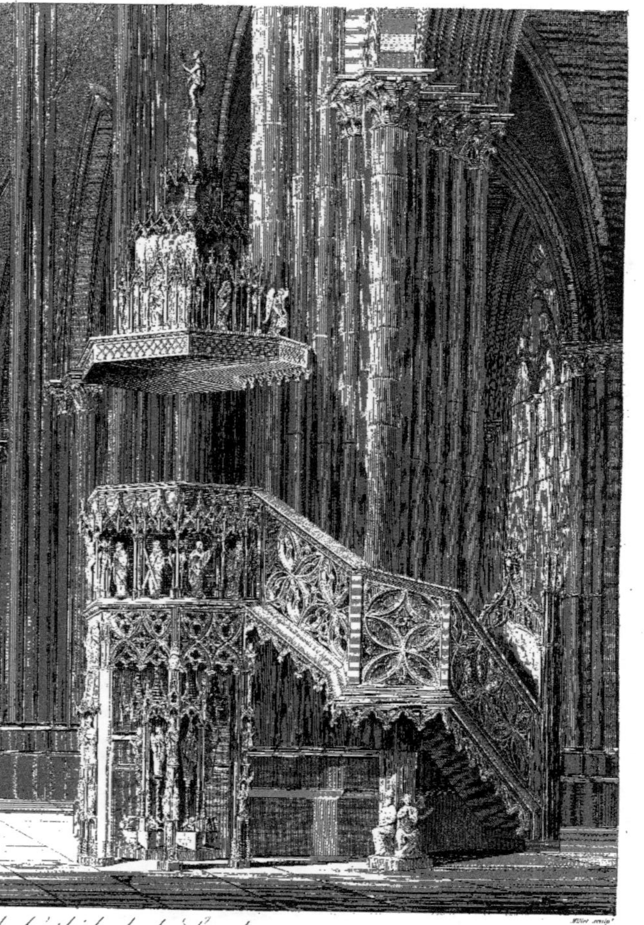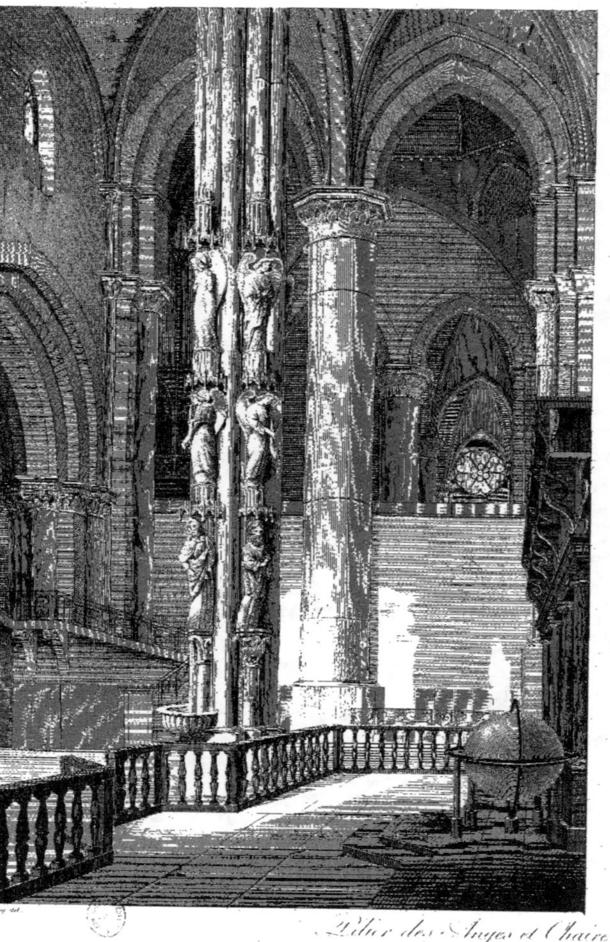

Pilier des Anges et Chaire dans la Cathédrale de Strasbourg.

Cathédrale de Rouen.

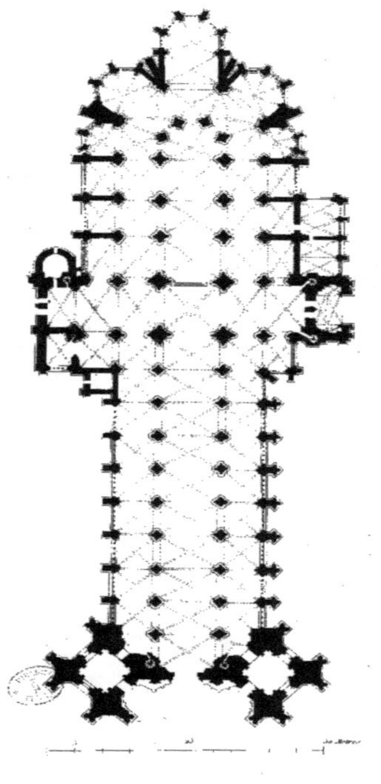

Chapuy del.

Plan de l'Église de St Ouen à Rouen.   Plan de la Cathédrale de Rouen.

Gillet sculp.

Église de Saint Ouen, à Rouen.

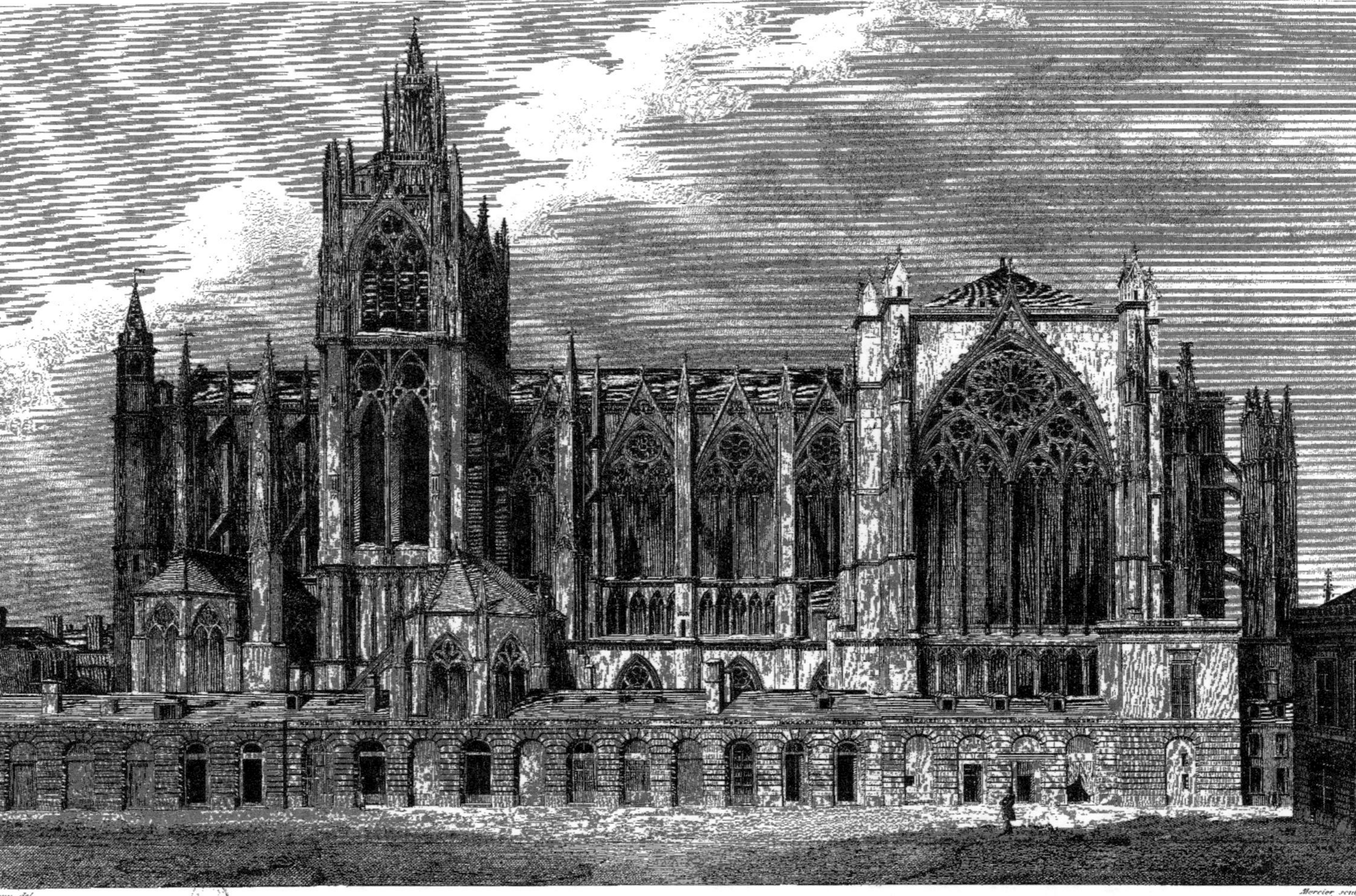

Chapuy del.   Mercier sculp.

Cathédrale de Metz, côté Méridional.

Cathédrale de Toul.

Façade de l'Église de Villefranche, sur Saône.

Vue de la Maison de Jeanne d'Arc, à Domremy.

Intérieur de la dite Maison.

Maison Gothique à Valence (Drôme).

Vue du Pont de vieille-Brioude sur l'Allier.

Vue générale de la Cathédrale de Rodez.

Chaprey del. 1834.

J. J. Le Roy sculp. 1835.

Jubé dans l'Eglise de la Madelaine, à Troyes.

Cathédrale de Tours.

Cathédrale de Sens.

La Sibylle Tiburtine et Auguste, par Jean Cousin, à Sens.

VITRAIL PEINT
PAR
J. COUSIN
DANS LA CATHÉDRALE
DE
SENS

S. eutrope prend conge de son pere Roy de
ment auec autre princes cour de Rome
comt s.eutrope alla a
cole viendrait lequel estoit mnpu
byces qui nunoos chon descquo lu
multiplia cinq pains deix
dont S. eutrope recut
Jesvs Christ
eront s.eutrope eyn ostome pere et mere
peuple furent baptises pars Simon as jude
aont vns.eutrope hu martyr
consacre eueque de CORUEN
s.eutrope qui
le seigneur de rantes pour la conversion
ille d'm tou martir s.eutrope

Château de Bayard. (Isère)

Cour du Château de Bayard.

Château d'Ussé.

Chapelle près du Château d'Ussé.

Château Dunois, à Château-Dun.

Tombeau de Philippe Pot, grand Sénéchal de Bourgogne, à Dijon.

Vue de la Tour des Gendarmes, à Caen.

Détail de la Tour des gendarmes, à Caen.

Château de Meillant.

Ch. de Vire del.

Blondeau et Leroux sculp.

Château de la Rochefoucauld.

Vue du Château de Courtalin.

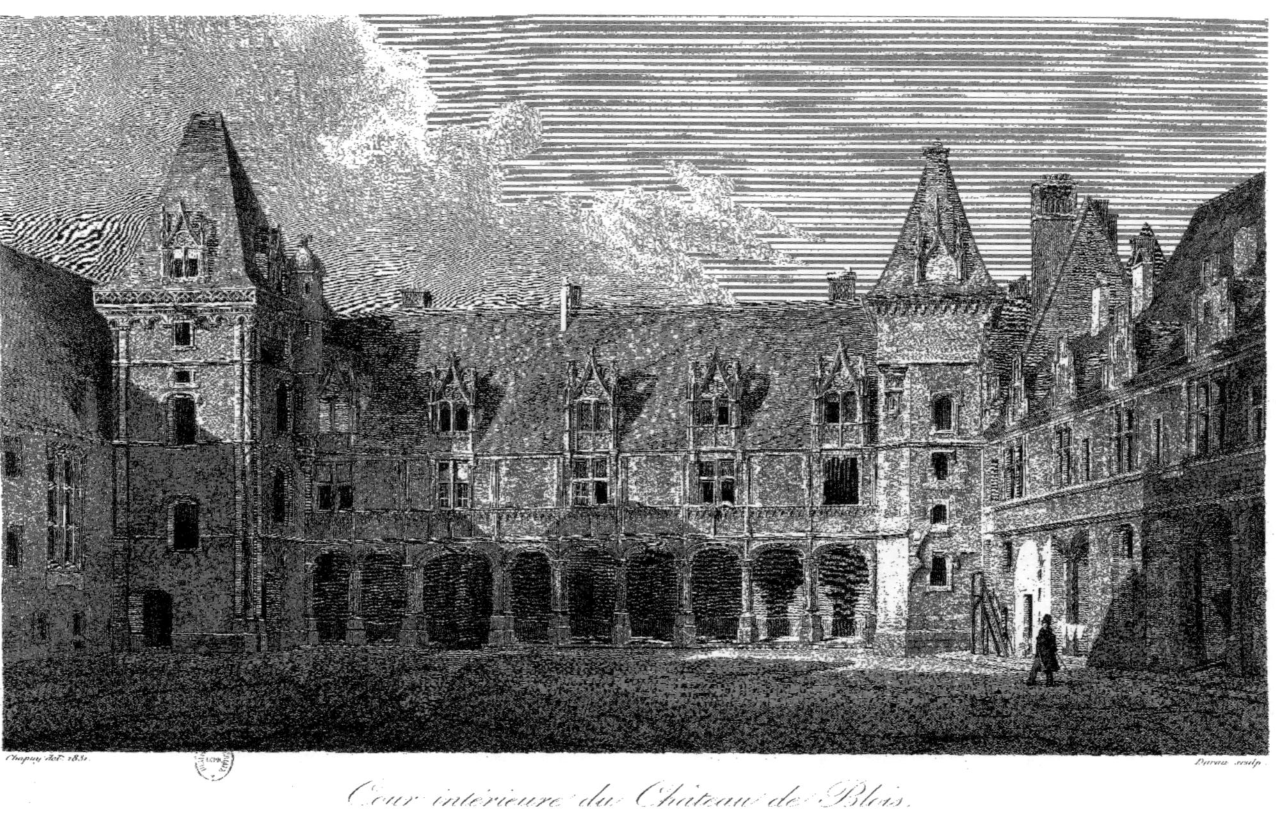

Chapuy del. 1831

Durau sculp.

Cour intérieure du Château de Blois.

C. Bourgeois del.
Denon aqu
Vue du Châ

Sorri fecit figuras
Perdoux sculp.
iteau de Blois.

Château de S.ᵗ Germain en Laye.

Château de Maucroux

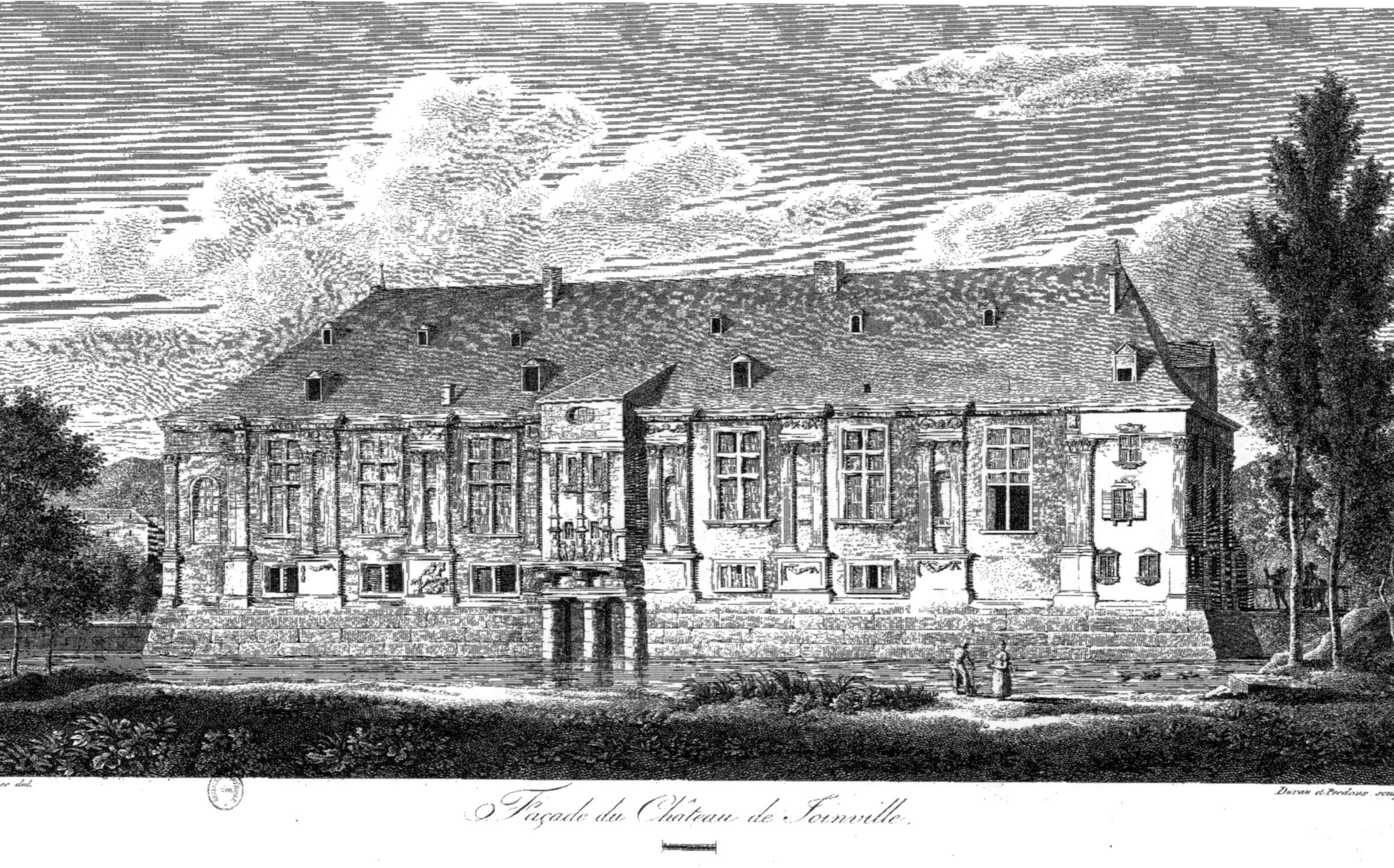

Façade du Château de Joinville.

Vue et Détails du Château de Joinville, pris du côté du Jardin.

Tombeau à

St Mihiel.

Mlle Ribault et Gossard sculp.

Statues des Pairs de France qui décoraient le Tombeau de St. Remy.

Porte de la Renaissance à Valence (Drôme)

Maison des Chevaliers, à Viviers (Ardèche)

Hôtel Lasborde à Toulouse.

Château de Chambord.
(Côté du Parc.)

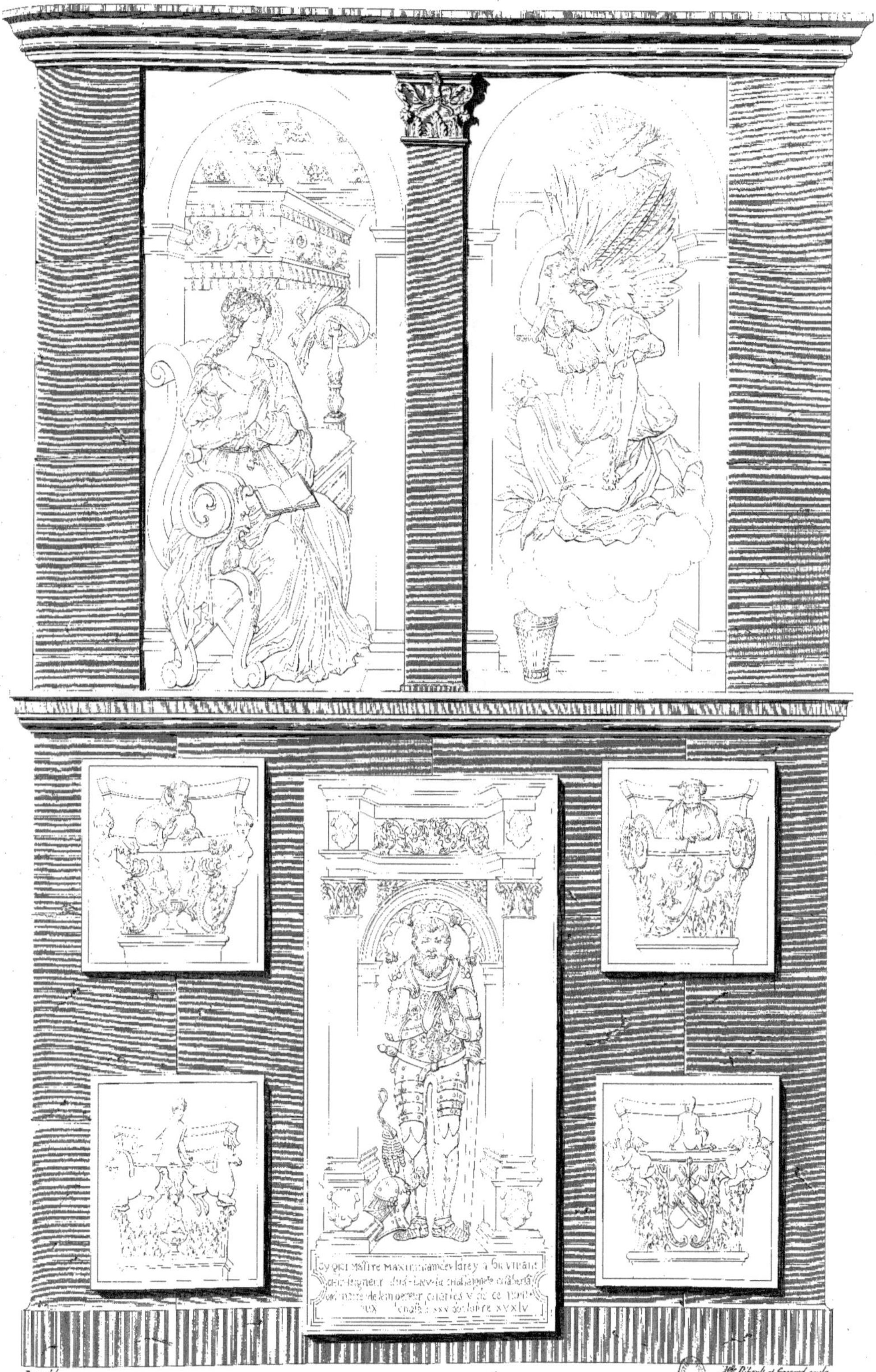

Bence del. Mlle Ribault et Gossard sculp.

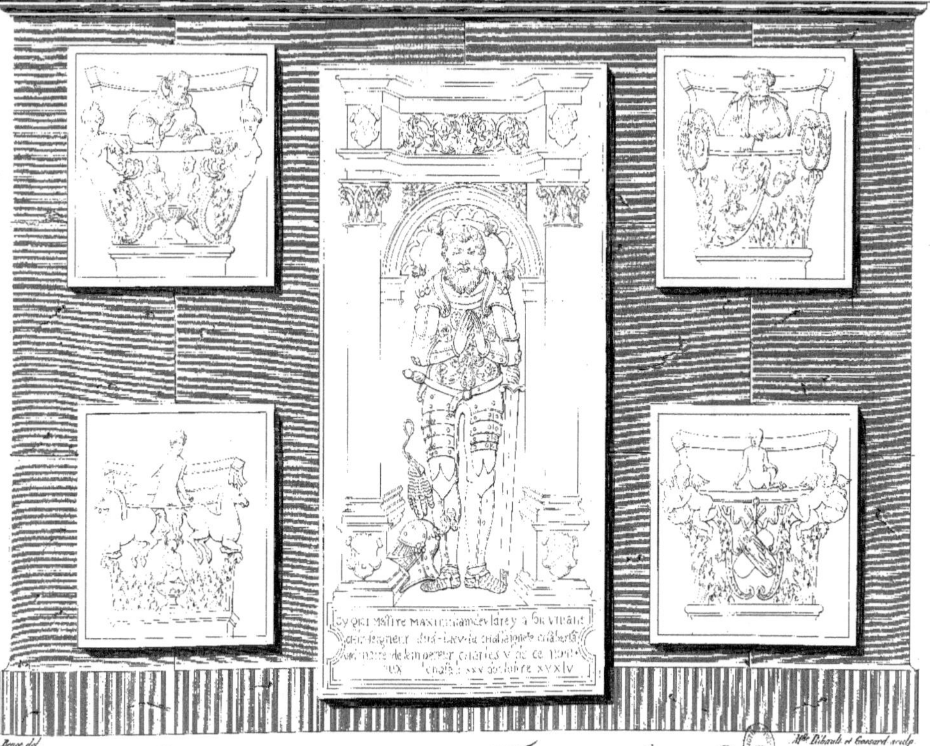

Sculptures de la renaissance et Tombeau du Sire de Vaudrey

Chapuy del. 1832.

Ransonnette sculp.

Vue générale du Château d'Ecouen (Seine et Oise).

Chapuy del. 1815.

J. J. Leroy sculp. 1816.

Façade du Château de Gaillon, transportée à Paris.

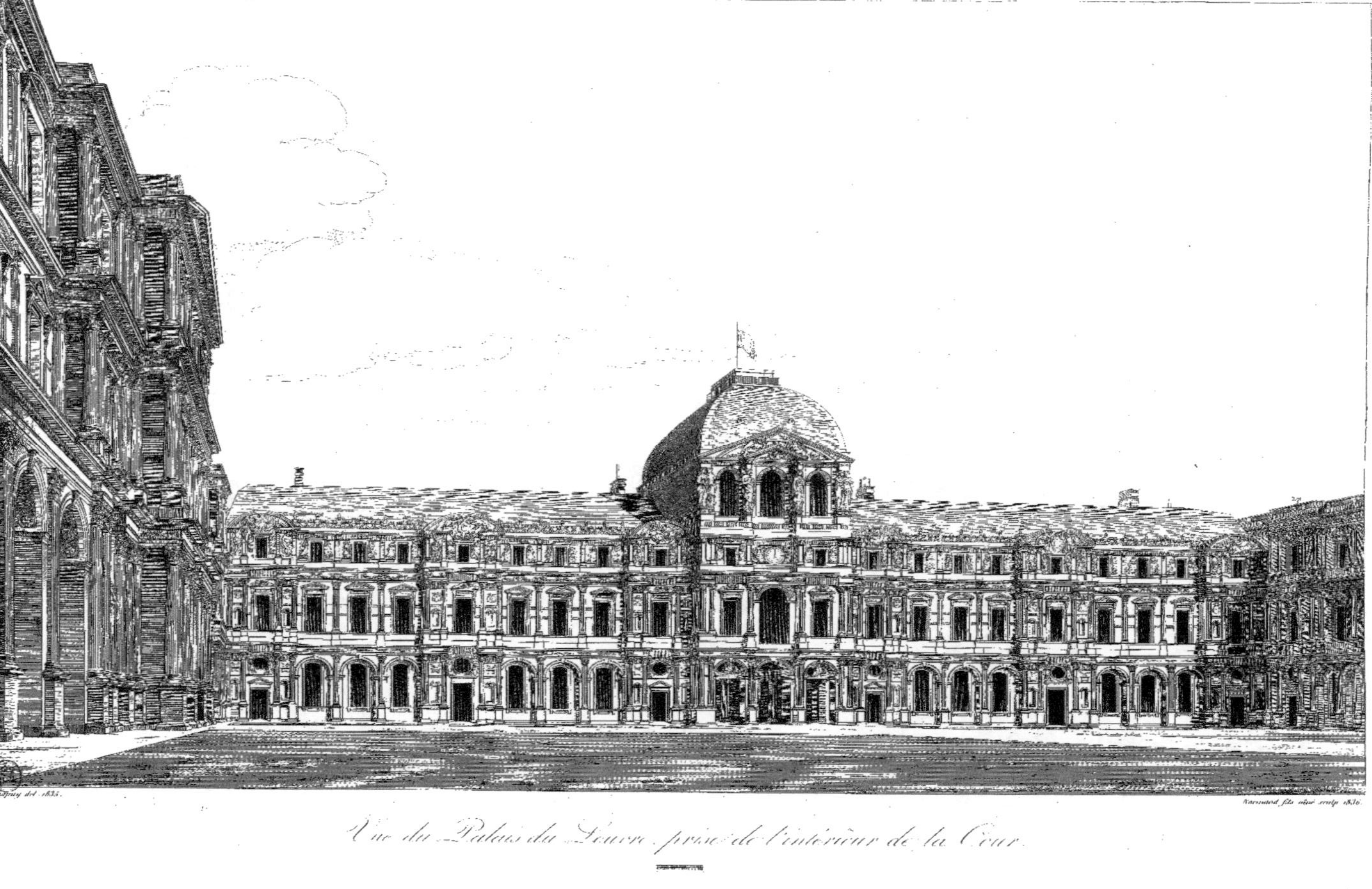

Vue du Palais du Louvre, prise de l'intérieur de la Cour.

Entrée de la Cour du Château d'Anet.

Interieur de la Cour du Château d'Anet.

Chapelle Sepulchrale à Joigny (Yonne)

Vue latérale du Château de Chaumont, sur la Loire.

Vue latérale du Château de Chaumont.

Vue Générale du Château de Chaumont (sur Loire)

Rence del. aqua forti fecit.

Reville et Lorieux sculp.

Fragments et Détails du Château de Chaumont.

C. Bourgeois del.
DeL
Vue Latérale du

Château de Chenonceaux.

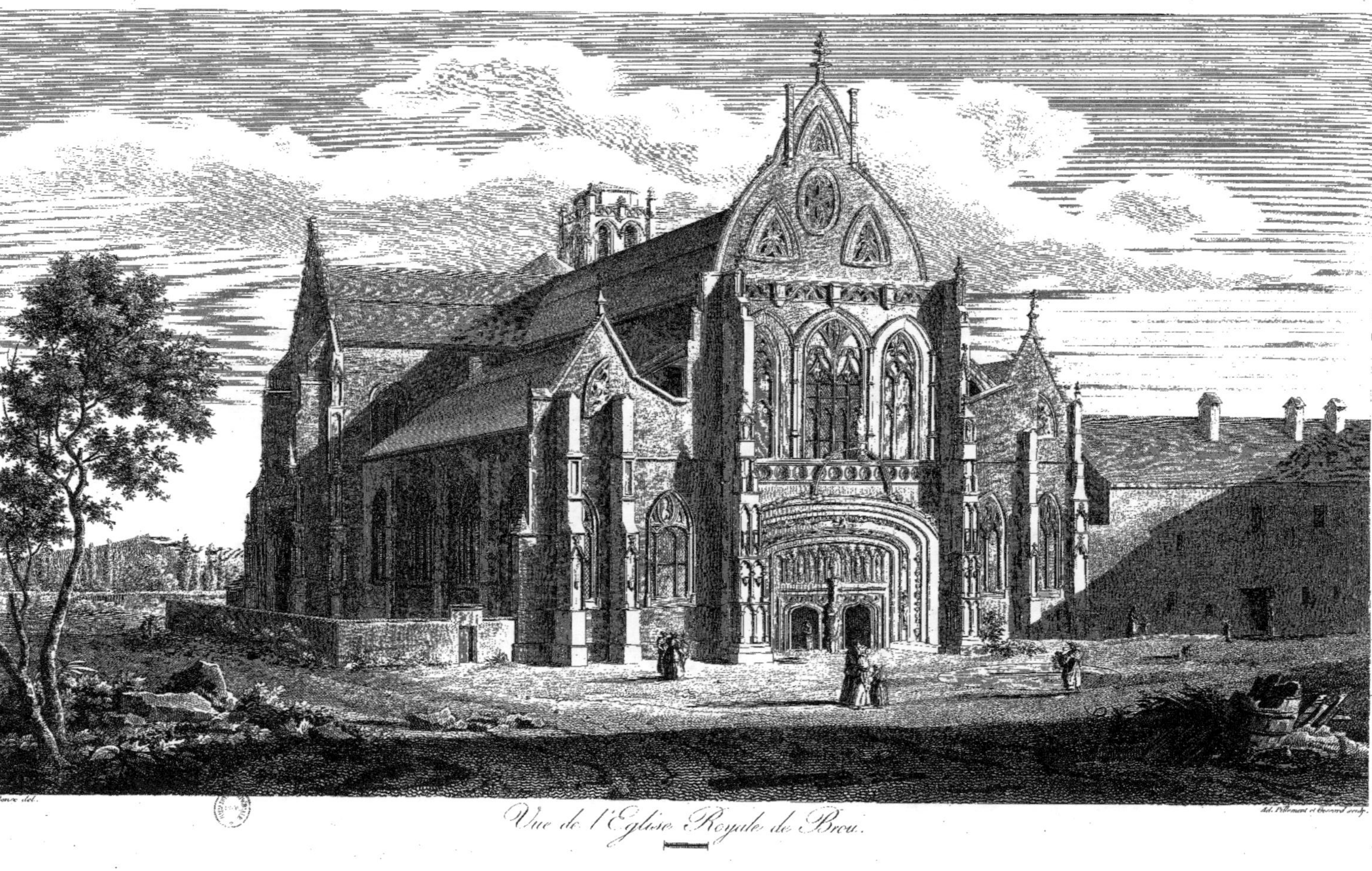

Vue de l'Eglise Royale de Brou.

Renou del.   Normand fils sculp.

Vitraux de l'Église Royale de Brou.

Portail de la Cour d'Entrée de l'Église St. Pierre, à Auxerre.

Tombeau de Jacques Amyot, dans la Cathédrale d'Auxerre.

Vue de l'Église de Villeneuve-le-Roi (Yonne.)

Jubé dans l'Église de St-Etienne-du-Mont, à Paris.

Vue de l'Église de St Michel, à Dijon.

Chapuy del.
Darvis sculp.

Façade principale de la Cathédrale d'. Auch.

Panneaux choisis parmi les Vitraux d'Auch. 1ere Pl.

2.ᵉ Planche de Panneaux choisis parmi les Vitraux a Auch.

5.ᵉ Planche de Panneaux choisis parmi les Vitraux a Auch.

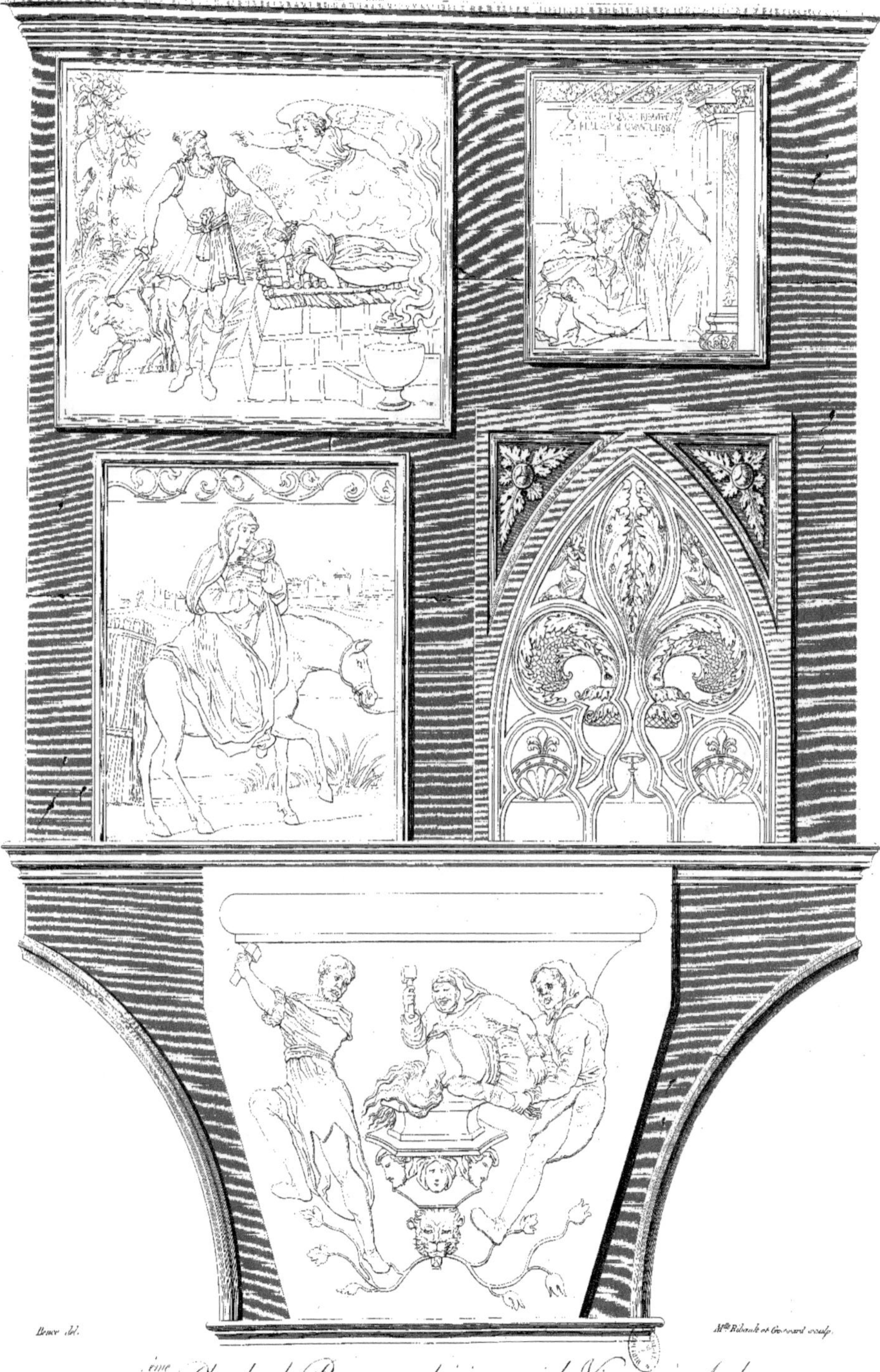

4.ème Planche de Panneaux choisis parmi les Vitraux, à Auch.

5.ème Planche de Panneaux choisis parmi les Vitraux, à Auch.

Château de Modave.

Cimetière de la Grande Chartreuse, près-Grenoble.

Cellule d'un Chartreux.

Cathédrale d'Orléans.
(Côté Méridional.)

Façade principale de la Cathédrale d'Orléans.